# 九樣人生

九個人物，九種生命故事，
在現代印度的蛻變風暴中守護著信仰的尊嚴

# NINE LIVES

In Search of the Sacred
in Modern India

William Dalrymple
威廉・達爾林普——著　何佩樺——譯

〔導讀〕
# 謙卑的視角，迷人的織錦

知名作家 吳繼文

二〇〇二年初，「非典」將變成年度字眼的前一年，我以非典型路線展開第一次印度之旅：從內戰方酣的斯里蘭卡可倫坡飛到清奈（Chennai，舊名馬德拉斯），再轉國內航線前往喀拉拉省的科欽（Cochin, Kerala）。位於印度亞大陸南方香料海岸（Malabar Coast）上的科欽西臨阿拉伯海，自古即是海上交通重鎮，波斯、中東的貿易船，葡萄牙的海上探險隊與遠征軍，或是鄭和的船團，都在這裡靠岸整補。由於我正在進行的一個寫作計畫，牽涉到早期耶穌會東來，而香料海岸就是利瑪竇和他熱血的護教弟兄們來到東方的第一站。二十六歲的利氏在一五七八年三月末自里斯本啟程，經過近半年的航行，於九月中旬抵達臥亞（Goa），那是當時擁有半個世界保教權的葡萄牙印度總督駐節之所，天主教會在那裡已經建立傳教基地。利瑪竇於此繼續歐洲尚未完成的神學課程，一方面給本地神學生教授希臘文。也許是水土不服加上種種壓力（功課、文化衝擊、思鄉，他畢竟還年輕），利氏病得很嚴重，常覺頭痛欲裂，於是被長上送到科欽休養，同時教授修辭學；期間他獲得晉鐸，並主持了第一次聖事。

科欽本是個近海沙洲，後來漸漸與陸地連接而成為一個半島，猶如荷鄭時期的安平與台南，或是現代的旗津與高雄的關係，中間隔著一片潟湖組成的內海，與大陸上的耶納庫南（Ernakulam）合而為一座雙子城，渡船終日頻繁往還。在科欽這座古老的港口城市，除了碼頭、商行、燈塔與堡壘外，還有印度教神祠、摩爾人清真寺、猶太會所（synagogue），以及好幾座天主堂；市場路（Bazaar Road）的商號與庫房整天飄散著胡椒、豆蔻、肉桂、丁香的氣味，野放的羊隻群聚貨車底下撿食散落的穀物。潟湖出海口的沙灘上樹立著一排數十面頗為壯觀的所謂中國魚網（Cheena vala）——人工起重式固定大型漁撈具，膚色黧黑的基督徒漁民們在圓木搭建的作業平台上張貼著耶穌畫像。不遠處的雪白山牆是古老的聖方濟（St. Francis）教堂，葡萄牙探險家達伽瑪（Vasco da Gama）一五二四年猝逝科欽即安葬於此；在緊鄰聖堂的閱兵場（Parade ground）上踢足球、玩板球的男孩，或是濱海小路上結伴要去讀經班的穆斯林少女，則是個個皮膚白皙。這一切就是我的印度初體驗，一個看不到蒙兀兒風格，遠離恒河流域、濕婆和祂的雪山的非典型印度。

我從耶納庫南搭渡船前往科欽那天適逢週末，攜家帶眷的遊客不少，大家一進船艙就趕緊找個座位坐下，我卻注意到船艄角落上有兩個衣衫襤褸的小孩一直靜靜站著，他們一個瘦小年約十歲，另一個稍微高大，十二、三吧，靦腆地背著個小布包看著大家。渡船開了，船客一陣興奮喧譁，不久即歸於平靜，突然那瘦小的男孩打起手上響板，開始演唱不知是哪個地方的謠曲。他的歌聲猶帶童音，但高亢處毫不遲疑，轉折的地方低迴而有韵致，他自信、老練的風采征服了全船乘客，大家屏氣凝神，鴉雀無聲，很多人大概和我一樣還要渾身起疙瘩。船程過半，歌聲未歇，高一點的男孩此時出動了，手捧布包，逐一向乘客請領賞金。從大家打賞的乾脆狀，可以想見每個人都被小男孩的歌聲深深震撼並感動了。

船上許多同年齡的男孩、女孩，都被父母打扮得整潔、漂亮有如天使，而這個必須流浪乞討為生的孩子卻有著天使般聲音。如果說，人生來平等，那是什麼樣的平等？不，人生來就不一樣：不同的家庭、不同的稟賦，不同的時代、不同的地方、不同的際遇，你既不會和別人在開始的地方一起歸零平等，往後也不會在社會公義或法律的保障下齊頭平等；你是獨一無二的，但絕對的平等並不存在。可能是西方最了解印度的人之一，BBC前印度特派員馬克・涂立（Mark Tully）談到人們一想到印度的種姓制度，就不顧歷史與現實，只會誇大並譴責它的不人道，或是訕笑其迷信落伍；要指摘表面的不合理是容易的，但在他看來，只有在諸神眼中或許才會「眾生平等」，我們凡人肉眼所及，整個就是一繽紛多樣的世界：人一如其他物種，蘊含不斷變化的能量，並充滿無限的可能，如何而有一個齊整劃一的平等呢？何況人類彼此之間也絕對不會對他人一視同仁（《印度沒有句點》，馬可孛羅出版）。我心目中最好的日本旅行作家藤原新也（Fujiwara Shinya）說得更直白了，「種姓制度不是經過人類思考然後加以分類所產生，而是已經存在於眼前的事實。……事物存在時，它們之間的分別（種姓）就已經決定了。人能夠做的就是如何在制度中接受它並給它一個位置。」（*Studio Voice* 訪談）一個位置，一個合於理法的空間，消極而言是保障，積極看來則是尊嚴。當然，任何龐大的結構或堅牢的系統，必然存在其負面，效應且與時間的短長成正比。

《九樣人生》所打開的視野，就是讓我們直視印度現實的多樣性（那是連印度人都不一定知道的印度），並學習用一種謙卑的角度加以理解，而不是像不食人間煙火的神一樣指指點點，然後我們或許可以回頭重新認識自身周遭的異我，進行開放性的對話。作者在前作《精靈之城》（馬可孛羅出版）已經充分證明了他有如人類學家的微觀能力和幽默作家的說故事才華（其中關於閹人的精采段落可視為本書的首部曲），現在他更讓我們見識到他滲透社會底層的功力。印度之所以一直是背包客的聖域，就在於數千年的歷史積澱依然層次分明地、活生生地演示你眼前，猶如充滿戲劇張力的細密畫，或是帶著聲音與氣味的迷人織錦，揭露時間、生死、淨與穢、聖與俗的無邊奧祕，這些奧祕，在世界上多數所謂文明開化的地方，早已被理性主義排除、清洗殆盡，僅剩的一點，不是讓進步發展的巨大車輪碾軋到不識其本來面目，或就被圈劃成一座座名為「世界遺產」的主題公園了。

〔推薦序〕

# 渡過彼岸，就是諸神樂土

知名作家　謝哲青

對於普羅大眾而言，印度，是一個五里迷霧中的神祕國度，一塊浪漫魅惑的古老大陸。

不過，生活在這片歷史之地的人們，在看盡世間生死離苦以後，開始探索生活在另一個象限的可能性。從那個大蛻變的軸心時代開始，覺者們先後投入，窮竭一生之力，前仆後繼地探究宇宙與個人之間的神聖關聯。這群覺者從出生入世的善良本心出發，踽踽而行在混沌紊亂的塵世：深刻地自我反省，質疑絕對與權威，以開放的心胸來面對生活的種種瑣事與艱辛，同時也積極行善，發揚人溺己溺的同理心與慈悲心。

相較於西方康德式的宗教態度，只在單一向度內以邏輯辯證的理性姿態來檢視探討，在後工業時代的今日，我們卻仍可以在印度感受到這承襲千年的精神傳統與物質文明交會所帶來的衝擊震撼。

渡過彼岸，就是諸神的樂土。誠如作者所言：「大河仍奔流不息，和以往一樣變幻無常。」透過作者清晰而迷人的筆觸，除去「古老神祕」的刻板印象，此書將帶我們深入印度那充滿矛盾、既現代又神聖的靈魂。

〔自序〕

# 窺探蛻變風暴中的變與不變

撰寫本書的靈感萌生於十六年前。一九九三年夏日，在喜馬拉雅山的一個晴朗上午，我從聖河帕吉勒提（Bhagirathi）河岸，沿著茂密的山谷斜坡蜿蜒而上。柔軟的青苔小徑，穿過蕨類植物、荊棘叢和高大的喜馬拉雅杉樹。小瀑布在雪杉間飛瀉而下。時當五月，經過十天跋涉後，再一天的路程，即可到達目的地：喜馬拉雅山區的克達訥斯（Kedarnath）神廟，印度教徒視之為濕婆神的主要居所之一，與西藏岡仁波齊峰（Mount Kailash），同為印度教的神山。

路上不只我一人。前一天晚上，我看到成群結隊的朝聖者，在山腳的寺廟和集市附近紮營，在小堆浮木篝火上暖著手——他們大部分是拉賈斯坦邦（Rajasthan）的村民。在此時的晨光中，他們的人數似乎奇蹟般地加倍，狹窄的山路只見茫茫一片印度人海。來自各地的各個社會階層，全都齊聚於此。來自南北各地的農人、不識字的勞工、老於世故的都市人，彼此摩肩擦踵，彷彿出自現代印度版的《坎特伯里故事集》（*Canterbury Tales*）。富人騎馬或乘轎——一種介於躺椅和背囊之間的奇特工具；然而，絕大多數的貧窮朝聖者，除了走路之外別無選擇。

大約每半哩路，就會遇上二、三十個村民成群結隊，使勁爬上陡峭的山路。赤腳佝僂的灰鬍子老人，領著他們蒙面紗的妻子走上斜坡；更虔誠的人，則在小神龕前叩頭禱告，這些神龕往往只是幾個石堆和一張掛曆海報。

路上的印度雲遊聖人「沙陀」，同樣川流不息，令人目眩。我穿行於高山草原及膝的樓斗草、金鳳花和蜀葵之間，經過一連串跳著躍上陡徑的男人。他們瘦削結實、頭髮蓬亂、紮髮辮、鬍子濃密，有些結伴同行，有些單獨行走；當中許多人像在行走中深入禪定，他們背負著沉重的三叉戟，試圖在山中的清新空氣和寂靜中尋求解脫。

攀爬山路時，我和一個身上塗灰、全身赤裸、跟我年紀相仿的沙陀談了起來。我一直以為，在印度看到的修行聖人，大多出身於傳統村落，受盲目單純的信仰所支配。可是，一旦我們交談起來，我才慢慢明白，阿杰．庫瑪．賈（Ajay Kumar Jha）遠比我原先想像的更為開化。阿杰和我沿著陡峭的山脊往前走，大型猛禽在我們下方的熱氣流盤旋。我請他講述自己的故事，他起初猶豫了一會兒，終於答應。

「我成為苦行僧不過四年半的時間，」他說：「在此之前，我是孟買家電公司『家榮華』（Kelvinator）的行銷經理。我拿到帕特納大學（Patna University）的企管碩士，是雇主眼中的人才。但是有一天，我毅然決定，不能一輩子銷售電扇和冰箱。因此我離開了。我寫信給我的老闆和父母，把我的東西捐給窮人，搭火車到貝那拉斯（即瓦拉納西）。我在那兒扔了舊衣服，在身上塗灰，找到一處僧院。」

「你從沒為自己做的事後悔過嗎？」

「我的決定非常突然，」阿杰回答：「不過，我沒有一刻後悔過，甚至在我好幾天沒吃東西、肚子非常餓的時候也不曾後悔。」

「這樣的人生轉變，你如何適應？」我問道。

「開始當然很難，」他說：「但生命中一切值得的事，都需要時間。我過慣了安逸的生活：我父親搞政治，按我們國家的標準來看，是相當有錢的人。但是我從來不想和他一樣，過世俗生活。」

我們此時來到山脊頂端，四周的地勢陡然下斜。阿杰比畫著展現在我們腳下的森林和草原，各種深淺層次的綠，掩映在遠方白得晃眼的雪峰中。

「走山路時，你的腦袋變得清醒起來，」他說：「種種憂慮頓時煙消雲散。你瞧，我只帶了毯子和水壺。我沒有財產，因此無憂無慮。」

他淡淡一笑，「只要學會克制欲望，」他說：「沒有不可能的事情。」

虔誠的印度裸僧，也可能是企管碩士；在為寫作本書而展開的旅程中，我漸漸習慣於這樣的世界。比方去年十一月，我在西孟加拉比爾普姆附近的火葬場，找到一位赫赫有名的密教徒：侍奉頭骨的塔潘．哥斯瓦米（Tapan Goswami）。二十年前，他接受了一名研究比較宗教學的美國教授採訪，教授後來發表一篇論文，描述塔潘將死亡童女和自殺者的頭骨保存處理後，進行唸咒召喚鬼魂的活動。聽來是個豐富的題材，儘管有其黑暗的一面。我於是花了大半天時間，參訪比爾普姆的各個火葬場，終於看到塔潘坐在鎮口的迦梨女神小廟外，準備給女神獻祭。

太陽正冉冉沉落，天色漸暗；寺廟前的火葬柴堆仍舊詭異地冒著煙。燥熱靜止的空氣中，處處可見蒼蠅纏結在一起。天光暗下時，塔潘和我談起密教，他證實年輕時代接受教授採訪時，他的確熱衷於侍奉頭骨。他說，不錯，有關他的一切報導都是實情，是的，他偶爾也還保存頭骨，召喚死去的頭骨主人，從而運用死者的力量。但遺憾的是，他說，他不能跟我討論細節。為什麼？我問道。他說，因為他的兩個兒子目前是紐澤西州的著名眼科醫生。他們嚴禁他對舊日往事再接受任何採訪，以免家人涉足妖術的傳聞，對他們在東岸的賺錢事業造成損害。如今他甚至考慮放棄收藏的頭骨，去美國跟他們團聚。

近幾年來我住在印度，眼看印度發生的轉變，其速度之驚人，在我八十年代末期剛搬來時根本無從想像。將近十年後，我重返德里，租下一間農舍，距離德里西南側的新興城市古爾岡（Gurgaon）有五公里遠。從路的盡頭，你能看到遠處湧現的新建社區，盡是電話客服中心、軟體公司和高級公寓大樓，在兩年前仍未開發的農地上迅速崛起。六年後，古爾岡朝我們飛馳而來，如今幾乎緊靠著我們的農場邊緣；而誇稱為亞洲最大的購物商場，在距離我們房子四分之一哩的地方蓋了起來。

相對於西歐蹣跚的增長速度，此地的高速發展令人嘆為觀止。在英國必須耗費二十五年的建設工程，在這兒僅需五個月即可建成。眾所周知，目前的印度即將超過日本，成為全球第三大經濟體，據中央情報局估計，印度的經濟可望於二〇五〇年趕上美國。

這一切都令人難以置信，因此很容易忽視繁榮的脆弱與懸殊。當你離開古爾岡，沿著齋浦爾公路（Jaipur Highway）行駛，就好像時光倒流，帶你回到古老緩慢的前現代世界。離開古爾岡的微軟或谷歌亞洲總部不出二十分鐘，汽車和卡車逐漸被駱駝拖車和牛車所取代，西裝、牛仔褲和棒球帽也被沾滿灰塵的土製腰布和頭巾所代替。這是一個大不相同的印度，懸宕在現代和傳統之間，本書大多數的故事，正是發生在這些地方。

有關印度次大陸如何開始回歸全球貿易中心的傳統地位，已多有論述，然而到目前為止，卻極少論及這些震撼對南亞的多樣宗教傳統所產生的影響，亦極少探討實踐這些豐富傳統的人們，如何應付風暴中的生活。儘管西方往往喜歡把東方宗教想像為深井，井中蘊含著古老不變的智慧；而事實上，印度的宗教身分，多半與特定的社會族群、種姓制度和祖傳血統密切相連，然而，在印度社會快速轉型的同時，其宗教也發生了巨大的變化。

這引出了許多有趣的問題：身為印度聖人、耆那教尼姑、神祕主義者或密教徒，在塔塔卡車疾馳而過的現代印度路上尋找救贖，到底意味著什麼？為什麼一個人採取武力抵抗作為神聖的召喚，另一個人卻謹守非暴力的「不殺生」戒律？為什麼一個人認為自己能創造神，另一個人卻認為神能附身於他？不同的信仰之路，如何在印度所處的改變中求生存？什麼變了，什麼依然不變？印度是否仍然提供物欲主義之外的另一種精神信仰，或只是廣大資本主義世界當中另一個飛速發展的國家？

為了書寫本書而展開的印度之行，我的確發現隨著這一過程的加速，許多世界因此發生奇異的碰撞。在久德浦郊外，我參訪了圍繞一部恩菲爾德子彈機車豎立起來的神龕和朝拜中心。起初是為紀念之前發生致命事故的機車主人，如今，機車已成為朝聖中心，吸引朝聖者，特別是虔誠的卡車司機，從拉賈斯坦各地來到這裡，祈求據稱靈驗的賜孕。在坦米爾納督邦坦焦爾附近的索米瑪賴，我遇見神像鑄造師斯里坎達．慈帕希，他是第三十五代世襲鑄像師，其緣起可回溯至聞名遐邇的朱羅王朝銅像鑄造家。斯里坎達認為，在印度鑄造神像是最神聖的召喚——然而現在，他必須讓自己接受兒子只想去班加羅爾當電腦工程師的事實。在喀拉拉邦北部的坎努爾，我見到哈里軺斯，一年當中有十個月的時間，他不僅幹鑿井的活兒，並兼差獄吏，在右翼國民志願服務隊和極左派印度共產黨兩個敵對政黨的罪犯和在押暴徒之間，維安持續不斷的激戰。然而，在一月到三月的泰嚴舞季期間，哈里卻有一份大不相同的職業。儘管他出身賤民，一年卻有兩個月的時間變身為無所不能的神，受祀敬若神明。到了三月底，他又重回監獄當差。

我遇到的另一些人，他們的生活受到更為殘酷的現代衝擊：侵略、屠殺、激進的政治基本教義運動興起；和我交談過的追尋者和棄絕者，許多人的生活因此幾經折磨、放逐、巨大痛苦，其中多數人是為了避開個人、家庭或政治悲劇。比如札西・帕桑，他是個藏僧，一九五九年中共入侵，他的僧院遭中共施加壓力，他於是決定執起干戈，捍衛佛法。「一旦你當了僧侶，就很難去殺人，」他對我說：「但有時候，你有責任這麼做。」他目前流亡印度喜馬拉雅山區，印製經幡，嘗試彌補參與反抗軍後犯下的暴行。還有些人被自己的家庭和階層所摒棄，或遭受跨宗教或政治暴力的迫害，卻在狂喜教徒的社群中尋獲了愛；他們在別處可能遭人歧視，卻在此地受到保護、接納、甚至敬重。

這些故事和困境，慢慢填滿了我的筆記本，我於是著手撰寫本書，相當於印度版的《聖山之地》（*From the Holy Mountain*）——我所寫的中東僧侶和僧院專著。然而我遇上的人是如此奇特，他們的個人經歷和聲音是如此有力，最後我決定用一種全新的形式撰寫《九樣人生》。二十年前，我的處女作《世外桃源》（*In Xanadu*）在八十年代鼎盛期出版時，旅遊寫作較著重在敘述者身上：個人的冒險經歷是為寫作主題；他遇上的人，有時弱化為背景對象。撰寫《九樣人生》時，我嘗試顛倒過來，堅持將敘述者留在黑暗處，突顯我遇上的人所過的生活，堅持讓他們的故事成為關注焦點。在某些情況下，為了保護他們的真實身分，我按照某些人物的請求，更改了他們的名字，模糊其細節。

書中許多故事採自陰暗、缺乏浪漫色彩的現代印度生活面，每一個人物在敘述者建構的框架中訴說自己的故事，我希望本書不同於許多關於印度宗教的西方著作，避開「神祕印度」的老調。

《九樣人生》由彼此相連的短篇散文作品集結而成，每一樣人生代表不同的信仰型態，或者不同的宗教道路。每一樣人生旨在窺探，在這急劇的轉型期，每一種宗教修行如何在這場印度的蛻變風暴中受到牽連而發生轉變，同時展現在瞬息變幻的局勢中，對信仰和儀式的堅持不輟。

令我驚訝的是，儘管發展迅速，我發現這些聖人探索錘鍊的許多議題，一直是數千年來古代印度聖人勞心費神的永恆難題：物質享受的追求，相對於精神生活的主張；講求行動的生活，相對於深思的生活；安定的生活，相對於漂泊的誘惑；個人的奉獻，相對於傳統的大眾宗教；照本宣科的正統派，相對於訴諸情感的神祕派；責任和欲望長久以來的交戰。

水仍在流，速度比從前快些；然而大河仍奔流不息，和以往一樣變幻無常，卻在相似的河道中迂迴前進。

*

本書的訪談以八種不同的語言進行，每一次訪談，我都得感謝陪伴同行的解譯人員：敏露．森（Mimlu Sen）、Santanu Mitra、Jonty Rajagopalan、Prakash Dan Detha、Susheela Raman、H Padmanabaiah Nagarajaiah、Prathibha Nandakumar、Tenzin Norkyi、Lhakpa Kyizom、Tenzin Tsundue、Choki Tsomo、Masood Lohar，以及陪我到坦米爾納督邦和喀拉拉邦的老友Subramaniam Gautham。感謝Toby Sinclair、Gita Mehta、Ram Guha、Faith與John Singh夫婦、Ameena Saiyid、Wasfia Nazreen、Sam Mills、Michael Wood、Susan Visvanathan、Pankaj Mishra、Dilip Menon，和已故的巴斯喀．巴塔查力亞（Bhaskar Bhattacharyya），他們提供我有益的建議。感謝Connexions公司的Varsha Hoon組織所有的旅行後勤事宜，憑著耐心和智慧，對於我經常臨時改變計畫多所包容。承蒙Geoffrey Dobbs將他美麗的度假島塔普拉班（Taprobane）借給了我，讓我展開本書的寫作，我在那兒寫下第一篇〈女尼的故事〉。

關於神聖詩詞的翻譯，我心懷感激的有：詩人拉曼周安（A. K. Ramanujan, 1929-1993）的兩部古詩文精選集《*When God is a Customer*》（University of California Press, 1994）和《*The Interior Landscape*》（OUP India, 1994）；Ramprasad Sen的《*Grace and Mercy in her Wild Hair*》（Hohm Press, 1999）；Deben Bhattacharya的《*The Mirror of the Sky*》（Allen & Unwin, 1969）；Anju Makhija和Hari Dilgir翻譯的沙·阿布杜·拉迪夫（Shah Abdul Latif）作品《*Seeking the Beloved*》（Katha, New Delhi, 2005）；史密斯（John D. Smith）在《*The Epic of Pabuji: A Study, Transcription and Translation*》（Cambridge University Press, 1991）一書所翻譯的帕布詩歌；最後要感謝Vidya Dehejia翻譯的坦米爾古讚美詩和碑銘。

一如既往，承蒙許多人協助閱讀初稿：Rana Dasgupta、Wendy Doniger、Paul Courtwright、Daniyal Mueenuddin、Ananya Vajpayi、Isabella Tree、Gurcharan Das、Jonathan Bond、Rajni George、Alice Albinia、Chiki Sarkar、Salma Merchant、Basharat Peer，特別是山姆·米勒（Sam Miller），比起我為他的德里之作閱讀文稿，他對我而言是個更有助益的讀者，這使我感到慚愧。我英勇的經紀人，傳奇人物David Godwin，自始至終堅如磐石。我還有幸與數位創意出版人合作：Knopf的Sonny Mehta、Penguin India的Ravi Singh、Buchet Chastel的Marc Parent，特別是Bloomsbury的Michael Fishwick，他擔任我全部七本著作的編輯——今年是我們共事的二十週年。

我的愛妻Olivia，我親愛的孩子Ibby、Sam和Adam，感謝他們的寬宏大量，時而帶給我愉悅的滋擾。此書獻給我可愛的小Sam，他和他弟弟合寫的故事書，比起他老爹的作品，成長得更快，包含更多的魔力。

威廉・達爾林普　于新德里米拉辛格農莊
二〇〇九年七月一日

目次

時夜裡還會看見那一幕：有人開槍，有人中彈，飛機投擲砲彈，房屋起火燃燒，男男女女發出尖叫。

7 **神像鑄造師** 255

我父親在神輦隊伍經過時悄悄告訴我，我們的祖先鑄造了姆魯甘神像，奉贈給寺廟。我感到無比驕傲，了解到這些祖傳手藝是神所賜予。從此，我只有一個抱負，就是成為技藝高超的雕塑師，和我父親和叔伯相匹敵。

8 **黃昏夫人** 293

我們之所以住到火葬場，正是因為多羅嬤嬤的緣故；多羅嬤嬤把我們拉來這裡，我們因為她而待在這裡。我們在自己內心找到她慈愛的靈量。這裡是實現靈量、照亮靈量的地方。

9 **盲人走唱歌手** 331

我們的歌是愛和知識的源泉。我們嘲弄傲慢的有錢人，挖苦偽善的婆羅門。我們告訴人們，神不在廟裡、不在喜馬拉雅山上，也不在天上、地上或空中。一切都存在內心——真理自在人心。

# 第一章 女尼的故事

自殺的死充滿痛苦和折磨，
「薩萊克哈那」卻是一件美麗的事情，
既不痛苦也不殘忍。我們比丘尼生活平靜，
離開臭皮囊也應當安寧。

在茂密的香蕉園和參差生長的扇棕櫚當中，聳立著兩座黑亮平滑的花崗石山丘。此時正值黎明。下方坐落著古聖城斯拉瓦納貝拉戈拉（Sravanabelagola），城內牆垣朽敗的寺院、廟宇和朝聖者靜修區（dharamsalas）穿梭著縱橫交錯的紅土道路。道路匯集到一口矩形大池塘，池中布滿樹葉和含苞待放的荷花。儘管時候還早，卻已聚集了首批朝聖者。

這一城鎮位於卡納塔克邦（Karnataka），兩千多年來耆那教徒一直奉之為聖地。西元前三世紀，印度第一位帝王，孔雀王朝的旃陀羅笈多（Chandragupta Maurya），就是在這兒皈依耆那教，其後選擇絕食而死，彌補一生征戰所犯下的殺戮之過。一千二百年後，即西元九八一年，一名耆那教將軍下令，在兩座山丘中較大的頻耶山（Vindhyagiri）頂上，建造一尊全印度最大的獨塊巨石雕像，足有六十呎高。

這尊雕像是另一位耆那教王室英雄：巴胡巴里（Bahubali）王子。這位王子與其兄弟巴拉塔（Bharata）為爭奪父親王位而決鬥。然而就在勝利之際，巴胡巴里旋即意識到，貪婪是何等愚昧，榮華是何等無常，於是放棄王國，走上苦行僧之路。他退隱山林，立禪一年，致使藤蔓纏繞其雙腿，將他拴在地上動彈不得。他就這樣戰勝了內心的真敵——七情六欲、雄心壯志、驕慢與貪念，而據耆那教徒所說，他因而成為第一個達到「解脫」（moksha）的人。

太陽剛升上棕櫚樹梢，晨霧依然籠罩地面。從遠處看去小如蟻螻的成列朝聖者，傍著晨曦中銀光閃閃的岩壁，卻已拾級要爬上壯觀的山頂石像。數千年來，這尊龐大魁梧、裏覆於石藤中的雕像，一直是這座耆那教天衣派[1]聖城的朝聖焦點所在。

天衣派僧侶可說是印度苦行教派之最。他們赤身裸體周遊世界，以示出世，認為裸修能使人輕如空氣，清如印度晴空。果然不錯，在身穿掄吉[2]和紗麗緩緩登上石階的善男信女當中，有幾名全身赤裸的男子，即是正要趕去敬拜巴胡巴里的天衣派僧侶。此外還有幾名身穿白衣的比丘尼，或稱師母[3]。就在近山頂的一座寺廟中，我初次見到普拉莎那瑪悌・瑪塔吉（Prasannamati Mataji）。

我開始攀爬時，便看見這位纖瘦嬌小、穿白色紗麗、打赤腳的比丘尼在我前方躍上台階。她爬得很快，一手捧著椰子殼製的水壺，一手持孔雀扇。她一邊爬，一邊拿扇子輕揮每一級台階，確保上山途中不致踩傷或踩死任何生靈：耆那教牟尼[4]的朝聖教義之

---

1 天衣派（Digambara），耆那教的兩大派別之一，主張裸體修行，另一派為「白衣派」（Svetambara）。
2 掄吉（lungi），印度男性穿的一種纏腰布。
3 師母（mataji），意謂「光榮母親」、「神聖的母親」。
4 牟尼（muni），耆那教僧侶或比丘尼。

一。

直到我爬上離山頂不遠的瓦德迦寺（Vadegall Basadi），方才趕上了她——這才發現，瑪塔吉儘管頭頂光禿，卻是個年輕貌美的女子。她的兩隻大眼睛分得較開，皮膚橄欖色；獨具的自信神情，從她生氣勃勃、泰然自若的姿態即可看出。然而，當她專心禱告時，卻露出哀傷悵惘的模樣；這般的表情加上她出乎意料地年輕貌美，讓人不禁感到好奇。

我剛走進瓦德迦寺的時候，瑪塔吉正忙著禱告。剛從外面的晨曦微光踏入，寺內簡直是一片漆黑，過幾分鐘後，我的眼睛才完全適應昏暗。寺內主軸處，隱約可見三尊光滑的黑色大理石像：耆那教先知[5]的雕像。每一尊雕像皆採入定式靜坐（virasana samadhi），剃光頭髮，兩耳垂肩，凹起掌心，盤腿趺坐，面目沉靜，內視其心，投入深度的內省與禪定。Tirthankara意為「渡津者」，耆那教徒認為，這些施行苦修的先知英雄指出了涅槃之道，在苦河設立心靈渡口，使人橫越生存輪迴的風浪，在輪迴（samsara）與解脫之間創造一個過渡地帶。

瑪塔吉朝這些雕像一一鞠躬，而後從祭司手裡接過些許水，澆灌於雕像手上，再將水集入罐內，而後抹在自己頭頂。根據耆那教信仰，朝聖者對先知表達禮敬，雖是值得讚譽的善舉，卻不可指望這樣的禱告能帶來世俗回報：渡津者既是臻於完美之人，即已擺脫紅塵，因此不存在於雕像中，不似印度教徒深信神祇托身於神像。朝聖者盡可敬拜、讚頌、崇仰先知，並效法其榜樣，作為禪定的重點。但渡津者由於超脫於世，因此無法回應朝聖者的禱告；信徒與其朝拜對象之間，完全是單向關係。極度純粹的耆那教，幾乎是一種無神論的宗教，因此寺內備受敬奉的先知神像，與其說是代表「神的存在」，不如說是一種寓意深刻的「神的缺席」。

瑪塔吉朝拜神像之專注，引發了我的好奇心，可是由於她現正專心禱告，顯然不是打擾她的時候，更不可能嘗試與她交談。她從寺院上山，替巴胡巴里石像洗足。她在雕像足邊默誦晨禱詞，手中撥轉念珠；接著在聖地外圍繞拜（parikrama）五圈。隨後就像躍上山時一樣，又快速躍下山去，持孔雀扇撣掃她前方的每一級台階。

次日，我才申請獲准和瑪塔吉在僧院招待所正式會面；過了一天，在我們的持續對談中，我開始了解，她那讓人一望而知的憂愁神態起因於何處。

「我們相信，罣礙是為苦惱之源，」我們聊過一陣子後，普拉莎那瑪悌．瑪塔吉說道：「因此我們應放棄罣礙。此為耆那教基本原則之一——我們稱之為『無所有』（aparigraha）。這就是我捨離親眷、捨棄財富的原因。」

---

5 先知（Tirthankara），亦稱「耆那」（Jina），意指渡過生死輪迴之津並為他人開闢得救之途的聖徒。

我們在僧寺後來增建的禱堂談話，瑪塔吉盤腿坐在矮講壇的竹蓆上，比我稍微高一點。白色紗麗的頂端，端莊地蓋在她那拔光頭髮的頭上。「多年來，我不是齋戒，就是一天頂多只吃一餐，」她繼續說道：「我像其他比丘尼一樣，經常體驗飢渴。我盡力對一切生物表示同情，摒棄任何形式的暴力、欲望和癡妄。我打赤腳雲遊印度。」比丘尼說著，一隻手拂過粗糙長繭的腳掌。「我每天承受刺痛起泡的痛苦。這一切，都是為了嘗試擺脫在這虛幻人間的最後罣礙。」

「可是，」她說：「我還有一個罣礙沒有擺脫——當然，我那時不這麼想。」

「是什麼呢？」我問道。

「我的朋友普拉尤迦瑪蒂（Prayogamati），」她答道：「二十年來，我們是形影不離的夥伴，不分彼此。為安全起見，我們耆那教的比丘尼必須結伴同行。我從沒想要觸犯教規。但是因為我和她之間情誼深厚，因此我不僅產生一種罣礙，而且非常強烈——這給了苦惱一個可趁之機。不過，我是在她圓寂後，才意識到這一點。」

靜默半晌後，我不得不鼓勵她繼續說下去。「在人生這一階段，我們需要有人作伴，」她說：「你知道吧，一個可以和你分享心情和想法的知己。普拉尤迦瑪蒂的靈魂離開軀體後，我感到非常孤單。事實上，我到現在還是這麼感覺。可她的大限早已決定。她病倒時很痛苦，先是肺結核，後來又患瘧疾，因此決定施行薩萊克哈那（sallekhana），儘管她才三十六歲。」

「薩萊克哈那？」

「就是絕食而死的儀式。我們耆那教徒視之為苦修者的生命最高峰。這是我們的終極目標，也是通往涅槃的最佳途徑。不僅僅是比丘尼，連我祖母這些凡俗信眾，也施行薩萊克哈那。」

「你是說她自殺？」

「不，不是的；薩萊克哈那不是自殺，」她斷然答道：「完全不同。自殺是彌天大罪，是絕望所致。薩萊克哈那卻是戰勝死亡，象徵希望。」

「我不懂，」我說：「餓死自己，不就是自殺？」

「不是的。我們相信死亡不是結束，因為生死相輔而行。因此，當你迎接薩萊克哈那，就等於迎接生命的另一個階段——不過就是從一間屋子到另一間屋子。」

「可是，你們還是選擇用自殺結束自己的生命。」

「自殺的死充滿痛苦和折磨，薩萊克哈那卻是一件美麗的事情，既不痛苦也不殘忍。我們比丘尼生活平靜，離開臭皮囊也應當安寧。嘴上唸著諸先知的名字，而且只要按指定方式循序漸進，便不覺得痛苦；反而在絕食當中，自有某種溫柔的純淨。

「導師帶領你經歷每一個階段。一切都先提前計畫——在什麼時候、用什麼方式絕食。有專人來陪你，隨時照應你，通報社區每個成員知道，你已決定走上這條路。首先，一個星期只禁食一天，然後隔日而食，也就是進食一天，第二天禁食。逐一放棄不同類型的食物，先是米飯，隨後水果、蔬菜，接著是果汁、酪乳。最後，你只喝水，然後每隔一天才喝水。待你終於準備就緒，水也不再喝了。只要你循序漸進，便完全沒有痛苦。身軀既已淨化，即可專注於心靈淨化，淨除你所有的惡業。

「每個階段都有人問你：你準備繼續進行嗎？你確定心理準備妥當了嗎？你確定不回頭了嗎？頗難形容，但確實非常美好：拒絕欲望，犧牲一切。周圍的同門僧人對你愛護有加。你的心思鎖定耆那聖徒的榜樣。」

她微笑道：「你首先必須明白，死亡對我們而言是激動人心的事。之所以迎接薩萊克哈那，不是因為對過去的生活感到失望，而是為了獲得新事物，達到新境界。就像看見新的風景、來到新的國家那樣令人興奮，新生活充滿無限可能，使我們感到興奮。」

我肯定看起來一臉驚訝、半信半疑的樣子，因為她停了一下，開始用最簡單的意象說明她的意思。「你的衣服如果變舊變破，」她說：「就買套新的。我們的軀體何嘗不是如此。人一過三十，軀體一年年衰弱。待軀體完全凋萎，靈魂就得換新，好比寄居蟹另覓新殼。靈魂不會凋萎，所以轉世輪迴時，你只是把破舊的衣裳換成漂亮的新裝。」

「可是，你的朋友這麼離你而去，你恐怕也難感到興奮吧。」

「是的，」她說，臉也沉下來：「活著的人不好過。」

她停了下來。一時間，瑪塔吉失去鎮定；不過她還是克制住自己。

「普拉尤迦瑪蒂死後，我承受不了。儘管我們耆那教徒不該哭，我還是哭了。任何情緒都被看作是達成證悟的障礙。我們本應抹去愛憎——可我對她仍然念念不忘。」

她的聲音再次發顫。她搖了搖頭。「直到今天，罣礙依然，」她說：「我無能為力。我們一起生活了二十年。叫我怎能遺忘？」

*

耆那教是世界上最古老的宗教之一，與佛教有許多相似處，同樣出自西元前數世紀的恆河流域，一個非正統的古典印度。如同佛教，耆那教的出現，部分原因是針對婆羅門階級的種姓意識，以及婆羅門隨意殺生祭祀的作為——不過，耆那教徒的信仰略為古老，且比佛教修行的要求更為嚴苛。佛教僧尼剃去頭髮；耆那僧尼則是將頭髮連根拔除。佛僧托缽化緣；耆那僧侶則必須等人給他們食物，不准擅自乞食。他們僅可採放牛吃草的化緣方式，彎起右臂搭在肩上以示飢餓。倘使夜晚來臨前仍未取得食物，他們便餓肚子睡覺。他們也不得收受或處理金錢。

在古印度，耆那教僧侶亦以拒不盥洗而馳名。他們像埃及的科普特（Coptic）教徒一樣，將漠視外表等同於靜寂清澄。斯拉瓦納貝拉戈拉的一段早期碑文，讚頌一位渾身髒污的僧人，「看上去恍如身著貼身的黑色鎧甲」。當今的耆那教僧侶可用濕毛巾清理自己，每隔數週可清洗一次僧袍；卻仍嚴禁用池水、自來水或海水沐浴，亦不得使用肥皂。

耆那教和佛教不同，從未傳到印度境外。儘管曾在印度次大陸風行一時且叱吒風雲，受德干高原各代王朝君王贊助，然而今天的耆那教徒大約僅有四百萬人，大多僅限於拉賈斯坦邦（Rajasthan）、古吉拉特邦（Gujarat）、中央邦（Madhya Pradesh）以及卡納塔克邦。耆那教在印度境外相當罕見，跟佛教相比較，在西方幾乎不為人知。

「耆那」一詞源自Jina，譯曰「解放者」或「心靈征服者」。「耆那」或「先知」（渡津者），是耆那教的二十四代得道大師，各自悟得超脫生死輪迴之道。他們通過嚴格的「苦行」（tapasya），也就是身體修練，取得神通廣大的出世智慧，進而看透浩瀚宇宙的種種真實本性。據耆那教徒說，最後一代先知是為摩揭陀國（Magadha，今比哈邦〔Bihar〕）的王子摩訶毗羅（Mahavira，西元前五九九～五二九年），即「大雄」，他在三十歲時棄絕塵世，成為雲遊四方的思想家暨苦修者。

大雄向信眾闡述的宇宙哲學，兩千六百年後，耆那教徒仍予以闡釋。一如印度其他宗教，他們相信靈魂不朽不滅，來生的果報取決於個人的行為總和。然而，耆那教徒在許多方面，都與印度教徒和佛教徒有不同的看法。印度教徒認為世界之創造或毀滅取決於萬能諸神，耆那教徒對此一說卻不予接受；對於婆羅門階級的矯飾自負，認為儀式純潔和殺生祭祀能帶來救贖，亦予以嘲諷。耆那教有一文獻記載，一名耆那教僧人向一群心懷敵意的婆羅門說明，耆那教徒最重要的奉獻犧牲，不是舉行某種「取悅」[6]儀式，而是奉獻自己的身體。「苦修是我的祭火，」僧人說道：「我的生命是生火之地。我的腦力和體力用來盛裝祭品，我的軀體是糞肥燃料，我的行動是柴火。我奉獻的祭品是克制、進取與平靜，受到智者先知讚許。」

尤其重要的是，耆那教徒對「業」（karma）的認識，有別於印度教徒和佛教徒。其他宗教的「業」純粹指因果報應。耆那教徒則認為「業」是一種附著於靈魂的純淨物質，卻因貪嗔癡慢的拖累，遮蔽了喜樂的可能，而無法抵達終極的宇宙頂峰。為追求最後的解脫，你過的生活必須避免累積更多的「業」，同時必須洗清前世累積下來的業障。唯一的途徑，便是欣然接受苦行生活，修習禪定之道，實踐先知所傳授的捨己精神。你必須接受棄俗、不罣礙、極致非暴力的生活。

6 取悅（puja），或曰「供養」，藉由祈禱或歌頌展現對神崇拜的一種儀式，是教徒對神的一種尊敬行為，也是和神進行溝通的方式。

靈魂的旅程，在一個和任何其他宗教結構都不一樣的宇宙展開。對耆那教徒而言，宇宙的形狀像一個碩大無朋的人體。身體上方的天篷，是解放的靈魂和圓滿的靈魂，即「悉達」（siddha）——他們像先知一樣，已了脫生死輪迴。在身體上部與胸齊平的部分，是上面的神仙世界，眾神的世外桃源。

腰部則是人類居住的中間世界，他們生活在一連串同心環狀的陸地和海洋。這一世界的中央陸地，亦即南亞次大陸，以雄偉的喜馬拉雅山為界，四周環繞著鑽石壁壘。而正中央的世界軸心，則是先知聖所須彌山，有兩個太陽和兩個月亮，還有公園、樹叢和滿願樹林。與此相鄰、略偏南處，即為婆羅多（Bharata），或稱印度。此處可見各大邦城，四周群湖環抱，湖中荷花盛開。

在這圓盤下邊，則是耆那教徒的地獄。罪孽深重的靈魂，生活在火熱的地獄中，乾渴無法消止，痛苦無窮無盡，受一群半神人的獄卒嚴密監管，這些凶惡的阿修羅強力反抗諸先知的「法」[7]。

這一世界裡，沒有造物主的存在；端視「行為」與「業」，靈魂得以轉生為神，但不是最終，當累積的功德用盡時，神必須經歷死亡的痛苦，從天上墜落，在凡人居住的中間世界重生為人。地獄的亡靈亦是如此。他們一旦為其惡行付出痛苦的代價，即可升往中間世界重生，再次展開生死輪迴——視業而定，可重生為人類、牲畜、植物或空氣中的蜉蝣。像墜落的神一樣，冥界亡靈亦可期望達到解脫，永久擺脫塵世與折磨。甚至摩訶毗羅「大雄」本人，都曾是地獄的亡靈，而後重生為獅子，再變成人類，走向證悟之道。唯有人類——而非尋歡作樂的眾神——能夠求得解脫，而求得解脫之途徑，即棄絕塵世，摒除癡欲罣礙，成為耆那教苦修者。由是，比丘或比丘尼須修三寶：正智、正信與正行，並持五戒：不殺生、不偷盜、不妄語、不淫、離欲。他們四處雲遊，避免任何暴力行為，默想諸多重大問題，思考宇宙的秩序和目的，嘗試涉過苦難的十字路口，通往津渡。因此對耆那教徒而言，比起成為神，身為苦修者更是一種崇高的召喚。

耆那教是一種奇異、清苦、在某些方面十分嚴厲的宗教信仰；但是，普拉莎那瑪悌．瑪塔吉解釋說，這正是重點所在。

*

每天早上十點鐘，普拉莎那瑪悌．瑪塔吉食用每日唯一的一餐。我在斯拉瓦納貝拉戈拉的第三天，去到寺院（math）看她進餐，結果發現簡直是一場儀式。

瑪塔吉同往常一樣，披裹白棉紗麗，盤腿坐在矮木凳上，凳子高踞在空房間中央的

---

7 法（dharma），在耆那教的哲學中，「法」象徵道德和永恆的生命力量。

木棧板上。她的扇子和椰殼水壺在她背後倚牆而立。前方五、六名身穿紗麗的中產階級耆那教女居士，忙著拿米飯、豆菜和鷹嘴豆咖哩，殷勤伺候她們崇敬的瑪塔吉。瑪塔吉低垂雙眼，不看她們，只是略略瞥眼，默默接受給她的任何食物。屋內寂靜無聲，沒有人說話；大家用手勢和點頭相互溝通。

我走近門邊時，瑪塔吉舉起一隻手，示意我待在原地。其中一名女居士解釋說，因為我未淨身，可能還吃過肉，因此不得入內。我手持筆記本，從敞開的門外觀察屋內。

瑪塔吉不發一語，慢慢吃了一個小時。女居士待她點頭後，用長調羹將一丁點食物舀入她凹起的掌心。隨後，她以右手大拇指小心翼翼翻開每一口食物，查看有無任何毛髮、有翅昆蟲、螞蟻或生物掉進齋飯裡，以免破齋。倘若發現任何東西，一名女居士解釋說，亦有明確規定：她只能將食物扔在地上，拒絕續用這一餐，直到隔天早晨十點再進食。

用過蔬菜後，瑪塔吉的一名隨侍取來一小匙酥油，澆在她的米飯上。另一名女居士舀了一勺豆菜給她，但瑪塔吉輕輕搖頭表示已食畢。隨侍將金屬杯裡的溫開水，倒入瑪塔吉拿在手上的碗。她喝了水，隨後又含了一杯在嘴裡打轉。她用手指剔牙，再用水清洗牙齦四周，而後吐進痰盂。瑪塔吉的早餐這才結束。她站起身來，手持孔雀扇祝福眾女居士。

沉默的早餐儀式過後，瑪塔吉領我到寺院接待所的會客室。她在一張矮書桌正前方的柳條墊盤腿坐下。桌上放著她目前正在研讀、撰寫評注的兩卷經文。房間一隅，另一張類似的書桌前，坐著一名赤身裸體的男子，他是寺院住持，正默默專心書寫。我們彼此點了點頭，而後他又回頭繼續工作。他來這裡的理由，據我推測，是為了在瑪塔吉和我交談時陪伴她：瑪塔吉不准和非她導師（guru）的男子在屋裡單獨相處。

瑪塔吉坐定後，開始跟我講述她如何捨棄塵世，何以決定接受灌頂（diksha），成為耆那教的比丘尼。

*

「我在一九七二年出生於恰蒂斯加爾邦的首府賴普爾（Raipur, Chattisgarh），」瑪塔吉說：「那時候，我的名字叫芮卡（Rekha）。我出身於富商家庭。我們祖宗的老家在拉賈斯坦邦，為了做生意才遷居恰蒂斯加爾邦。我父親有六弟兄，我們整個大家庭同住在一個屋簷下。我父母在我出生前生了兩個兒子，當時我們家已經有三個世代沒生女娃，我是第一個，因此大家都很疼我，大家都覺得我是個可愛活潑的小女孩，皮膚特別白皙，還有一頭濃密的黑長髮。

「大家對我呵護備至，我的叔叔伯伯還會爭相寵我。我很愛吃奶糕和牛奶糖果，每個叔叔伯伯都會帶好幾盒給我。他們從廠房回來時，如果我已經睡了，他們會叫醒我，給我糖果，有時候給我一大罐泡在糖漿裡的玫瑰蜜炸奶球。我的每一個願望都得到滿足，可謂天之驕子。沒有人打過我或責罰我，哪怕只是鬧著玩。記憶中，我父母從沒對我大聲說話，更別說動手打我。

「我的童年非常幸福。我有兩個交情最深的朋友，一個是敵對教派白衣派（Svetambara）的耆那教徒，另一個是婆羅門出身的女孩，她們的父母也是經營紡織批發。所以我們一起玩洋娃娃，家人還讓廠裡的裁縫設計華麗的紗麗和紗瓦[8]給洋娃娃穿。我們年紀大一點的時候，我的叔叔伯伯帶我們去看電影。我很喜愛芮卡[9]，因為她和我同名；我也欣賞阿米塔巴吉汗[10]，因為他是當時的首席男演員。我最喜歡的電影是他主演的《苦力》（*Coolie*）。

「就在我十三歲時，有人帶我去見Dayasagar Maharaj，他的名字是『慈海上師』的意思。他從前是牧童，十歲接受灌頂，現在對經文已有深刻了悟。他到賴普爾過查土摩[11]——雨季期間，我們耆那教徒禁止雲遊，以免誤傷寄居水坑的種種生物。上師於是在我們城裡住三個月，每天給孩子們傳講誦讀。他告訴我們如何享有平靜的生活，如何避免傷害其他生靈：我們該吃什麼，我們該如何濾水，以免喝下微小的生物。他的話打動了我，使我開始思考。沒過多久，我決定要像他一樣。他的諄諄教誨徹底改變我的一生。

「幾個星期後，我決定在天黑後禁食，而且不再吃長在地下的植物：洋蔥、洋薑、紅蘿蔔、大蒜和所有根菜類。耆那教僧侶禁食這些食物，因為拔這些植物等於殺害它們——我們只准吃稻米之類的植物，因為稻穀收割後還能繼續活。

「為了克制自己的欲望，我還放棄牛奶和糖這兩樣我喜歡的東西。大家都極力勸阻我，特別是我父親，有一次他甚至強行餵我。他們覺得我年紀太小，不該踏上這條路，只希望我待在家中當他們的可人兒。但是這不是我要的。

「我十四歲時，宣布我有意加入僧伽（Sangha）——我的上師隸屬的耆那教社團。我家人再次反對，說我年紀還小，不該考慮這些事情。不過最後在我的堅持下，他們同意學校放假期間讓我去幾個禮拜，學習佛法，希望嚴厲的僧伽生活能讓我望而卻步。他們還堅持由幾個家僕陪我一起去。然而，僧伽的生活，還有我在那兒領受的教導，對我

8　紗瓦（salwar），一種寬鬆的長褲。
9　芮卡（Rekha），一九五四～，原名Bhanurekha Ganesan，印度寶萊塢女星。
10　阿米塔巴吉汗（Amitabh Bachchan），一九四二～，印度家喻戶曉的男影星。
11　查土摩（chaturmasa），類似基督教的四旬齋節。在為期四個月的雨季期間，佛教徒、印度教和耆那教苦行者暫停雲遊，齊聚一方，進行一些虔誠的儀式，許下絕食或半絕食的願。

而言是一大啟發。我安居下來後不肯再回去，家僕力勸我，但我不為所動，他們只好自己回去。

「過了兩個月，我父親來接我回家。他說我的一個叔叔生了兒子，因此我得回家參加家庭慶祝會。我同他一起回家，但要求他答應我，慶祝會後送我回僧伽。我父親答應了我。慶祝會上，所有親戚卻都堅持認為我年紀太小，不該讓我回去。我在家裡住了一個月後，堅持要他們送我回去。他們不肯。我於是連續三天不吃不喝。家裡氣氛很糟。大家的壓力很大，都在生我的氣，說我頑固自私。但是到了第三天，他們終於讓步，送我回僧伽。

「他們和我保持密切聯繫，寄錢寄衣服給我，付錢讓我去朝聖。他們知道我的上師會好好照顧我，我也覺得從某些方面來說，他們很高興我走上虔誠之路；但是他們的內心仍不希望我完全皈依。我卻在僧伽過得很開心，因為我知道自己走上正確的路。吃芒果得把籽丟掉，牟尼的生活亦是如此。不管你對家人、對世間萬物多麼戀戀不捨，不管你多麼努力，最後還是得撇下一切。你帶不走一切。無論你多麼有勢力、有學識，無論你多麼愛父母，你還是非走不可。世俗逸樂和家庭幸福，兩者都是過眼雲煙。這是不能迴避的現實。生與死都是不可避免的事；兩者都不是我們所能控制。

「就像一個小小孩去上學，漸漸長大成人；或者像一顆小芒果越長越大，漸漸變色變熟；衰老死亡亦是人之天性。我們別無選擇。我們每個人都得經歷生老病死。這是自然過程，無法回頭，至少得等到來世。你只能接受這個事實，走上耆那教的知識、禪定和苦修之路，這是讓自己擺脫這種輪迴的唯一辦法。也是達成證悟的唯一途徑。

「在僧伽待過一段時間後，我覺得自己悟出這個道理，也認為自己過著最好的生活。你過得越好，對這些事的想法就越來越清晰越鮮明——你漸能達世知幻，參透事物。我忽然覺得，我雖然愛我家人，他們實際上只想追求財富、誇耀財富——許多耆那教居士恐怕都是如此。

「如果把門關上，你就看不見；把門打開一點點，你就一目了然。好比炒熟的種子不發芽，你一旦捨棄塵俗，就不會捲入輪迴的漩渦。我十分清楚，自己走對了路。我還發現，走上這條修行之路，帶來了生命的喜悅——這不在我預料之中。

「僧伽對我而言，就像一輪新生，我的第二次生命。我沒什麼想家的感覺，也沒想要回去過從前的生活。導師們教我如何過一種新生活：身為耆那教比丘尼，該如何坐、如何站、如何說話、如何睡覺。一切都是新知識，彷彿從頭學起。這種新生活使我覺得開心；我確信自己走上救渡之道，不再受外界世界煩擾。我知道自己做了一件正確的事。即使我不想傷害家人，我還是禁不住因為自己已虛擲大半生命而感到遺憾。

「不過，我其實也沒時間憂慮這些。我們的大師讓我們每天忙著學習、上課聽課、雲遊朝聖。我們時時刻刻，在出行的空檔，持續學習梵語（Sanskrit）和俗語（Prakrit）。我發現自己非常喜愛梵語，喜歡梵語的複雜與完善，過沒多久，我已能閱讀原文的耆那教文學作品和經史典籍。他們鼓勵我們學習不輟，掌握知識，以消除輪迴轉世中最後的惑業。我已修讀二十四年，卻還有不少東西要學。

「最初一段時期，我們還學習禪定之道。上師訓練我們清晨三點起身，沒出行時，我們便利用清晨，一天當中最靜謐的時光，修習禪定，力求自覺。經過特別訓練後，我們學會觀想二十四位先知，在心中默思他們的特質、生活以及各種決定。我們學會蓮花坐姿（padmasana）。我的能力隨著學習日益增進：我先閱讀梵經文，而後在禪定過程中回想讀過的字句，試圖觀想我所讀的內容。就像蜘蛛結網，禪定亦需要耐心構築。你一旦了解有關先知的一切，便不難觀想他們。就像小孩學騎單車：騎的同時便掌握了技巧，直到你幾乎察覺不出自己正在騎車。但就像騎單車一樣，最初幾步可能相當困難、令人沮喪。

「學習經文，學習俗語和梵語，學習禪定，學習接受苦行——這些都是非常漫長的過程。播下一顆種子之後，你就得等種子成長，成為一棵樹，長出果實——椰子樹需要好多年才能長出椰子。我們也是如此。播種和收割之間，需要花費許多時間。播種之後，你不能指望隔天收成。我們修練苦行，經歷痛苦，卻不指望立即得到回報，也未必此生便能獲得任何回報。你也許只能在多次輪迴後的未來，才能獲得回報。

「就像諸先知一樣，你應當對耆那教的道路充滿信心：信心便是一切。因為，你若缺少耆那教信仰的靈知，便永遠得不到解脫。靈知就像鮮乳裡的酥油：你看不見酥油存在，因此一開始必須相信酥油就在裡頭。只有學習正確的技術，才能獲取鮮乳的潛在利益：你得學會如何將鮮乳分解成凝乳，如何攪拌凝乳，最後如何把黃油加熱取得酥油。太陽一直在那裡，儘管雲層將之遮蔽。同樣，靈魂也嘗試求得解脫，儘管備受罪惡、欲望和執著所牽絆。只要遵循耆那教的道路，你便能撥雲見日，學會從鮮乳提煉酥油的方法。沒有耆那教的法，你的靈魂就備受折磨，不知何謂永恆的幸福。不過，只要有大師指點迷津，讓你獲知靈魂的真實本質，這一切就能改變。

「只要遵循耆那教的法，只要一生行善，你便能漸漸淨除惡業。假如受到命運青睞，並堅定踏實追求目標，終究能獲得解脫之境。」

＊

「在僧伽兩年屆滿，」普拉莎那瑪悌・瑪塔吉繼續說：「我終於打定主意，接受灌頂。那年十一月，他們第一次拔除我的頭髮：這是第一步，像在考驗你的決心，因為你如果忍受不了拔除頭髮的痛苦，表示你還不想繼續走下一步。那天我執行齋戒，當天晚上，由僧伽的一名老師母塗上乾牛糞灰。流血的時候能充當自然抗菌劑，拔的時候還能防止手滑。

「當時我有一頭烏黑亮麗的長髮，由於我還年輕，我的上師打算先拿剪刀剪，再用剃刀剃，以免讓我受苦。可是我很堅持，說我已拿定主意。我是很倔強的女孩子：我想做什麼就去做。所以他們只好按照我的願望做。我想，我的固執和決心頗使大家訝異。

「整個儀式幾乎花費四個鐘頭，而且非常疼痛。我試著不讓自己哭，卻還是忍不住哭了。我沒告知父母我的決定，因為我知道他們一定會阻攔我，可他們還是聽到消息趕了過來。他們趕到時，儀式已接近尾聲。看見我的禿頂，拔除頭髮的頭皮滿是傷痕血流，我母親不由得尖叫起來，我父親失聲痛哭。他們知道我已經走上不歸路。後來，每當僧伽抵達一個村落，上師就會向大家炫耀我：『你們看，這一位年紀雖小，意志卻如此堅定，她做的事就連老者都要猶豫再三。』

「大約此時，我遇見了我的朋友普拉尤迦瑪蒂。有一天，我們的僧伽恰巧走進她住的村莊。她父親是富商，住很大的宅院，於是請我們住他家裡。普拉尤迦瑪蒂的年齡和我一樣大，十五歲，是個漂亮、嬌弱、敏感的女孩。她每天來我們房裡同我們談話。我們很快成為密友，每每談到深夜。我的僧伽生活令她嚮往，而我也從未遇見過任何人像她那樣了解我、和我有共同的信念與理想。她即將和一個鑽石富商的兒子訂婚，這門親事早已安排，但她告訴我說，她其實一心想接受灌頂。她也明白，家裡人不允許她這麼做。

「一個星期後，我們離開村子，天還沒亮就出發，徒步前往下一個村鎮。當天晚上，普拉尤迦瑪蒂向她母親借了錢，說要去看馬戲團表演。可她卻從自己房裡拿了兩套衣服，便跳上公車。那天深夜，她找到我們，請上師收留她。她家裡人明白發生了什麼事，於是她父親和她弟兄都來求她回去，可她拒不答應，我們的導師也說由她自行決定。從此以後，我們一同生活了二十年。我們一起接受灌頂，一起出行，一起吃飯，雨季期間一起過『查士摩』。不久，我們便成為密友。

「除了『查士摩』，我們不准久待一地，以免心生眷戀。大多數晚上，我們睡不同的地方，因此我們的共同生活充滿變化。有些夜晚，我們住有錢人的家，有時住學校，有時則住朝聖者靜修區，有時住洞穴或叢林。耆那教徒以招待我們為榮，印度教徒也會來「達顯」[12]。因此，耆那教徒的家若沒得住，印度教徒也很高興收留我們。我們不能吃印度教徒做的飯，但可以拿他們提供的食材，自己做飯吃。

12 達顯（darshan），意指謁見成道大師一面，或接受其教導、開示、點化，就像是能得到其能量的加持，從而增加自己的能量，比喻為沾光、得福、增祿之意。

「大家認為我們過的生活很艱苦，當然，很多方面確實如此。但是，走進一個未知的世界，身無分文地去面對，也就意味貧富之間、受教育者和不識字者之間的差異一概消失，一種人類共同體於焉產生。吾等僧人雲遊四方，擺脫過去陰影的束縛。這種兩袖清風的雲遊生活，開啟了我們的靈魂。這是一種美妙輕鬆的感覺，一天過一天，沒有任何占有欲，沒有壓力，沒有負擔。旅程與終點成為一體，思想與行動合而為一，彷彿我們像河一樣流動，流入完全的超脫。

*

「我們如此生活四年之後，普拉尤迦瑪蒂和我才接受正式灌頂——遠比我們希望或預期的時間長得多。可是我們兩個的家人都說：『先讓我們家的其他孩子結婚再說。』我們都同意這一安排，因為我們不想再讓父母更難過。不過，我們來到斯拉瓦納貝拉戈拉，在巴胡巴里神像面前起誓，承諾家裡的婚禮一旦結束，我們便接受灌頂。我哥哥的婚禮在第四年的一月份舉行，三月的時候，我們的灌頂之日終於到來。

「我們的上師和師母將我的朋友和我打扮成新娘。我們穿戴一模一樣的衣服和首飾，繪相同的手繪（mehndi）。我們甚至長得很像，因此大家常分不清我們誰是誰。我的整個童年時代絕少佩戴首飾，只戴過錶和一條金項鍊。但是我們在灌頂之日，卻一身珠寶鑽石，一同乘坐馬車，繞遍我們位於烏代浦區（Udaipur）卡拉瓦里（Karavali）的宅邸哈維利[13]附近的十三個村落。領在我們前頭的是敲鑼打鼓和吹喇叭的人，經過人群時，我們朝大家拋撒米和錢。我們每天提供食物給大家吃——有時提供給整村子的人，有時只分發甜食、椰棗和粗糖。儀式持續整整一個月，直到我們對這一切徹底厭倦。這使我們兩人感到詫異，因為我們一直渴望這一天的到來：正式的灌頂儀式已耽擱三年之久，而今終得領受，我們卻只希望早點結束，盡快上路。

「但是灌頂之日那天，我覺得一切都很值得。我真的認為那是我一生中最快樂的一天。我們的父母都來了，還有我們的親屬。那是一場盛事——兩萬人齊聚一堂，簡直難以維持秩序。

「最後一天，也就是灌頂典禮當天，普拉尤迦瑪蒂和我都禁食：我們粒米未進，滴水未喝。我們一大早起身，給上師獻上食物，而後我們走出門，走向即將舉行典禮的講台。過去兩週以來，我們去哪個地方都是搭馬車或騎象；但現在，我們重新靠雙腳而行。我們走上講台，讚頌先知，而後求得上師允許，領受灌頂。他表示同意後，我們在

13 哈維利（haveli），意謂「與世隔絕的處所」，為富商興建的宅邸，興建宅邸不僅是展現身分地位之終極象徵，也提供家人一個與外界隔絕、又可受到充分保護且舒適的環境。

喇叭聲中被帶下講台。

「再過來，便是和家人道別的時刻。我們把聖線[14]繫在哥哥們的手腕上——兄妹之情的最後表示，然後向他們告別。兄妹關係從此結束——從此互不相識。我們又向父母告別；我們相互擁抱，互道珍重。今後，他們不再是我的父母——他們就和其他的社會成員一樣。我們都哭了，但我覺得我們的父母也以我們為榮：家裡有人皈依，在我們社會被認為是一種福分。更何況，我們早已離家多年，因此對他們來說改變不大。在他們心裡，我們多年前已經接受灌頂。

「道別後，我們被帶去進行拔髮儀式。這一回我們得親自動手，而且困難許多。儀式僅需半個小時，因為我們的頭髮已經很短，之後我們在布篷內接受聖浴。我們脫去衣服，讓師母們混合牛奶、酥油、薑黃、小麥麵粉，給我們洗浴，最後再用水沖洗。對我們而言就像洗禮。我們洗完出來後，換上白色僧袍。我們的飾品一一被取下，象徵我們的犧牲。

「而後，我們又給帶上講台，領受我們的新名字。我不再是芮卡；生平第一次，我被喚做普拉莎那瑪悌．瑪塔吉。我的朋友也頭一次成為普拉尤迦瑪蒂。然後，我們接受導師的訓誨。他明白告訴我們應當遵守的規範：不得再搭乘交通工具，一天只進食一次，不得吃西藥，戒感情，不殺生。他告訴我們，對於任何攻擊行為不得動氣回擊，不得行乞，不得哭泣，不得抱怨，不得要求，不得感覺高人一等，必須學會不為虛無縹緲的東西所困，他告訴我們必須像獅子一般，扼殺代表色欲的大象。他告訴我們，必須培養對塵世的厭惡，以及對救贖與解脫的渴望。他又告訴我們該準備承擔種種困難：飢渴、冷熱、蚊蟲。他提醒我們，這些都不是容易的事。

「他還給了我們水壺和孔雀扇，象徵我們堅守非暴力的決心，然後我們最後一次被帶下講台。我們以牟尼的新身分，被領著穿過人群，大家都祈求我們賜福。

「那夜，我們就在投宿的人家屋頂上度過。次日天未明，我們便起身吃過飯——前一天我們禁食一整天。隨後，我們沒向任何人告別，便悄悄離去。我們留意通往古吉拉特邦的指標，開始徒步走去。

「我們這才成為合格的比丘尼，真正展開雲遊四方的生活。」

＊

「每個人都告誡我們，這種生活非常艱辛，」普拉莎那瑪悌．瑪塔吉說：「但事實

---

14　聖線（rakhi），字義為「保護」，手繩的意思。印度有個傳統節日 Raksha Bandhan，即兄妹節，在這節日，姐妹要在兄弟的手腕繫上聖線，代表愛心、關懷及手足般的情誼。

上，我們既然心甘情願抛下一切，自然不會眷戀我們抛開的塵世。一點也不眷戀。就像一個女孩子嫁了人，必須離開孩提時代的父母家：如果這麼做，能換來她自己真正想要的東西，那就不是悲傷時刻，而是快樂時光。對普拉尤迦瑪蒂和我來說，這確實是我們生命中的一段快樂時光。我們天天走路，探索未曾去過的地方。

「步行對我們耆那教徒而言十分重要。佛陀在樹下靜坐時求得正覺，而我們的偉大先知大雄，則在步行時獲得證悟。我們認為，步行是苦行的重要環節。我們不乘坐汽車或任何交通工具，一部分是因為行駛速度太快，有可能摧毀許多生物，但同時也因為，我們既然生來兩條腿，步行對人類而言才是正常速度。步行能解決諸多問題和煩惱，平息種種憂慮。每一天好好過活，活在不同的靈感中，身為耆那教徒，我所學到的很多都是從雲遊而來。有時候，我甚至夢見步行。

「我們的導師教導我們，耆那教徒該怎麼行走。在一邊行走、一邊思索宇宙和經文、探索生命意義的同時，我們也全心記住不殺生的教誨。你必須留心每一步，學會看自己前方四步遠的範圍。如果路上有隻螞蟻，你應當準備閃躲或靠邊站。同樣的道理，我們也必須避免踩在綠色植物、露水、泥巴、黏土或蜘蛛網上——誰曉得那兒有沒有生物？

「不傷害眾生，並兼及護法，才是法的靈魂所在。我們相信一切生靈，即使小得看不見的生靈，多少都具有『神我』[15]，即神的精神。因此，我們的紀律多半是關於：只喝濾過的水，只在白天進食，才看得清吃了什麼。每次步行結束，我們都有特別的儀式，對自己無意間傷害的生靈表示歉意。

「然而，普拉尤迦瑪蒂正是在步行時，發現自己的健康狀況每況愈下。由於她幾乎趕不上我的腳步，我們這才發現她的關節出了問題。她開始行走困難，坐或蹲時更是如此。

「十年來，她的情況日益惡化，到後來，只消移動便令她感到疼痛，坐行都十分困難。一天下午，她在卡納塔克邦南部的僧院讀經時，咳嗽了起來。她咳得越來越厲害，還發出沉重的作嘔聲。但是這一次，她的手從嘴巴拿開時，發現手上盡是血跡。之後一個星期，她沒再咳血。但隨後，又開始經常咳出血來。有時咳一丁點，只染紅她的嘴唇；有時咳出的量足以注滿一只小茶杯，甚至一個碗。

「我馬上猜是肺癆，於是獲得導師的特別許可，讓她去看醫生。我們禁用西藥，因為西藥製作大多使用動物死屍，或者在測試過程中折磨動物。但是鑑於情況嚴重，導師同意請西醫看診她，雖然還是堅持只給她服草藥，而且只能在她每天用餐的時刻。

---

15 神我（paramatma），存在於一切眾生的內在力量。

「普拉尤迦瑪蒂保持冷靜，很長一段時間，仍希望自己能恢復健康。即使病情顯然已相當嚴重，她卻始終泰然自若。反倒是我一直很擔心。她向我保證，她已經好得多，讓我相信病情不嚴重；其實即使不是醫生，也看得出她的健康情況急轉直下。

「她的消化系統受到感染，咳血不止，行淨禮的時候也開始有血出現。最後，我獲准帶她去醫院，做核磁共振掃描和完整的血液化驗。醫院診斷她罹患末期肺癆，侵入消化系統。他們說，她的血色素很低，前景不太樂觀。有位醫生說，我們如果早點來，或許還有希望，但是我們來的時候為時已晚。

「當天，普拉尤迦瑪蒂決定選擇薩萊克哈那。她寧可捨棄身體，也不願身體先行被奪去。她說她要主動死去，正視死亡，迎向死亡，而不是讓死亡襲擊她，強行將她帶走。她決心當個勝利者，不當受害者。我試圖和她辯論，可她像我一樣，一旦下定決心，便不可能改變主意。儘管受病痛之苦，那一天，她依然出發要跋涉一百公里路，前去拜訪我們的上師，他當時正待在中央邦印多爾（Indore）的善提納特（Shantinath）耆那教寺院。

「辛苦跋涉一星期後，我們才到那兒，在這期間，普拉尤迦瑪蒂受了不少罪：當時正值隆冬的十二月底，天氣寒冷徹骨，她卻不氣餒。她到印多爾後，便請求我們的上師允許她開始薩萊克哈那的過程。他問普拉尤迦瑪蒂是否確定，她說確定。他得知她可能也活不了多久，便應允她的請求。

「二〇〇四年，普拉尤迦瑪蒂開始逐漸減少食物的攝取。她一一放棄以往所吃的各種蔬菜。一週當中有幾天，她什麼都不吃。十八個月來，她吃得越來越少。正常情況下，薩萊克哈那非常安詳，但對普拉尤迦瑪蒂來說，罹患疾病使她在臨終前充滿折磨。

「我的職責是餵她，照顧她，為她唸指定的經文和真言。我還同她說話，給她勇氣，與她相伴。我日夜陪伴她，引導她入定[16]。她自始至終忍受一切痛苦與不適，完全保持鎮定——你無法想像她有多麼鎮定！我一向喜歡與她為伴，也總是向她學習，在她臨終前更是如此。她表現出如何保持鎮靜，如何面帶微笑逆來順受，無論承擔多大的痛苦。這世上不再有這樣的人了！

「到了二〇〇五年九月，她已臥床不起，我持續守在她身邊三個月，直到十二月初。這段時間，她只吃五種東西：石榴汁、牛乳、米飯、綠豆和糖。每過一天她就少吃一點。最後幾個星期，一位耆那教醫師給她注射蛋白質，但她非常虛弱。她不得不使盡全身的力氣，才有辦法履行薩萊克哈那期間必須遵循的觀想。儘管滴食未進，且幾乎滴水未喝，她的身體反而因為生病腫了起來，而且每次行淨禮時，總是大量失血。最後，

16 入定（samadhi），亦譯「三摩地」，即住心於一境而不散亂的意思。

她還發高燒到四十度多，渾身盜汗。下午她覺得冷；晚上卻又發燙。我問醫生為什麼。他們檢查過後，說她還患上瘧疾。他們給她打針，卻不怎麼有效。

「在最後那些日子裡，我們的上師不在場──他去參加集會。因此最後那幾天，我是她在那寺院唯一認識的人，儘管寺內有眾牟尼為她吟誦，給她支持。

「第二天，燒仍未退。醫師再次前來時，她請求醫師給她食物，卻站不起身來──事實上，她連嘴巴都張不開。他勸她喝半杯牛奶，她於是喝了牛奶。不知什麼緣故，她想清潔牙齒，卻沒有力氣，醫師只勸她好好休息。這使她非常氣餒。

「午後一點半剛過，我去吃飯，正準備吃，便聽見普拉尤迦瑪蒂高聲叫喊。我趕緊去照顧她──她的狀況顯然很糟。除了看門的男孩之外，附近沒有其他人，於是我派他去找醫師過來。我回到屋裡，握著她的手，聽見她輕聲說，她想完全停止進食。這般痛苦，已非她所能負荷。她說對她而言，她喜愛死亡，正如她喜愛生命一樣，還說生與死各有其時。『現在，』她說：『該讓肉體得到解脫了。』

「這時，我們的上師已經歸來，便把社區的人聚集起來。到了午後，所有的導師和師母都過來指引她，圍坐在床邊。還有許多人過來觸摸她的腳。房間裡擠滿人，外面廊上也是。大家吟誦真言，唱頌拜讚歌[17]和可兒坦[18]，並誦讀闡釋心靈本質的耆那教經文。大家都在一旁支持普拉尤迦瑪蒂，在她生命即將結束之際給她鼓勵。

「下午四點左右，醫生說他想她即將過世，可她一直撐到晚上九點。她走得非常平靜。當時天色已暗，屋裡的燈都已點燃。那天她的呼吸非常困難，不過臨終時變得比較順暢。我握著她的手，僧人齊聲誦經，她閉起眼睛。一時間，連我也不知道她已離開人世。她就這麼走了。

「一發覺她走了，我於是傷心痛哭。我們是不准哭的，因此我們的導師對我直皺眉頭。可是我控制不了自己。我正確遵循每個步驟，直到她過世，可我內心壓抑的一切，這會兒全傾瀉而出。她的軀體仍在，可是她不在裡頭。那具軀體不再是她。

「第二天，十二月十五日，她的遺體火化了。他們下午四點火化了她。印多爾的善男信女都來了，共有兩千多人。那天是星期日。第二天一大早，我便起身出發。我沒有理由待下來。

「那是我當比丘尼以來，頭一次獨自行走。」

*

17 拜讚歌（bhajan），印度傳統民間音樂，泛指印度民間流傳頌讚宇宙和真理的聖歌，可視為梵唱的平民化形式。

18 可兒坦（kirtan），一種伴有音樂的祈禱頌詩。

次日，待普拉莎那瑪悌．瑪塔吉用過早餐後，我便去跟她告別。

「她在人世的時間早已決定，」她忙不迭地回到普拉尤迦瑪蒂的話題上：「她過世了。已經不在人間。我必須接受這個事實。萬物終有衰亡之日。」

瑪塔吉默不作聲，顯然沉浸於思索。靜默了好半晌。「現在，我的朋友走了，」她終於開口：「我也可以走了。」

「你的意思是……？」

「我看過薩萊克哈那四十多次，」她說：「但是，看到普拉尤迦瑪蒂絕食而死之後，我才意識到，也是該啟程前往這個盡頭的時候了。」

「你是說考慮走上……？」

「我已經開始走這條路，」瑪塔吉說道：「我逐漸減少我吃的東西。我已經放棄牛奶和凝乳，鹽和糖，番石榴和木瓜，葉綠蔬菜和秋葵。每個月我都會放棄一些東西。現在，我只希望走前，能多遊歷幾處聖地。」

「為什麼呢？」我問道：「你不像她身患重病。這難道不是無謂地浪費生命？你才三十八歲而已。」

「我早已告訴過你，」她說：「薩萊克哈那是每個耆那教牟尼的目標。是最終的離棄。你首先離棄自己的家，而後離棄財物。最後離棄自己的身軀。」

「你說得很簡單。」

「當你開始了解現實的本質，的確很簡單。這是嚥下最後一口氣的最佳方式。無非就是離開屋子，走進另一間屋裡。」

「你相信你能在來世遇見她，」我說：「是不是？」

「這也未必，」瑪塔吉說：「在我們經書裡，是有許多人遇上前世的故友、丈夫、妻子、老師。但誰也不能控制這些事。」

瑪塔吉又一次停頓下來，看了看窗外。「儘管我們兩人的眼前或許還有許多來生，去到許多世界，」她說：「可誰知道我們能否再次碰面？即使碰了面，卻已各具新的身軀，誰又能說我們能夠認出彼此？」

我起身要走的時候，她悲傷地看著我，只說：「這些事不在我們掌控中。」

# 第二章 坎努爾的舞神

我一年當中有九個月在幹苦力；
平日建造水井，週末在監獄當守衛。
從十二月到二月的泰嚴舞季，
我就化身成神。

林間空地的一邊，是一道小溪流和月光下的稻田，另一邊則是夜色中的橡膠園和綠椰林，空地由火堆和一片搖曳的樟油燈火所照亮，人群已聚集在午夜的陰影中，火光襯托出他們的輪廓。他們大都已在黑暗中行走許多哩路，才趕到這兒。他們等著觀看眾神一年一度下凡跳舞的盛會。

由六名汗水涔涔、半裸黑膚的賤民組成的擊鼓團，在過去二十分鐘內不斷加快速度：他們用小而硬的羅望子木製鼓槌，在羊皮鼓上持續敲出節奏，越來越響、越來越急促、越來越狂亂。有人唱著歌，歌詞講述神將化身為人的神話故事，空地中央的神龕前，首位舞者剛被神靈附身。此時，他正繞著空地瘋狂轉圈，昂首闊步打刺拳，一手持劍，一手持弓箭。眾人不假思索地直朝陰影處後退。

神龕後方的空地邊緣有一間棕櫚茅舍，由泰嚴（theyyam）舞團用作後台。下一個即將登場的舞者，是個尖牙畢露的女性人物，代表佛母婆伽婆底（Bhagavati），面塗朱彩，頂著紅色鑲金、嵌有鏡子的巨大頭飾，正在屋裡準備稍後召喚神明附身。這位即將化身為女神的年輕男舞者，正為自己的胸鎧做最後的裝點，調整頭飾，使各個鏡面能在火焰下閃閃發光。

在堆放一旁的衣衫、未使用的行頭，以及半完成的頭飾之間，有個健壯男子的黑影，一動不動地躺在茅舍最裡頭的草蓆上。他正是我前來看望的哈里軛斯（Hari Das），也是這一帶最著名、姿態最生動的泰嚴舞者。光著身子的他只纏了一條白色掄吉，躺著讓一名少年在他的臉部和身體上妝。他的身軀和上臂塗了黃顏料，兩頰抹上橙色薑黃，散發出一股刺激的氣味。眼睛周圍畫了兩個黑色渦漩紋，臉頰上一對芒果狀斑塊，塗了亮白色的米糊。少年化妝師用細椰子葉，在上頭熟練地畫出線圈、渦狀花紋和蠍尾螺紋，最後再加上一道紅條紋，橫過兩邊顴骨。

我在哈里軺斯一旁的泥地坐了下來。我們閒談時，少年化妝師逐漸將他變身為毗濕奴神（Vishnu）。我問他緊不緊張，問他上身的過程：神靈附體是什麼感覺？

「很難形容，」哈里軺斯說：「事前我總是很緊張，哪怕這活兒我已幹了二十六年。我緊張的不是神靈找上我，而是怕祂不肯找我。神靈附體與否，取決於你的虔誠態度。如果你失去虔誠的感覺，即使偶爾一次視之為例行公事或是漫不經心，神都有可能不再找你。」

他講完這句話，少年化妝師繼續調和左手香蕉葉上的顏料，塗在他的臉上。哈里軺斯張開嘴巴，讓少年化妝師將胭脂仔細塗在他的唇部。

「像一道令人目眩的亮光，」他又開口：「鼓開始敲，妝也完成時，他們遞給你一面鏡子，於是你看到自己的臉變成神的臉。隨後就發生了。好像突然爆發一道亮光。眼前展開完全的光輝——遮蔽你的感官。」

「你清不清楚發生了什麼？」

「不清楚，」他答道：「那道亮光從頭到尾跟著你，直到演出結束。你成為神。你不再害怕。甚至聲音都不一樣。神活了起來，附在你身上。你只是一個工具和媒介。在出神狀態中，開口說話的是神，一切行動——感覺、思考、說話——都是神的行動。舞者是人，只是神靈上身。摘下頭飾後，才宣告結束。」

「從出神狀態中甦醒，是什麼感覺？」我問。

「就像外科手術，」他做了個切開的手勢：「一切都突然結束消失。你無從得知上身或演出時發生什麼事。你不記得出神狀態中發生任何事。你只覺得鬆了口氣，就像卸下某種包袱。」

第二名舞者面對茅舍門口的小鏡子凝視自己，視自己為女神。我看著舞者跺腳頓足，響動腳鐲上的鈴鐺和瑪瑙貝。他再一次頓足，更響也更急促。隨後，他的身子突然扭向一邊，就像遭到電擊，然後伸出雙手，並蜷縮成奇異的蹲伏之姿。他的身體不停發抖，手也在顫動，眼睛骨碌地轉。幾秒鐘前靜靜凝望的人，如今完全變了樣，他的頭擰成古怪的姿勢：半熱帶魚，半螯蟲，半爬蟲，半天堂鳥。隨後他便離開，蹦蹦跳跳地躍入空地，在星光下，兩名手持火把的跟班緊跟在他身後。

哈里鞑斯現在站了起來，準備穿上一身行頭。我問：「化身為神，這可是你的全職工作？」

「不是，」他有些淒然答道：「我一年當中有九個月在幹苦力。平日我建造水井，週末在代利杰里中央監獄（Tellicherry Central Jail）當守衛。」

「你是獄吏？」

「我得要謀生。我窮到差不多任何工作都可以幹，只要有人付給我每日的工資。那份工作可不好玩——而且十分危險。」

「怎麼說？」

「犯人統管監獄。很多犯人都有政治後援。沒人敢招惹他們。監獄當局完全受他們控制。」他聳聳肩：「地方報紙天天都有新的恐怖新聞。他們常常在放風場或者半夜在囚牢裡，割掉政敵的鼻子、砍斷他們的手。

「其實，這附近有兩所監獄：一是專門關印度極右派組織國民志願服務隊的代利杰里，另一所位在坎努爾（Kannur），專關他們的政敵，就是印度共產黨。這兩個政黨是死對頭。昨天，國民志願服務隊才攻擊了馬希（Mahe）附近的一個印共村子，用自製炸彈炸死三人。大家都說，在坎努爾，嘴巴不說話，劍才說話。你如果侮辱了某人的父親，他或許會原諒你。可你如果侮辱了他的政黨，他會馬上把你剁成好幾塊。兩個監獄都關了犯這些罪的人，都以囚禁最惡劣的政治流氓有名。如果一個印共到代利杰里坐牢，或者一個國民志願服務隊成員被關進坎努爾，保證活不過二十四個小時——至少到他隔天吃早飯時，已經斷手斷腳。」

「這情況難道沒辦法制止？」我問。

「有人試過，」哈里軛斯說：「有一天，從比哈邦來了個新警長，嚴厲懲處一個黑幫頭子。當天晚上他到家時，發現房子已經燒成灰燼。」

哈里軛斯笑了起來。「所有的犯人都有手機，可以從獄中指揮任何行動。典獄長有回拿干擾器來，企圖制止他們。可不到一個禮拜，就有人在干擾器裡倒海水進去，結果就壞了。事情就這麼結束。」

他笑笑說：「我保持低調。我從來不揍犯人，也盡量避免自己被揍。我知道我如果認真幹這份工作，不用多久我就會人頭落地。甚至警長也一樣擔心。我們都只想安然無恙活過每一天。」

「每一個泰嚴舞者都過這種雙重生活嗎？」

「沒錯，」哈里軛斯說：「那邊扮演查母帝[1]的製作結婚花球，扮演那羅辛哈[2]那小子，在旅館當服務生。扮演婆伽婆底的那小子，是公車售票員，毀滅者古利甘（Guligan the Destroyer）——」他衝著茅舍後頭仍在上妝的另一名舞者點了點頭，「製造椰子酒。他負責摘下椰子後，把發酵的椰子汁收集起來。」

「這麼說，你們都只是兼差的神？」

「就只在泰嚴舞季，從十二月到二月。我們扔下自己的工作，成為泰嚴舞者。在那幾個月，我們化身成神。一切都變了。我們不吃肉或魚，不得跟妻子同房。我們降福給村中百姓，幫忙驅逐惡靈。人們透過我們，感謝神明實現他們的祈望。儘管我們都是賤民，卻連最偏執己見、最種姓主義的南布底里[3]婆羅門也很崇拜我們，還得排隊等候摸我們的腳。」

他已穿好一身行頭，抓起鏡子，準備召喚神靈。「一年當中有三個月，我們化身為神，」他說：「到了三月，泰嚴舞季結束後，我們收起行頭。然後，至少就我的情況而言，回到監獄去。」

*

1　查母帝（Chamundi），亦稱難近母（Durga 或 Chamundeswari），濕婆妻子帕瓦蒂的化身。
2　那羅辛哈（Narasimha），亦稱那辛（Narsingh），是毗濕奴神的第四代化身，那羅是人，辛哈是獅子，即人身獅面（半人半獅）。
3　南布底里（Namboodiri），南印喀拉拉邦居統治地位的婆羅門種姓，具有極端正統思想，自視為最純種的雅利安人（Aryan）。

印度次大陸西南側這道濕潤蔥鬱的熱帶海岸線，在西高止山脈（Western Ghats）巍然聳立的紅壤峭壁阻絕下，與印度其他地區相隔開來。此處或許是印度境內最富饒、最田園的自然地貌——「神的家鄉」，馬拉雅蘭人（Malayalis）如此稱呼其邦。

許多世紀以來，喀拉拉（Kerala）一直是香料之路位於印度的終點站，也是從威尼斯順著埃及延伸至紅海、穿過波斯灣抵達印度的中世紀貿易網路中，最重要的貿易驛站。自古以來，香料和胡椒貿易在此蓬勃發展（至今亦然），因此吸引了世世代代的外來者來到印度這一塊地區，他們亦逐漸被當地豐富多樣的文明所同化。

喀拉拉很可能是聖經當中的俄斐（Ophir），即所羅門王取得猿猴、象牙和孔雀等財富的地方。當時的猶太商人，似乎首先橫渡紅海和阿拉伯海，將辛辣的印度香料帶到中東和地中海地區。今已不復存在的喀拉拉港口穆吉里斯（Muziris），古羅馬學者老普林尼（Pliny the Elder）曾經描述為「印度最重要的港口城市」，羅馬的紅海商船隊每年都造訪這一香料轉口港，購買胡椒、珍珠、香料和印度女奴，在地中海的市場販賣。

繼猶太人和羅馬人之後，阿拉伯人接踵而至。而後，一四九八年五月十八日，葡萄牙航海家達伽瑪（Vasco da Gama）從歐洲抵達馬拉巴海岸（Malabar coast），決心奪取摩爾人手中的香料貿易。達伽瑪登陸的海灘，位於卡里卡特（Calicut）偏北處，如今設有一座方尖碑。再往北兩小時車程的濱海小鎮代利杰里，不僅是哈里鞀斯服務的監獄所在地，亦是東印度公司最早的貿易站之一。

設有哨站的陰森黑石牆後方，經過警衛室和伊莉莎白時代的鐘樓（飾有兩名穿騎士褲、戴寬邊帽的詹姆士時期紳士雕像），有一連幾棟香料倉庫、軍械庫和地牢。頭一批來到印度的英國人，便是在此處貯存貨物，圖謀從倉庫擴展勢力，奪取更廣闊的腹地。他們有些人在此沉睡，長眠於海岬上的古典圓頂陵墓，底下拍岸的浪濤曾承載貨物，運往莎士比亞時代的倫敦，給燉肉燉菜添加香料。

天國般的肥沃土地，曾吸引數世紀的商客，至今仍是這塊土地的主題。一切似乎都充滿生命，生命從後院流入水塘和水道、寬闊的潟湖和密密麻麻的水渠。從水渠的台階上，傳來濕布拍打在石頭上的聲音，穿罩衫的婦女站在齊踝的水中，忙著洗刷衣服、剝削蔬菜，或洗米，四周是零星的青色布袋蓮。不遠處，男人正在修理他們的船隻，或者在中國魚網下編棕繩，光身子的小男孩則站在及踝的河泥中，給自己抹肥皂。每間屋子都搭滿薔薇花架，洗好的衣物掛在棕櫚樹間晾乾。一隊隊鴨子嘎嘎叫著，高張著翅膀。一隻鷺鳥突然從水面低撲而過，白影閃現在一片碧綠中。

這一切看起來似乎是最優美、和平、安詳的景色，但事實上，喀拉拉向來是印度最保守、最壓抑、階級關係最森嚴的社會。十九世紀初，英國旅行家及醫生布坎南（Francis Buchanan）進出此地時，發現種姓的不平等和種種限制十分嚴重，例如：身為武士階級的納亞爾人（Nayar），倘若遇上某個低種姓階級膽敢和他同時走在同一條路上，他有權立即砍去對方的腦袋。鮮為人知的法典甚至還規定，不同階級之間必須保持特定的距離，以及掄吉的綁法，甚至頭髮的梳理方式。

直到二十世紀初，低種姓佃農仍然經常遭納亞爾地主殺害，只因未能獻上糖餅表示順從。如今，鮮少有人因違背種姓規定而遭殺害——除了跨種姓的戀情，有時不受認可之外；然而，在高種姓人士面前，賤民仍被要求低下頭來，保持距離而站，以示恭敬。

泰嚴便是在這些不平等的滋養下成長。泰嚴的舞蹈形式，始終是對喀拉拉日常生活結構所起的一種有意識的儀式性反叛：神明選擇的上身對象，不是純淨神聖的婆羅門，而是備受冷落鄙視的賤民。整個系統皆不受婆羅門階級控制。泰嚴舞劇不在婆羅門廟宇舉行，而是在各個聖地的小廟和鄉間的聖林中，祭司不是婆羅門，而是賤民階級。高種姓人士的唯一作用在於，由於他們身為地主，有時有權選派某特定人家，擔任某特定寺廟的世襲泰嚴舞者，就像英國鄉紳有權委派教區牧師。

「泰嚴」一詞源自梵語的daivam，意為「神」。有些學者認為，馬拉巴北部的泰嚴，是先雅利安時代、非婆羅門的達羅毗荼人[4]碩果僅存的宗教教派，後來才融入印度教的寬廣懷抱。亦有人認為，泰嚴是一種合適的情緒出口，讓人用儀式化的非暴力方式，抗議高等種姓的種種惡行。無論何種說法，當今的泰嚴提供了一個舞台，逆轉日常社會規範；在這座舞台上，每一年當中有一小段時間，地位與權力幾乎奇蹟般地轉移到無權無勢的小人物手中。

圍繞著泰嚴舞劇所建立起來的故事，主要是吸血鬼般的藥叉女[5]、邪魔和巫婆等傳說、蛇神與獸神的神話，以及當地英雄和先祖的事蹟。不過，許多都把重點放在種姓議題，以及種姓之爭所引發的社會道德不公。這些故事經常對可接受行為的限度提出質疑，特別是高種姓為了穩坐金字塔頂端，因而濫用權力壓迫低種姓的所作所為。在泰嚴舞劇的許多故事當中，低種姓階級都因侵犯或違反既定的種姓規則，受到不公的懲罰，不是遭人強姦（就女人而言），就是被處以死刑（就男人而言，有時女人亦然），隨後，眾神對婆羅門等統治階級的不義行徑大感吃驚，於是將這些下等階級的人奉若神明。

例如在一齣泰嚴舞劇當中，一名提亞（Tiyya）階級的賤民男孩為飢餓所迫，在為一名高種姓農民放牧時偷了芒果。他爬上樹，正要飽啖芒果之際，農民的姪女正巧路過，坐在樹下。她坐在那裡的時候，男孩拿在手裡的芒果掉到她身上，因此污染了她，

---

4　達羅毗荼人（Dravidians），居住在印度南部的部族，一般認為達羅毗荼人是雅利安人入侵後南遷的印度原住民及印度河文明的創始者。

5　藥叉女（yakshi），印度民間信仰中隱藏在山林曠野中的精靈，藥叉女亦為生殖之神。

拆穿他的竊行。男孩於是逃之夭夭，多年後才重回故地，卻在村裡的池塘沐浴時被農民逮住，當場給砍了頭。為了贖罪，於是將死去的男孩奉為神明，使他成為當地偉大的印度神祇，流芳百世；如今，他依然在泰嚴舞者的身上轉生為神。設立祭禮、寺廟和泰嚴儀式之後，憤怒的靈魂平息了怒火，死者取得了救贖，道德戰勝邪惡，正義戰勝不義。

哈里鞎斯認為，此一儀式藝術的核心所在，在於時時環繞於種姓糾紛和上層統治階級的濫權，並以神祇、爭執和權力關係的重新安排為其主題。他不僅將泰嚴舞劇視為一種宗教啟示，同時亦是反抗不公的社會制度所需要的工具和武器。觀看哈里鞎斯表演過後兩個月，我再次和他見面談論這一切時，他已不再是一身泰嚴行頭；此時他只圍著一條腰布，身上沾滿污泥。

「你認不得我了吧，」他一面說，一面擦去額上的汗珠和泥土。他指著自己方才鑽出來的井，手持鶴嘴鋤。「有位婆羅門，上個月才在泰嚴舞季上敬拜我，虔誠地觸摸我的腳，眼裡含著淚水，跪在我面前祈福。一個禮拜後，我成為普通勞動者，去他家掘井。他當然認不出我了。」

「你怎麼知道？」

「我們一行五人，他給我們午飯吃。但是我們得在外面前廊上吃，不准進他的房子。他用超長柄的勺子，遠遠地舀食物給我們。他還用芭蕉葉給我們當盤子，好讓我們吃完後扔掉葉子，他不想用我們摸過的任何東西吃飯，還告訴我們，他不要我們去屋裡幫忙洗碗。連給我們喝的水也是盛在單獨的桶子裡，他甚至不讓我們從那口我們為他挖好的井裡打水。這種事在這個時代甚至還在發生！就算我能在南布底里婆羅門家掘井，也仍然不准從這口井取水。」

哈里軔斯聳了聳肩。「許多高種姓階級對待我們賤民的方式已有改變，但不少人還是堅持自己的種姓偏見，不肯和我們有瓜葛，或者和我們一道吃飯。在泰嚴舞季，他們可能對我這樣的泰嚴舞者表達敬意，走出泰嚴舞劇之外，他們卻還是一樣種姓主義。」

我們坐在井邊，哈里軔斯用一桶工作夥伴帶過來的水，清洗自己的手。「泰嚴逆轉了世界，」他說：「婆羅門如果勸你要純淨、戒酒、吃素，泰嚴的神就叫你要吃肉、喝酒、享樂。」

「你認為泰嚴能幫助低種姓階級對抗婆羅門？」

「毫無疑問——事實正是如此，」哈里軔斯說：「過去二、三十年來，泰嚴徹底改變了此地的權力結構。泰嚴舞者中比較聰明的人，利用泰嚴激發社區其他成員的自信心。他們親眼看見，高種姓階級和南布底里叩拜附在我們身上的神明。這種自信心鼓勵了下一代，甚至不表演泰嚴的普通人也讓自己受教育，去上學，甚至上大學。他們儘管還是窮，但他們接受的教育和自尊心都得到改善——泰嚴幫了他們的忙。」

我問：「是不是泰嚴的故事激勵了大家？」

「當然嘍，」哈里軛斯答道：「泰嚴舞劇的許多故事，都在嘲諷婆羅門和納亞爾人。這些故事斥責他們對待其他人、特別是我們賤民的方式。我給你講一個波坦神（Pottan Devam）的故事。我們的祖先將這則故事改編成最受歡迎的泰嚴舞劇〈波坦泰嚴〉，告誡婆羅門，不該待我們如敝屣。」

在這段時間裡，整個鑿井團隊已經鑽出井坑，好幾個人扛著裝石頭和泥巴的籃子，隨意坐在地上，斧頭和吊桶擱在一旁，聽哈里軛斯說話。

「〈波坦泰嚴〉的故事說，」他繼續說：「有一天濕婆神想教訓教訓婆羅門。他要他們別再那樣傲慢，於是選擇一種聰明的辦法來達成這個目標。他決定羞辱喀拉拉境內最卓越、最聰明的婆羅門：偉大的聖哲阿迪．商羯羅[6]。此人離禪悟已不遠，是個偉大的聖人，卻因為傲慢自大，無論對方階級高低，一概漠視與人共有的人性，因而未能進入涅槃。

「因此有一天，濕婆大神和妻子帕瓦蒂[7]為了清除他心中這些觀念，並挫折其傲慢，便決定教訓教訓他。他們開他玩笑，化身為貧窮、沒有土地的普拉雅（Pullaya）賤民夫婦，他們的兒子南迪克桑（Nandikesan）陪伴在側。他們打扮得和普通勞動者一樣，身上沾滿田裡的泥巴——就像我現在的打扮。不僅如此，濕婆大神還讓自己發出酒肉味，走路東倒西歪，就像喝了一整晚的酒。為使效果更逼真，他一手抱著一大瓶酒，右手拿著半個椰子殼喝酒。

「他們就這副模樣，遇上聖人阿迪．商羯羅正要穿越田間的狹窄田埂。按照喀拉拉的社會規範，普拉雅和其他賤民種姓階級應當跳進田裡的爛泥，不許阻擋婆羅門的去路，然而這回，濕婆大神和家人逕自朝商羯羅走去，而且醉得踉踉蹌蹌，還請走來的老年人讓開。

「商羯羅自然大發雷霆，嚴厲譴責這三個人。一整戶不潔、發臭、喝醉、吃肉的賤民，竟膽敢從一個純淨無瑕的婆羅門面前走過去？『你聞起來就像這輩子沒洗過澡。』他吼道。這樣的事，過去從未發生過。如果他們不立即走下田埂，商羯羅說，他就要三個普拉雅賤民人頭落地——此種罪行，他說，連神都無法寬恕。

「濕婆神東搖西晃地說：『好吧，我承認自己喝了一兩杯。而且我上回洗澡，的確是很久以前的事了。可是，閣下啊，請聽我說：如果我得從這田埂下去，首先請您跟我解釋一下，您這位如您所言的高貴婆羅門，和您所謂骯髒不潔的我們這家人，兩者之間

---

6 阿迪．商羯羅（Adi Shankacharya），七八八～八二〇，印度婆羅門哲學家、神祕家、印度教改革家。

7 帕瓦蒂（Parvati），亦稱雪山神女，為至高女神薩克蒂（Shakti）的轉世化身，與濕婆育有兩子。

有什麼真正的差別？您既然問我一個問題，現在也請回答我幾個問題。得到滿意的回答，我就答應您快快樂樂跳進泥巴，也叫我老婆和兒子跟進。

「『我的第一個問題是：我扎破手，您也扎破手，我們兩個流的都是紅色的血。我很樂意聽聽，不同的地方在哪裡？第二個問題，我們吃的是相同的米，而且是相同的稻田生產出來的米，不是嗎？第三個問題，您祭神用的香蕉，難道不是我這階級的人種出來的？第四個問題，您給神明戴的花環，不是我們的婦女編織出來的嗎？第五個問題，您舉行宗教儀式喝的水、用的水，難道不是取自我們這些賤民辛辛苦苦挖出來的井？』

「商羯羅答不出這些問題。濕婆大神見他呆默不語，又多問他幾個問題，並繼續訓斥他。『只因為您用漂亮的金屬盤子吃飯，我們用芭蕉葉當盤子、檳榔葉當杯子，難道您我就不是同族同種？你們南布底里人或許騎大象，我們則騎在牛背上，但這不表示我們也是牛吧？』

「這些毫不留情的質問，不僅使商羯羅驚惶失措，也使他納悶，一個教育程度低下甚至目不識丁的賤民，怎可能問出這些老練、深奧、深具哲理的問題。商羯羅於是開始禪思，即使當時的他站在田埂上。隨後，他的第六感打開了，他隱約看到濕婆神、帕瓦蒂女神以及他們的兒子南迪克桑，而不是賤民一家人。商羯羅對自己的所作所為感到驚恐，當場跳進泥濘的稻田中，在大神面前磕頭，高誦數節偈頌（sloka）讚美他：

山嶺之神啊，我向您致敬！
頂著新月冠冕的神啊，我向您致敬！
抹灰的神啊，我向您致敬！
騎不朽之牛的神啊，我向您致敬！
萬神之神啊，我向您致敬！

「濕婆大神原諒他之後，商羯羅反過來問了個問題：『神啊，求您告訴我，您為何以這種奇特的形體，示現在我這最虔誠的信徒面前？』對此，濕婆大神答道：『沒錯，你是個聰明人，正走在通往救贖的路上！可你永遠到不了那裡，除非你領會到，所有的人都應受到尊重和同情。我之所以化身為這一形體，是為了教給你這個道理，因為我知道只有這樣你才能領悟。你必須克服偏見與無知，用你的豐富知識幫助每一個人，不分貴賤，不是只限於你們婆羅門階級。到那時候，你才能達到真正的頓悟。』

「商羯羅低頭答道：『非常感謝您，我的大神。現在我總算明瞭。但是，為了讓子孫後代也能明瞭，我要創造一齣泰嚴，讚美您當前的形體。不過，我先要在廟裡供奉您化身波坦神的神像，好讓我們人類敬拜您。』商羯羅於是建造神祠，濕婆神便是以這種賤民形象，成為今天馬拉巴這一帶主要崇拜的神明，而這齣泰嚴舞劇也成為目前最流行的泰嚴。同時是最長的泰嚴之一，」哈里鞄斯又補充一句：「我看過連續演出二十四個小時的〈波坦泰嚴〉。」

「這已經是幾千年前的事了，」哈里鞄斯又說：「這是一種真正的頓悟。馬克思或安培多伽爾[8]等偉大的現代改革家，只是強化了偉大的濕婆神教給我們的課程。」

過了兩個小時，哈里鞄斯盥洗更衣後，來到我在坎努爾郊外的住處，位於臨海的峭壁上。夕陽西下，我們在陽台上喝印度茶，就這樣，他講起了他的故事。

*

「我在非常貧窮的環境下長大，」哈里鞄斯說：「我父親跟我一樣，是臨時工，也在泰嚴舞季擔任舞者。今天的泰嚴比勞力工作賺的錢更多——時節好的時候，扣除開銷後，一個月可能賺上一萬盧比——可在我父親那個時代，收入非常少；一個晚上可能只能賺十盧比和一袋米。

「我三歲就失去母親。她受了小傷，一片金屬刺穿她的腳，結果傷口受到感染。因為沒錢去看醫生，只好去讓村裡某個人看傷口。那個人肯定讓傷口更加惡化。他當然沒能把她治好。她死得毫無必要；至少我是這麼覺得。

「說實話，我幾乎想不起她的長相。我只記得她的慈祥，她親吻我，還有她鼓勵我學好。但是我不再能確定，我想起她的時候看見的那張臉，是否真的是她。我沒有相片。那時候，我們當地沒有人有照相機，或類似的玩意。

「不到一年工夫，在我四歲時，我父親再婚。我從未和我繼母住一起，我不太清楚發生什麼事——可能我父親不知如何應付吧；不過，他把我交給我的大阿姨照顧。她住在六哩外的另一個村子。她家有兩個房間。房子沒塗水泥，但屋頂有瓦片。我父親沒錢給我，因此一切費用都得由我阿姨支付。我很幸運；她雖然也很窮，卻很疼我，對我很好。我的三個新姊姊和一個新哥哥也對我很好。他們至少都比我大十歲，對我疼愛有加。

「我父親常常來看我，我喜歡我父親，儘管在那個年頭，父親是父親，兒子是兒子。我們絕不玩在一塊兒——他對我一本正經，比較像我的導師；有時他來看我，我就會跑掉，不想面對他質問我學校的事。他一直身不由己，而且目不識丁，因此把教育看得極其嚴肅，幾乎是宗教大事。不久，我阿姨成了我真正敬愛的人，因為她總是在我身邊。至於我的繼母，我不太清楚。我想她還好。

8 安培多伽爾（Bhimrao Ramji Ambedkar），一八九三～一九五八，現代印度佛教改革者、社會活動家，生於賤民家庭，畢生從事改善印度賤民處境的活動，以解決印度的貧窮落後和社會不平等現象。

「泰嚴或許是我的天性，因為我雖然沒和父親住在一起，卻一直想和他一樣成為泰嚴藝術家。從小，我就在泰嚴舞季上敲錫板，敲出像泰嚴鼓般的聲音。我長大以後，越來越以他為傲，看見他受大家崇拜，讓我快樂極了——看到自己的父親受到全村人崇拜，誰不感到驕傲？從五歲開始，我一定按時去看他表演泰嚴，到了九歲，我很確定這也是我想做的事。

「後來，我十歲生日剛過，就去找我父親，請他開始教我。他看著我說：『哈里鞏斯，泰嚴是你天賦的才能，可你還不夠壯。你得和摔角手一樣壯，才能當舞者。光想想那副行頭的重量，你就曉得。』我知道他說得有道理：單是頭飾，有些就已高達四十呎。所以他要我別急，先把身體練壯再說。於是我每天傍晚放學後，開始拿大石頭練舉重、摔角、跑步，做體能訓練。

「四年後我十四歲，終於開始跟父親上正式課程，直到十七歲，我才第一次演出。中間三年都在進行密集、嚴格的訓練。我們一起用椰子葉搭了一個臨時訓練所。他先教我打鼓，不是真正的鼓，而是用樹枝敲打石板。這是為了訓練我去感受泰嚴鼓手的節拍和速度，因為每一齣泰嚴舞劇都有不同的節奏，鼓手為了表現泰嚴的情緒變化，敲打出來的種種變拍方式，你都必須清楚。

「隨後，他開始講述泰嚴舞劇當中祈神的圖坦[9]歌謠，這些歌謠我都得背下來，一字一句準確無誤。有些圖坦不長，有些卻很長；有一首毗濕奴圖坦得花兩個小時才能唱完。接下來，我們學習每個神的莫德拉（mudra，手勢）、納達那（nadana，步法）和臉部表情，以及如何化妝：每一齣泰嚴都得完全精確，這非常重要，因為舞者假如缺乏技巧，不清楚所有的動作，神明就無法完全上身——就像沒有適當的器具讓機器運轉。我父親是個好老師，雖然一板一眼、要求嚴格，但很有耐心。有時候這很有必要，因為我學得慢。

「最後，他向村裡的錢莊借錢，買了我的第一套行頭。這些行頭有的非常貴；有些泰嚴頭飾得花五千盧布，銀腳鍊得花兩千五百盧布。

「首場演出之前，我非常緊張。我立志成為偉大的泰嚴藝術家，能有優秀的即興演出，給傳統的泰嚴舞劇增添色彩。做為一個表演家，你絕對不能乏味，讓大家失去興趣，所以我不斷尋找方法提升演出；可我也擔心出錯。有別於卡塔卡利舞劇（Kathakali）等喀拉拉邦的舞蹈形式，泰嚴舞劇不是固定的作品——而是取決於表演者，以及表演者的技巧和體力。泰嚴上演時，演出者和信徒之間沒有任何屏障隔開，因此在第一次出場之前，必須盡量接近完美。化妝、走步、故事和行頭都能訓練，神靈上身卻沒辦法訓練

9 圖坦（thottam），配合泰嚴舞蹈的儀式歌曲。

——只有在真正的泰嚴表演中才可能出現。

「我的首次演出，扮演毀滅者古利甘，必須戴上十八呎高的頭飾。我這輩子從沒那麼恐懼過。我擔心一些無謂的事：演到一半，萬一想撒尿，該怎麼辦？萬一搞砸了，會是什麼結果？結果我的首場演出非常成功。

「如今我只記得在後台上妝，穿戴行頭。隨後去古利甘廟拜拜，雙手合十，在神前俯首敬拜。一般來說，你在鏡子裡看見自己的臉是神的臉時，神就上身了；可是在我首演那次，我還沒照鏡子，只做出雙手舉到頭上的手勢，神靈就已上身。這個手勢表示你正式邀請神明附在你身上。這種召喚諸天的崇拜儀式，使神下到了凡間。你如果誠心誠意拜神，全心全意專注於某位神，就像《摩訶婆羅多》（*Mahabharata*）的阿周那（Arjun），持箭瞄準魚的眼睛，那麼你眼前除了目標物外，什麼也看不見，你和世界隔絕開來——這一刻，你不再是舞者，而是變身為神。從那一刻起，跳舞的不是舞者，而是神。

「之後發生的一切不得而知。我只記得不再覺得自己是人。我的身體和靈魂完完全全給神占據。一股未知的薩克蒂（shakti，靈量）征服了一切的正常生活。你記不得自己的家人、父母、兄弟姐妹——記不得任何事情。

「我首次演出回過神來的第一個感覺是緊張，不曉得我的神、觀眾、特別是我父親喜不喜歡我的表演。我感到自己的身體很疲憊，因為消耗體力、還得一連好幾個小時扛一身重行頭，可我的心卻恰恰相反，儘管有許多憂慮和不安，還是覺得飄飄然。我有如釋重負的感覺，有點像頭痛結束的時候。然後我父親來到更衣室祝賀我，說我表現得很不錯，我記得感覺就像解了大渴似的。

「從此，我不再害怕表演，確知這是我注定走上的神聖道路。」

*

第二天晚上，哈里鞠斯工作結束後，又來到我這兒。我們去坎努爾老街上的一家街頭餐館，點了米漿餅（appam）和燉菜。他看起來筋疲力竭，我問他哪個活兒比較累：鑿井、看守代利杰里監獄，或是整晚表演泰嚴舞劇？

「泰嚴最費力，」他答道：「可想而知。舞者在舞季期間飲食不正常，天黑之後也不能睡覺——幾乎每個晚上，都得跳整晚的舞。神賜福給你，你才能堅持到底。你只能在節目之間休息，白天睡覺，好恢復體力。如果你不這樣做，你的身體就會垮掉。泰嚴舞者的壽命很短；多數不到五十歲就死了。這份工作要求很高：行頭很重，而且得用繩子把行頭綁在身上，繩子和身體摩擦，阻礙血液循環。我的很多同行都借助酒精給他們體力，還能幫忙你做出臉部表情。

「其實，每一份工作都很辛苦。獄吏的活兒最恐怖，但至少最不需要體力。你只要整天拿根籐條走來走去，防止被人砍就行了。那份工作沒有樂趣可言——唯一可取的是，每個月的第一天拿到六千盧比的支票。如此而已。

「鑿井的活兒又大不相同。身為勞動者，你得靠汗水掙飯吃，」哈里鞀斯攤開雙手，給我看手上的繭和水泡。「那份工作有一點點成就感，把井鑿好，石頭砌得像樣。你已經和我的團隊見過面。我們每天給農家鑿井、鋪井壁，通常是南布底里和納亞爾人家。井越挖越深——五十、六十、七十、八十呎深——所以我們得用繩索和滑車吊著，懸到井下，有時靠木條或廢棄的輪胎支撐。這活兒不容易，而且吃重。我們不斷往井裡下去，一面降低工作平台，挖到水的時候，就得把淤泥裝到籃子裡。有時會滑倒，我的幾個朋友就是這樣受了重傷。偶爾井垮了，我們會傷得很嚴重。這讓人提心吊膽，卻也沒別的選擇，只能繼續幹活，把工作完成。這是一個不折不扣的髒活兒。我老婆總要我徹底洗過澡後，才准我走進屋子。

「身為勞動者，你在路上或井裡汗流浹背拚死拚活地幹。可是在泰嚴儀式上，你必須投入身體、心神、腦袋和靈魂。如果你對故事沒有感情，眼神就沒有靈魂，而且缺乏表情。只要用心，表情就有生命。就技術而言，〈毗濕奴摩提泰嚴〉（Vishnumurti theyyam）最難表演，尤其開場那一幕，魔王希蘭亞卡西普（Hiranyakashipu）對那羅辛哈是否存在深表懷疑，半人半獅的那羅辛哈決定懲罰魔王，於是破柱而出，拿長錘砸開牆壁，一口吞下他，吃了他，挖出他的心，喝他的血。

「這份工作對心神的要求也很高。泰嚴舞者出場表演時，無論內心多麼悲傷沮喪，都不能顯露在臉上。他必須顯出高興的樣子，到村裡必須揚善，必須振作。不過，擔任泰嚴舞者也最有成就感，這三份活兒，就只有這個既賺錢又有成就感。

「我太太當然喜歡我幹這一行，因為在鄉村，我是有名的泰嚴舞者。我結婚前，所有女孩子對我感興趣也是因為這個原因。老實說，表演者的生活當中，有不少一廂情願的感情。我們只不過就是她們敬拜的神靈化身，可是很多來看表演的女孩子，心裡想的卻是另一回事。我想，這也是很自然的事。我有很多朋友都說我不應該抱怨，可我不喜歡啊。事情很容易變複雜。你很難同時過幸福的家庭生活，身邊還有很多仰慕者。做這份工作，聲望很重要——醜聞能毀了你。所以我對這些女人敬而遠之。

「婆羅門是另一個問題。二、三十年前，他們非常傲慢。現在儘管好得多，卻還是權力一把抓。觀賞泰嚴舞劇讓他們感覺不舒服，因為他們知道這些故事常批評他們的階級，力求改造他們的行為。比方說，許多圖坦歌謠敘述的故事，都在表現善待他人的重要性，提醒婆羅門階級，他們對出身貧賤的人所做的種種惡行，逃不過天地日月的監視。他們的惡行不可能被忽略，而歌謠正是要勸告他們以和善的方式對待他人。這些訓示有時採取憤怒的方式敘述出來，有時則用溫和詩意的手法表明。

「我最喜歡的故事，講的是兩名弟子，柴特拉和麥特拉。有一天，導師各給他們一盧比，把他們帶到兩個空房間。他要他們利用這一盧比，把整個房間裝滿。麥特拉跑去集市，想找一盧比的東西，好裝滿他的房間。他當然找不到這種價格的東西。然後他想到：『我去找賣垃圾的人。』於是他向垃圾販買下臭薰薰的垃圾堆，洋洋得意地把垃圾高高堆在房間。柴特拉則在房間裡沉思，心平氣和地出去買了火柴盒、線香和油燈。他把火點燃，讓屋裡不只充滿光線，還有美妙的香氣。

「導師過來視察兩個房間。他走進堆垃圾的房間，厭惡地轉過臉去，卻愉快地走進那燈火照亮、散放茉莉花香與檀香的房間。這首歌謠告訴聽者去思考這故事的魅力所在以及包含的寓意：善行和善業使大家接近你、愛你，惡行則使大家討厭你，離你而去。

「儘管泰嚴包含種種批判，許多婆羅門還是對泰嚴表示重視和敬畏，當他們的祭司、寺廟和算命仙都解決不了問題時，他們就來找我們，向神明討教。事實上，在喀拉拉這一帶，許多人還是非常重視泰嚴，包括印度教的各個階層，甚至穆斯林和基督教徒，儘管他們的熱忱可能比較含蓄。我想，大家之所以喜歡泰嚴，是因為在寺廟或教堂，你只能看見沒有生命的神像，泰嚴卻讓你看見活生生的神，你能和他交談，把煩惱告訴他。很多人特別相信，神在泰嚴儀式中親自跟他們說話。因此許多人願意大老遠跑來看表演，耐心排隊等候和神說幾句話。

「至於未來，的確，很多祭拜村神的小廟都不見了，許多民間的小神和他們的故事也都被人遺忘。不過最近，我感覺到復甦的現象。一些忽視泰嚴的村子，發現莊稼歉收，還遭遇了不幸，於是去問算命仙，算命仙要他們找我們回去，重新在村子裡舉行不同的泰嚴儀式。

「在有些地方，一些比較有名的村廟轉型為大型寺廟，很多人都從科欽（Cochin），甚至特里凡德瑯（Trivandrum）遠道而來，專程來看表演。大家甚至開始賣起幾齣著名泰嚴舞劇的海報和光碟片。不同的政黨也開始支持不同的神——國民志願服務隊支持泰嚴的神，雖然他們其實是高等種姓的黨派，印共則支持另一個神，儘管他們是無神論者。所以說，有新的支持者加入，使我們的生活改善得很多，這情況是我父親夢想不到的。

「是的，這一代的人對泰嚴的興趣似乎比我父親那時代大得多。那時候，城市裡的人都認為我們幹的是迷信的活動，都說《吠陀經》[10]裡不見泰嚴這玩意，是賤民階級的無稽之談。可儘管我們擁有現代的科技發展，大家還是沒忘記泰嚴的力量。比方說，他們知道〈波坦泰嚴〉能制止最嚴重的流行病，有些泰嚴能賜給你工作，或是幫婦女懷健

10《吠陀經》（*Vedas*），印度教最重要的經典，「吠陀」意為「知識」、「啟示」。

康的孩子。上個星期有個婆羅門來我家，說他已經失業半年，儘管他天天上廟裡拜拜。結果，看過我的一場泰嚴演出後，他第二天就在稅務局找到差事。他說他的祖廟做不到的事，泰嚴做到了。

「我希望我的兩個孩子長大後，能繼承我的衣缽。他們已經稍微嶄露頭角。一個三歲，另一個五歲。看見他們在泰嚴舞劇上表演，他們請我為他們擊鼓的時候，讓我感到很高興。我唯一擔心的是錢的問題。我的兩個孩子都在上學，將來如果學會其他技能，能賺更多錢，誰知道他們願不願意繼承家業？我有一些表演泰嚴的朋友讓他們的孩子受教育，後來成為警官，甚至軍事人員。這些孩子有時候冬天請假回家，表演泰嚴，可是很多職業不可能讓你這麼做。我們的人民挺身而起，接受更多教育的同時，我卻也擔心未來。村裡有誰還能休三個月的假，做這項工作？我們拭目以待吧。

*

九個月後，我回喀拉拉邦過聖誕，到坎努爾探望哈里靼斯。又值泰嚴舞季，我事先把行期安排在哈里靼斯表演當天，而表演所在地，就在我去年看他演出的神龕聖林當中。

我於大清早抵達，時值晚間的泰嚴演出結束以及日間演出的開始之間。大家在柚林間的空地四處轉悠，在他們認為視野最佳的地點席地而坐，另有一些女士，則把白色塑膠椅移至一旁搭起的油布篷下。表演者坐在化妝棚屋外的板凳上打著呵欠；其中一名舞者蜷著身子，在樹蔭下的草蓆上打盹兒。哈里鞀斯正在上妝，準備再一次演出〈毗濕奴摩提泰嚴〉舞劇。等候他出場時，我同來看表演的泰嚴迷攀談。

身材魁梧、皮膚黝黑的普拉善年約三十，前不久才從波斯灣回來，他是此次演出的贊助人，正坐在空地邊的圓木上發號施令。他已離開兩年，去沙烏地阿拉伯從事建築工作，而且喜歡這份工作。「我賺了很多錢，」他說：「沙國人都是難對付的傢伙，卻懂得如何犒賞員工。」他之所以贊助這場表演，是為了向村裡的泰嚴表達感謝，讓他平安歸來，而且分文未少。我心想，嚴肅褊狹的瓦哈比教徒[11]，竟出資舉辦這樣一場十足異教徒的儀式，這點倒是有趣的反諷。

普拉善身旁，是他的兒時朋友許朱，他在清奈[12]從事鐵路工作，大老遠趕來看表演。「一九九五年，我十三歲時，醫生診斷出我有癌症，」他告訴我：「是一種非霍奇金氏淋巴瘤，於是我去清奈做化療。不久之後，醫生說他們能做的就這麼多——你只能

11　瓦哈比教派（Wahhabi），為伊斯蘭教的一派，主張謹守傳統教規，反對一切含有崇拜多神意義的行為。

12　清奈（Chennai），舊稱馬德拉斯（Madras），印度坦米爾納督邦首府，現為工業中心，也是多所教育和文化機構的所在地。

求助於神了。我的祖父母住在離這兒不遠的村子，他們來找佛母婆伽婆底，把我的情況告訴她。她告訴他們，我一個月內就會完全康復。她的力量，讓醫生的手也強了起來，於是我奇蹟似地馬上痊癒。沒有人能夠解釋怎麼回事，甚至是醫生，我們只能相信是神治癒了我。從此以後，我們一家人未曾在這聖林舉辦的泰嚴中缺席過。我們每年都遠從清奈過來，祈福感恩。」

鼓聲開始時，我們還在講話。幾分鐘後，鼓聲震耳欲聾，好似有形的衝擊般朝身體猛擊。我從神龕和化妝茅屋往後退幾步，坐到人群的第一排，圖坦歌謠隨之唱起。

這回，第一個出場的是查母帝女神，比起我去年看到的泰嚴恐怖得多。紅臉、黑眼、白臂，塗得鮮紅的嘴唇，紅色的金屬大胸脯，頭上頂著一圈類似圓鋸刀刃的棕櫚葉刺。這個女神出現在空地中，抖動腕上的手環，像蛇一般嘶嘶直叫。她繞著神龕轉圈，臉部扭曲，左右抽搐，好似一隻大蜥蜴。她的嘴一聲不響地開開闔闔，棕櫚頭圈轉來轉去，不時發出鸚鵡般的尖叫。這個怪誕人物有些焦躁不安、捉摸不定，惡狠狠踱著步，不時對著與她正視的人怒目而視；但她身上同時具有某種威嚴氣派，希望得到大家的注意和尊重。兩名光膀子的祭司低著頭走到她身邊，端上一碗酒，她於是一飲而盡。

她喝著酒，鼓聲同時達到新的高潮，隨後第二位神突然出現，頂著七條眼鏡蛇圍成的頭冠，上面繫著兩個大圓耳環。他的額頭中間貼了個銀色貼花，腰間穿著寬大的草製撐裙，彷彿伊莉莎白時代的女裝設計師遭流放到叢林荒島上，被迫利用當地材料複製宮廷時尚。他的手腕戴著棕櫚葉刺和仙丹花編成的手環。過了一會兒，我才意識到，是哈里鞋斯。他完全變了模樣，讓人認不出來。他的兩眼睜得銅鈴大，整個人格似乎都變了。前幾次見面，我所認識的那個沉著穩重、嚴肅認真的男人，此刻變成一個瘋狂威猛的運動家。他一面環繞神龕，一面騰空而跳，旋轉、舞動，朝群眾灑米。

如此轉了幾圈後，鼓聲的速度慢下來。查母帝在神龕入口旁的寶座坐了下來，身體仍不安地抽搐，而毗濕奴摩提則踩著半走半舞的步伐，走近各階層信徒。所有的信徒現在畢恭畢敬地站起身來，對神鞠躬行禮。

毗濕奴摩提一手執弓箭，一手執劍。他用手上這些東西賜福於信徒，信徒在他走近時鞠躬致意。他以劍刃碰觸眾人伸出的手。「你們即將得福！」他聲音宏亮地吟誦，說的是馬拉雅蘭語。「一切的黑暗即將遠去！神會照顧你們。祂們將保護你，成為你的朋友！別擔心！神無所不在！」他除了用當地方言說出這些鼓勵的話，中間還穿插了一連串梵文咒語。這位神的性格和查母帝截然不同——前者仁慈寬厚、令人心安；後者令人不安，具有危險性，甚至精神錯亂。

神現在回到神龕，坐上寶座，看著祭司和隨扈俯伏在他面前，獻上一盃酒。同查母帝一樣，毗濕奴摩提一口氣喝下祭酒，意味著心靈診療即將開始。信徒於是排隊，來到兩位神的面前，祈求指點與祝福。毗濕奴摩提面前的隊伍顯然比女神的隊伍來得長；只有勇敢的人，大部分是老婦人，才敢走近查母帝身邊。

大家一個個提出祈求。老婦求孫兒，失業者求工作，姑娘求郎君，農民求豐收。毗濕奴摩提給每個人建言，叫他們放心。「神將賜福給你的家人，」他告訴一個婦女：「急難已經過去。和平和寧靜將重返你家。你就像是妙音天女[13]，將照亮黑暗。」他對一個老年人說：「我會保佑你，我也會保護你的兒子。你的兩個孩子都不會有事。切勿走上罪惡之道，你便能在社會上抬頭挺胸。用不著擔心。」他還對一個小男孩說：「聽你父母的話，你就能考出好成績，前途一定光明燦爛。」

大約過了一個小時，隊伍開始縮短，鼓聲再次奏起。神的診療，如此令人心平氣和，使我對後來發生的事兒措手不及。節奏加快的同時，隨扈把椰子遞給兩位神，神接過椰子，用力摔在祭壇上，椰子炸了開來。

隨後，有人將大屠刀遞給兩位神。從神龕的一邊，出現一對咯咯叫的雞，各自被抓住了腳，拚命拍翅啼叫。接著又出來一名隨扈，獻上盛在棕櫚葉上的米，作為供品。隨後，屠刀劈了下來，雞也掉了腦袋。雞頭被扔掉，血一湧而出，噴到米上。而後，鼓聲越來越猛烈，兩位神都把拍著翅膀的雞身舉到面前，鮮血流在他們的衣服和頭飾上。查母帝和毗濕奴摩提一塊兒將斷了頭的雞脖子塞入嘴裡，各自大口喝血，持續整整一分鐘後，才放下各自的雞身，使牠站立著；掉了腦袋的雞東奔西竄，拍著翅膀跑開，彷彿還活著似的。又過了整整一分鐘後，兩隻雞才終於撲倒在地，停在人群邊上。

兩位神以勝利者之姿，繞神龕最後一圈，然後向信徒鞠躬，返回後台。在後台，他們雙手合十而立，讓隨扈摘下頭飾。當我穿過蜂擁的人群時，毗濕奴摩提已經離去，哈里軛斯又回來了。少年化妝師為他卸下胸衣和胸甲後，他便在草蓆上躺下。他已筋疲力竭，閉著眼睛喘著粗氣。末了，他睜開眼睛，看到我時，微笑起來。我問他是否感覺神靈還留在他身上。

「什麼都沒有，」他說：「一切都已結束、消失了。現在，我和那位神沒有任何聯繫，只感到疲倦、輕鬆，有時候還有餓的感覺。不過大多數時候就是覺得非常疲倦。」

「你的下一場泰嚴表演，是哪時候？」我問道。

「今天晚上，在另一個聖林。搭公車大概三個小時。」

「又是表演一整晚？」

「沒錯，」哈里軛斯聳聳肩說：「我沒有怨言。舞季的活兒或許辛苦，卻也是我的生活，我一整年都在期待。」

---

13　妙音天女（Saraswati），又名辯才天女，印度教創世者梵天的妻子，是智慧、辯論、財富的女神。

扮演查母帝的小伙子此時已脫下一身行頭，正要到空地下方的溪水洗澡。他抬眼看哈里靼斯想不想一起去，但哈里靼斯表示他自個兒去吧。

「這兩個月很開心，」他說：「我很滿足。我喜歡來這些偏遠的地方表演。泰嚴讓我有了今天的地位，給了我全部的自尊。我住的地方離這村子很遠，能來到這裡，是因為我表演泰嚴出了名。舞季之外的其他時候，這裡沒有人會和我打招呼，也不會請我一道喝茶。舞季期間就不同了，沒有人叫我哈里靼斯。在他們眼裡，我即使不是神，也像是一座廟。我突然間有了地位和尊重。」

少年化妝師正在清潔他臉上的顏料、汗水和凝固的雞血。

「回歸正常生活，不容易吧？」我問道。

「噯，」他說：「當然啦，我們都這麼覺得。」他笑了笑又說：「舞季結束後，我們收拾東西，準備回去工作——擔任公車售票員、鑿井工人，或是獄吏，和這種生活完全脫節。我們都很難過。不過，至少我們知道明年舞季，還能再回來過這種生活。」

哈里靼斯起身，我們一道朝河邊的臨時階梯走下去，查母帝已經在河中清洗，頭露出水面。

「接下來的十個月十分艱苦，」哈里靼斯說：「卻也是沒法子的事。現實就是這樣，不是嗎？這就是生活。生活何其艱難。」

藍妮還不到四十，
體態修長、千嬌百媚。
她穿了件淡紫色的真絲紗麗，
戴在每個腳趾和耳尖的戒指閃閃發光。
我們一起喝茶時，
纏腰布、留八字鬍的農民貪婪地看著她，
用眼睛剝去她的衣服。

# 第三章　廟妓

「當然，有些時候也是有快樂可言，」藍妮說：「誰不喜歡和一個溫文爾雅的漂亮小伙子做愛呢？」

她沉默了一會兒，望著外面的湖水，微微一笑，隨即臉上頓生愁雲。「但是絕大部分時候非常可怕，這裡的農民和孟買那些小伙子可不能比。」

「有時一天接八個，有時候十個，」她的朋友卡維莉說：「都是陌生人。這是什麼樣的生活啊！」

「我們有一首歌，」藍妮說：「『人人可以睡我們，卻沒人娶我們；人人可以抱我們，卻沒人護我們。』」

「我的孩子每天都會問我：『誰是我的父親？』他們不喜歡有個做這行的母親。」

「我去銀行為我兒子開戶，」藍妮說：「填表格的時候經理問他，『父親叫什麼名字？』我的兒子從此耿耿於懷。他說我不該把他生到這樣的世界上。」

「我們很遺憾從事這種工作，可我們難道有別的選擇？」

「我們都不識字！誰會給我們事做？」

「而且面對未來，」卡維莉說：「我們又能指望什麼？」

「當我們年老色衰，身體變醜，就成了孤魂野鬼。」

「如果有幸活到變老變醜的話。」卡維莉說：「可惜我們身邊還是有很多人相繼死去。」

「我們社區上個禮拜死了一個，上個月死了兩個。」

「我的村裡已經死了四個年輕的姐妹，」卡維莉說：「我哥哥也得了病，他以前是卡車司機，跟路邊的姑娘都很熟識。可他現在只能躺在家裡喝酒，說什麼『反正我都要死了，幹什麼還不是一樣。』」

她轉過頭來跟我說：「他有什麼就喝什麼，如果誰跟他說他自己尿裡有酒精，他也會喝下去。」

「這種日子可不好過。」

她笑得很尖酸。「如果我坐在樹下，述說我們內心的悲慟，」她說：「樹葉也會像眼淚一樣落下來。我哥哥現在已經臥床不起，整日高燒腹瀉。」

她停了一會兒，又說：「他從前真是個漂亮小伙子——俊俏的臉，一雙大眼睛。而現在，那雙眼睛閉上了，臉上布滿毒瘡和膿包。」

「葉藍瑪（Yellamma）女神從沒想要變這樣。」藍妮說道。

「女神坐著不說話，」卡維莉說：「我們不知道她對我們的感覺。誰知道她到底在想什麼？」

「不是這樣的，」藍妮堅決地搖了搖頭，說：「女神在保佑我們。我們潦倒的時候，她來幫助我們——有時候在夢裡，有時派她的孩子來找我們。」

「這不是女神造成的。」

「這些不幸，都是這世界造成的。」

「這個世界，還有這種疾病。」

「女神擦乾了我們的眼淚，」藍妮說：「如果你帶著一顆純淨的心來找她，她就會掃除你的悲傷和不幸。她還能做什麼呢？」

*

藍妮、卡維莉和我一行人，一同來到桑達蒂（Saundatti），拜見葉藍瑪女神。我們早上從貝爾高姆（Belgaum）出發，驅車穿過卡納塔克邦德干高原上一路迤邐的綠色棉花田。這兩個從小就奉獻給葉藍瑪女神的女人，通常都搭乘慢吞吞的老舊公車到女神廟拜拜，因此巴不得有這麼個機會，讓計程車把她們舒服地帶到廟裡。

雨後不久，悶熱難當，明亮的天空萬里無雲。沿途盡是樹齡古老的榕樹林蔭道，每棵樹都長有密密麻麻的氣根。這些樹形成拱頂，遮覆柏油路，因此有時候道路像是通過一條幽暗的林蔭長隧道，樹根延伸到路的上方和兩旁，好似哥德式教堂正殿兩側的扶壁建築。

當我們快到桑達蒂時，這條綠色隧道也到了盡頭，兩旁的土地漸漸變成乾旱貧瘠之地。綠樹、竹林和棉花田，也由排列成行的乾枯向日葵所取代。山羊無精打采地扒挖滿布塵土的殘梗。衣衫襤褸的女人把洋蔥攤在草蓆上，擺在路邊販賣。此地的生活更為窮困，生命力卻也更強。

過了一會兒，一條長長的紅色石脊出現在熱浪中。這條山脊形成了桑達蒂的大陸丘。在懸崖陡峭的山頂上，即可看見葉藍瑪女神廟的輪廓。山下側邊，延伸著一座碧波蕩漾的湖泊。傳說，故事就發生在這裡。

葉藍瑪是強悍的食火仙人閻摩陀耆（Jamadagni）的妻子——閻摩陀耆為濕婆神的化身。閻摩陀耆的父親是喀什米爾國王，他在獻祭之時，從祭火中迸出這個兒子。閻摩陀耆和葉藍瑪這對夫妻，和他們的四個兒子住在湖邊一間簡陋小木屋。仙人給自己施行體罰，並進行苦修。第四個兒子誕生後，還施行完全禁欲。

葉藍瑪每天服侍丈夫，為丈夫的祭祀禮儀到湖邊取水。她用沙子製成的罐子裝水，然後用活蛇繞成的圈子把水罐拎回家。有一天，葉藍瑪取水時，看到天神乾闥婆[1]正和伴侶在河邊交歡。葉藍瑪上回享受男歡女愛已經是多年前的事，於是被眼前的景象吸引

---

1 乾闥婆（gandharva），在印度教中，乾闥婆是僅以香氣為食的香神，也是服侍帝釋天的樂神。

住了。她躲在石頭後面觀看這一幕，聽著兩人歡愉的叫聲，她發現自己多麼渴望成為他的愛人。

這驟然迸發的欲望使她驚慌失態。當她悄悄跑開，照例為丈夫取水的時候，她驚恐地發現自己再也無法用沙子造出水罐，而她全神貫注的瑜伽神力也一併消失了。她回到家裡，沒取到水，於是她丈夫立即猜著發生什麼事，一氣之下詛咒了自己的妻子。不過幾秒鐘工夫，葉藍瑪即變得憔悴醜陋，渾身長滿癤瘡與膿包。她被趕出家門，受到詛咒，必須在德干高原的街頭流浪乞討。誰也認不出她原是貌美如花的闍摩陀耆夫人。

後來，她回家請求原諒，闍摩陀耆卻怒氣未消。由於她的打擾，使他的大祭未能完成，於是他命令四個兒子，將他們被趕出門的母親斬首。前三個兒子拒不從命，但是年紀最小、最強有力的持斧羅摩（Parashurama）最後同意了；他一刀砍下母親的腦袋。闍摩陀耆對遵從命令的持斧羅摩頗為滿意，於是給了他一個禮物：凡是他要求的，都能夠辦到。可持斧羅摩不只是聽話的兒子，也是個重感情的兒子，便毫不猶豫地請求闍摩陀耆讓母親活過來。仙人別無選擇，只好履行承諾，按兒子的要求做了。只是闍摩陀耆仍不滿意。他發誓再也不要看到葉藍瑪，於是離開家，去喜馬拉雅山的山洞裡繼續苦修。持斧羅摩之後也來陪伴他。《摩訶婆羅多》講述過持斧羅摩，他是另一個受逐者迦爾納（Karna）的老師，傳授咒語及密術。

這是一個嚴厲殘忍的故事，闍摩陀耆即屬於梵語文學中暴躁易怒、喜怒無常的聖者類型。相比之下，葉藍瑪女神就像《羅摩衍那》（*Ramayana*）裡的悉妲（Sita），是個受害者，遭人錯怪犯下她從未犯過的不忠行為。她雖是賢妻良母，丈夫卻將她趕出家門，摧毀她的容貌，詛咒她以乞討為生，備受所有人唾棄。

雖然這故事充滿悲傷和不公，像藍妮這樣的廟妓[2]卻還是講述這則故事，因為這故事告訴她們，葉藍瑪女神特別同情她們的命運。畢竟，她們的生活比她好不了多少：因犯下非婚之愛的罪行而遭到詛咒，被自己的孩子唾棄，像葉藍瑪一樣注定流浪街頭，乞求恩惠，被哀傷摧毀容貌，沒有丈夫保護。

我到達桑達蒂時，對廟妓生活的緊張狀況只有浮光掠影的印象。在我的提議下，我們到湖邊一家茶館喝茶。這主意並不好。在桑達蒂，人們經常能看到廟妓。在週二及週五的葉藍瑪聖日，她們會到集市乞討；在為期一個月的女神節期間，將小尊女神像舉在頭上。但她們通常不敢上主街的茶館，至少對藍妮那樣美貌動人的廟妓而言。早在熱奶茶送來之前，其他桌的農民便已開始對藍妮指指點點，議論紛紛。

2　廟妓（devadasi），意為「神的女奴」，原指在印度寺廟給神跳舞的女性舞者，多為出身貧窮的女孩，由父母奉獻給神或嫁給神，往往淪為娼妓。

他們從各自的村子來市場出售棉花，因為賣了好價錢，此時正在狂歡喧鬧。卡維莉和藍妮額上雖都點了已婚婦女的紅色蒂卡（tikka），可她頸上那串廟女專屬的紅白串珠項鍊、身上的首飾、那張施了脂粉的臉，以及太過花俏的絲質紗麗，早已暴露出她的身分。卡維莉現在幾乎成了老太婆，至少看上去老態龍鍾；其實她才大我幾歲，不過年近五十。雖然看得出她從前是個美人，然而生活的折磨、遭受的傷痛，使她未老先衰，不再迷人。

藍妮卻不一樣。她比卡維莉至少年輕十歲，還不到四十，卻依然體態修長、千嬌百媚。她有一張塗了口紅的大嘴，嘴唇豐滿，褐色皮膚，身軀堅實，舉止妖嬈活潑。她不像印度婦女在村子該做的那樣垂下目光，反而大著嗓門說話，講話的時候雙手舞個不停，手鐲便唧噹作響。她穿了件淡紫色的真絲紗麗，戴在每個腳趾和耳尖上的戒指閃閃發光。我們一起喝茶時，纏腰布、留八字鬍的農民貪婪地看著她，用眼睛剝去她的衣服。

不久，他們大聲猜測她和我這老外的關係、她的價碼、她肯或不肯做什麼、她的身材是好是壞，猜想她的工作地點、她給不給折扣。藍妮在車裡還跟我說起廟妓享有的種種特權，大家多麼尊重她、視她為祥人，甚至被請去上層階級的婚禮祈福。現在發生了這件事，遭人公然蔑視，使她更加難受。

在農民的哄堂大笑和淫聲穢語中，我們逃離了茶館。她的情緒隨之改變，不再興高采烈。當她來到村頭的湖邊，坐在榕樹下時，她變得悶悶不樂。這時，她才告訴我，她為什麼過這樣的生活。

*

「我父母把我奉獻給女神時，我才六歲，」她說：「當時我一點感覺也沒有，只是心想：他們為什麼這麼做？我們當時很窮，而且負債累累。我父親極需要錢，因為他把自己賺來的錢全拿去喝酒賭博，搞得傾家蕩產，然後他說：『這件事能帶給我們財富，讓我們過好日子。』

「在我那時的年紀，我對女神沒有任何信仰，只想要有更多的錢，住在有屋瓦和水泥牆的房子裡，過豪華的生活。所以我很喜歡這個主意，雖然我還不明白從哪兒弄錢，或是我得做什麼事才弄得到錢。

「在我第一次來月經後不久，我父親把我賣給鄰村的牧羊人，賺了五百盧布、一件絲製紗麗和一袋小米。那時候，我對自己的未來大概有些知道，因為我看過鄰居這麼對待自己的女兒，看到他們家裡人來人往。我問我父母這些問題，反覆跟他們說，我不想從事性工作。他們點點頭，我以為他們答應了我。

「有一天，他們帶我去另一個村子，說是要去照顧我姐姐剛出生的寶寶，結果在那裡，我被強行獻給牧羊人。當時我才十四歲。

「事情是這樣的。那天晚上我們跟我姐姐一起過去，他們殺了一隻雞，準備很多食物，有烤餅和白飯──有錢人家能夠想像的好東西全部都有。然後，我母親回我們村子家，我則到我阿姨家過夜。那男人來的時候，我正在睡覺，大概九點的時候。一切老早就計畫好了。

「我意識到要出什麼事了，就哭了起來。我阿姨也是廟妓，她跟我說：『你不該哭。這是你的『法』，你的責任，你的工作。你這麼哭，是不吉利的。』男人大約二十二歲，體格強壯。我阿姨離開房子後，我使勁踢他抓他，可他還是強占了我。事情過後，他騙了我，從來沒有付清他答應我父親的五百盧比。我把身子給了他，他卻利用我，騙了我。

「第二天早上，我衝著我阿姨大吼。我說：『你是婊子，你還讓我也成了婊子。』她只是嘲笑我。我還是常常咒罵我母親。我的一生，全被那女人給毀了。我難過了兩年，我們彼此不講話。那段時間，我拒絕從事任何性工作。我在附近的洋蔥田裡幹活，一天賺五十披索[3]。

「後來，我跟我的廟妓阿姨去了孟買，她答應過帶我去那兒看看。我們搭火車去，因為頭一次去，我當然很興奮。我不曉得自己要再次受騙。我們到的時候，她直接叫了車，拉我們去妓院。到妓院後，她把我交給老鴇，也是我阿姨的朋友。

「老鴇很狡猾。她沒有強迫我，而且對我很好。她給了我很多糖果和巧克力，還介紹我和其他姑娘認識。她們都穿著漂亮的紗麗，手腕上都戴了亮閃閃的首飾。我從沒見過這麼多金子和絲綢！其實，我在貝爾高姆的時候，根本沒見過哪個女人穿戴過這些東西。我心想，這就是所謂的好日子吧。老鴇給我阿姨兩千盧比買下我，因為我長得很標緻；一開始，她沒要我從事性工作，而是讓我慢慢來。頭一個月，我只幫忙做飯和打掃房子，我很高興做這些。我喜歡孟買。我去過撒蓋酒店（Sagar Hotel）吃很棒的香料飯，有回還在街上看見男星阿米塔巴吉汗的座車經過。

「不久，有個財主上門來，看見我在掃除幹活。他不肯要其他姑娘，要求占有我。我很害怕，因為他身高體壯，長得又胖。甚至比你還胖。所以，精明的老鴇反而派幾個年輕小伙子給我。他們又瘦又好看，和我很匹配。最後，我同意和其中一個睡。他們對我很用心，不像這裡的男人。我們沒用避孕套——當時我對這些玩意一無所知。

「最後我同意接胖財主。他出了五千盧比，老鴇給我一半——兩千五百盧比！在村

3 披索（paise），一盧比合一百披索。

子裡採二十年洋蔥，才賺得到這些錢；而我甚至不是處女，我已經是隻破鞋。我於是待了下來，雖然第一年就得病，我還是在那屋子待了四年。

「那時候，我已經生了兩個孩子，一男一女。一方面為了他們，我於是回村裡的老家。我和我母親住在一起，過去十八年來，我就在我們的屋裡接客。過些時候，我有了個情人，是當地一個大人物。他有家室，老婆、兩兒兩女——他常給我錢。我跟他生了第二個女兒。他要和我再多生幾個孩子，可我不肯。我們最後就這樣分手了，雖然我們曾經一起度過愉快的日子。

「因為我美貌不減，所以很幸運，能掙不少錢。我接一次客，仍能賺兩百到三百盧比。雖然有時候我覺得這份工作沒有尊嚴，也沒有保障，但我還是照顧我妹妹，把她嫁了出去，我養活我的母親和我兒子，而且我賺的錢，讓我現在能擁有八畝地。我們在那塊地養了四頭水牛和四隻小公牛。多虧女神所賜，我再多存些錢，就能離開這份工作，往後靠賣牛奶和奶豆腐過日子。」

我特意問起她的兩個女兒，藍妮這才把她們的事告訴我。

「一個去當歌手，十四歲跟人私奔。一年後她回來，沒人願意娶她，就當了廟妓。」

「另一個呢？」

「另一個患了皮膚病，大腿長白斑。我們找過很多醫生，都治不好。她和她姐姐一樣，發現很難嫁得出去，所以我也得奉獻她。」

「但是你既然討厭自己的母親奉獻你，怎麼自己也這麼做？你自己不是剛說，這是一份沒有尊嚴的工作？」

「我的兩個女兒譴責我，」藍妮承認道：「就像我譴責我母親一樣。」

「你不覺得內疚？」

「我也不想這麼做，」藍妮說：「可我別無選擇。」

「她們現在在哪裡？」我問：「在這裡？或孟買？」

我問起這問題時，藍妮靜默了好半晌。隨即才簡短地說：「我失去了她們。」

「什麼意思？」我問道。

「兩個都死了。或許我前世造孽，女神用這種方式詛咒我。她們其中一個體重減輕，死於胃病。另一個發高燒。」

藍妮當時沒有明說，事後我才得知，她的兩個女兒都死於愛滋病。一個過世不滿一年，死時才十五歲。半年後，另一個女兒過世，得年十七歲。

＊

「廟妓」（devadasi）或稱「廟女」，傳承於印度最古老的行業之一。這詞源自梵語：

deva意謂「神」，dasi意謂「女僕」。此一制度的核心所在，即女人終其一生為神效勞。效勞的性質和稱謂，隨地區而有所變化；直到最近，多數廟女才開始完全從事性交易。

有些專家將這一制度上溯至西元九世紀。有些專家則認為更久遠，並指出印度現存最古老的藝術作品，即在摩罕吉達羅（Mohenjo-daro）遺址發現的西元前約兩千五百年的裸體舞孃青銅小像，考古學家相信其描繪的便是古代廟女。到了西元前三百年的阿育王（Ashoka）時代，印度中部溫迪亞（Vindhya）山區有一幅畫師德瓦迪納（Devadinna）創作的洞穴壁畫，回憶他自己愛上「廟女蘇塔奴卡（Sutanuka）」的愛情故事。從西元最初幾個世紀，即出現大量神廟舞孃圖像，而自西元六世紀以來，相關文字即出現在詳盡的碑銘與文獻當中。例如九世紀的濕婆教派（Shaivite）聖人瑪尼卡瓦卡卡（Manikkavacakar），曾在詩中描述妙齡廟女「有著吉祥的眼睛」、「配戴一串串鐲子」、「酥胸前戴珍珠，肩頭香灰閃爍」，正在為節慶布置神廟。

這些早期碑銘文獻的發現地點，有些位於桑達蒂周圍地區：西元一一一三年的一則碑銘，出現在距離葉藍瑪女神廟僅數哩的阿拉納哈里（Alanahalli），為最早使用「廟女」一詞的銘刻之一。位於卡納塔克邦比賈布爾（Bijapur）附近的韋魯帕克沙（Virupaksha）寺廟所發現的另一則銘刻，則記載一名廟女將一匹馬、一頭大象和一輛戰車贈與她的神廟。而最大的碑銘收藏，則是來自坦米爾納督邦坦焦爾附近的朱羅王朝寺廟群。十一、十二和十三世紀的歷代朱羅國王，都曾將數千名廟女奉獻給他們興建的寺廟。這些皇家寺廟被視為神的殿堂。諸神擁有自己的忠實信眾，就如同朱羅國王有一萬名舞孃伺候一般——據中國旅行家趙汝適[4]說，她們輪班工作，因此在任何時候，都有三千名舞孃伺候國王。一大幫子的侍從，使神明與國王的地位提升，亦被廟女散布的吉祥與光明所環繞。

這些文獻所稱的「廟女」，並不完全像一般所認為，都是舞孃、妓女或姬妾：她們有些更像是女尼，忙於祈禱，負責寺廟的清掃工作。有些則像是婆羅門祭司的傭人和侍僕。還有一些則在寺廟祭典中擔任要角：給神像趕蒼蠅、搧風，以檀香膏和茉莉花環供奉神像，「在神靈面前捧上一壺水」，給神獻上禱告和食物，在神祠裡唱歌、奏樂和燃燈。

然而到了十六世紀，當葡萄牙商人從臥亞（Goa）來到南印度，造訪這座毘迦耶那迦羅王朝（Vijayanagara）的印度教首都時，對於廟女的描述更加詳盡，也更為性感露骨：

---

4 趙汝適，一一七〇～一二三一，南宋地理學家，在福建路市舶司任上所撰的《諸蕃志》，記述當時中國與海外各國的貿易與交通。

她們每天給神獻上食物，因為據說神也進食；神進食之際，廟女在寶塔中的神前跳舞，而後為祂獻上食物和所需的一切，而這些廟女所生的女孩，亦奉獻給寺廟。

這些廟女性格放蕩，住在城裡最好的幾條街上；在任何一座城市，她們所住的街道都有一排排最好的房子。她們備受尊重，屬於諸侯將相的寵妾行列；任何一個體面人物，皆可成為她們的座上賓，不會引來任何譴責。

如果說，早期葡萄牙文獻描述了廟女的半性化現象，同樣地，南印度的寺廟支柱也刻滿體態妖嬈的神廟舞孃雕像——光是在蒂魯維納馬萊（Tiruvannamalai），即有數百尊雕像。這些極具誘惑的雕像似乎也在暗示，儘管現代人對於成群的廟女款待神和祭司感到不解和窘迫，然而，中古時期修築贊助南印度各大廟寺的國王與商人，卻不做如是想。

此外，十六世紀的南印度還出現大批露骨的性愛詩，詩中描述信徒對神的愛，讓人想起寺廟舞孃對其客戶的愛。一些最著名的詩作，以早期的泰盧固語（Telugu）刻於銅版，存放在蒂魯帕蒂（Tirupathi）神廟中。這些銅版在一九二〇年代首次受到學者關注，不過直到二十世紀末才由詩人拉曼周安（一九二九～一九九三）譯成英語。詩中，黑天[5]形象的神，是占上風的一方：他雖是帥氣誘人的美男子，卻也是完全不能信賴的情人，常耍花招，使他的愛慕者絕望。在某些情況下，這些廟妓顯然不清楚她們的客戶是什麼人：

你是美男子，可不是，
阿迪瓦拉哈，
而且技藝精湛。

別再玩這些愚蠢的遊戲
你以為咱們這裡沒別的男人啦？
要我准你賒帳，
阿迪瓦拉哈？
我老早說過
我絕不容忍你說謊。

5　黑天（Krishna），印度教諸神中最廣受崇拜的神祇，代表極具魅力的情人，因而常以在女性愛慕者簇擁下吹笛的牧人形象出現。

美男子，可不是？

您或許是，花花公子之冠，
可要我忘了錢的事，
這不公道吧？
畢竟，我花時間陪您，
收您錢也是當之無愧。
別再耍這些花招吧。
把您欠我的金子拿出來，
再說下去也不遲，
阿迪瓦拉哈。

美男子，可不是？

年輕小伙子：
您為何說大話？

彷彿您是黑天神似的。
您或許比誰都能做愛，
但可別做出
自己信守不了的承諾。
把錢付清吧，
言而無信是不對的。

**美男子，可不是？**

不過，在後來的詩歌裡，有時占上風的一方則是廟妓：

我這女子可是與眾不同。
您盡可進我家，
但您先要有錢才成。

如果您沒有我要的那麼多錢

少一點也成。
可我不接受太少的報酬。
康卡涅瓦拉老爺。
想邁入我家
大門檻，
得花您一百金元。
花兩百，就能讓您看看我的香閨、
我的絲床，
還准你爬上床。
但您得先要有錢。
若想坐在我身旁，
大膽把手
伸進我的紗麗：

那得花您一萬。

付個七萬，
能讓你摸摸
我圓滾滾的乳房。

**但您先要有錢才成。**

三千萬盧比，
能讓您湊上嘴來，
碰碰、親親我的唇。
如想緊抱我，
碰我的愛情地帶，
讓我們完全結合，

請聽著，

你得讓我
沐浴在金雨裡。
**但您先要有錢才成。**

這些關於結合與離別的詩，有時被解讀為靈魂嚮往神聖、信徒信仰神靈的象徵。然而，這些詩亦明確表達出自在喜悅的性愛，屬於前殖民時代印度複雜多元的文化傳統之一，人們並不視信仰、玄學和性愛為互相矛盾，而是息息相關。廟妓因具有生育力，因此能帶來吉祥。

在今天的卡納塔克邦，廟妓依然象徵吉祥，原因一如往昔：她們被認為是多產的象徵。不過，古代詩歌文字所刻畫的廟女，同藍妮這類女子今日所過的生活，兩者之間有著難以想像的鴻溝。中世紀時，廟女不僅來自戰俘，亦出身於各大望族，包括朱羅王室的公主。她們許多都能讀會寫，有些還是造詣高深的詩人；事實上，當時附近地區似乎只有她們受過教育。她們的自信與自制，表現在她們的許多詩中，而她們的財富則顯示在碑銘中，記錄她們獻給寺廟的豐盛祭品。

然而今天，廟妓的出身僅限於最低的種姓階級，通常來自馬達爾（Madar）賤民階層，而且大都是文盲。其中四分之一出身於眷屬當中已有人從事廟妓的家庭，在這些家庭中，有些是承襲傳統：每一代都得把一個女孩兒奉獻給女神。

中世紀的許多廟女，在寺廟階級中享有崇高顯赫的地位，而當今絕大多數的廟妓，卻是完全的性工作者；和我談過話的幾名廟妓估算，小時候被奉獻給寺廟，而後得以逃脫廟妓生涯、從事其他工作者，每二十人當中大約只有一人，尤其她們幾乎都是青春期剛過便開始接客，因此早在取得其他工作機會的資格前，便已離開學校。她們通常在家中，而不在妓院或街上接客，而且比職業性工作者起步更早，接更多恩客。或許由於人數眾多，廟妓的染病率亦比其他性工作者稍高。

廟妓的工作生涯，大體上與一般性工作者的生活幾乎一致。然而，廟妓並未因此不去仔細劃分自己的神聖使命和職業性工作者的差別，而且瞧不起後者的職業。

諷刺的是，廟妓的地位顯著下降，部分原因正是由於用心良苦的社會改革運動。十九世紀，印度教改革者對英國傳教士的譏笑怒罵開始回應，抨擊舞孃和廟妓制度。一波波殖民時期與後殖民時期的法規，逐漸打破廟妓和寺廟之間的聯繫，驅趕她們離開寺廟區，使她們的社會、經濟和宗教地位逐漸消失。不久前，一九八二年的「卡納塔克邦廟妓（禁止奉獻）條款」，逼迫這門行業完全走向地下化，奉獻女童列為非法，並警告祭司，若參與奉獻儀式即處以嚴苛的有期徒刑。在湖的周圍及通往寺廟的路上，政府設置巨幅告示：

不可奉獻你的女兒。表達你的虔誠，方法有的是。

以及：

奉獻你的女兒

是野蠻行為。

然而，改革者儘管盡一切努力，卻未能終止廟妓制度，反而使之被視為恥辱和犯罪。據估計，目前在馬哈拉施特拉邦（Maharashtra）和卡納塔克邦的廟妓，人數約莫二十五萬人，當中約有半數生活在貝爾高姆周邊。每年始終有好幾千人加入廟妓的行列——估計每年的奉獻數，從一千到一萬人不等——約占卡納塔克邦性工作者總人數的四分之一。對於極端貧困和極端虔誠的人來說，廟妓制度至今仍被視為擺脫貧困的辦法，亦能同時尋求神的保佑，而這正是窮人迫切期盼的兩件事。

正因如此，每年總有數千名通常在六至九歲間的女童，持續被奉獻給女神。如今，奉獻儀式的舉行往往在夜間的小村廟裡進行，有時甚至沒有婆羅門在場。婆羅門若答應出席，則向女童父母收取高達五千盧布的費用，因為目前做這件事得承擔風險。舉辦過盛宴，禱告結束後，年幼的廟妓被授予串珠項鍊，表示她正式成為廟妓。然後她聽取義務與權利的說明。女孩被奉獻時如果年紀很小（通常情況亦是如此），便回去過正常的童年生活。等到青春期時，她們的生活即遭受剝奪，獻出初夜，由村中出價最高的人奪去童貞，金額通常從五萬至十萬盧比不等。

*

當天下午，我同藍妮和卡維莉一道去了葉藍瑪女神廟。那是一棟漂亮的九世紀建築，廟裡擠滿從全邦各地來此朝拜的信徒，因此我們必須花點時間排隊，始可領受女神的「達顯」。在我們前面，有一群興奮異常的閹人，來自比賈布爾。兩位姑娘的情緒已經恢復，現正與排隊等候的閹人說說笑笑。她們顯然很高興來到守護神的故鄉。

「每次來這裡，我都覺得很虔誠。」藍妮說道。

「在女神廟裡，你能強烈感覺到她的存在。」卡維莉說。

「女神近在身邊。」藍妮說。

「你如何知道？」

「就像電流，」她答道：「你看不見，可是知道它的存在，而且看得見它的作用。」我們來到神像面前時，祭司點樟油燈保佑我們，然後卡維莉解釋說，女神像是從山腰冒出來的。「不是人為鑄造的。」她低聲說。

拜過女神、獻上供品後，我問其中一名婆羅門，他們還執不執行廟女奉獻。祭司看起來謹慎小心。

「這些女人是什麼人，我們可不知道。」他說，看了看四周的權威人士，希望得到他們的支持。

「我們從前為她們的項鍊祝福，」一名老祭司說：「然後歸還她們。可現在不合法嘍。」

「我們的角色僅此而已。」

「她們怎麼做是她們自己的事，」第一個祭司說：「這與我們毫不相干。」

*

當天晚上，我們把卡維莉送回貝爾高姆後，我便開車送藍妮回她在附近鎮上的家中，也是她居住和工作的地方。她家位於穆托爾（Mudhol）城內的偏僻小巷，許多廟女都定居此地。這幾條巷弄，位於通往班加羅爾（Bangalore）的高速公路邊上，在這兒工作的廟妓，人數超過一百人。

這條暗巷，只有一盞昏暗的街燈。幾條狗坐在水溝邊，半裸的孩童在巷內玩耍。或許是周遭環境太令人沮喪，一向樂觀堅強的藍妮談起了當廟妓的光明面。

「我們還是有很多特權，」她說，我們正朝她的房子走去，因為巷弄太窄，車子過不去。「水牛生下小牛，產後第一次分泌的奶就送給廟女，表達對葉藍瑪女神的感謝。女神節期間，大家送我們五套新紗麗當禮物。每一次滿月，我們都被叫去婆羅門家吃飯。他們觸摸我們的腳，祈求我們保佑，因為他們相信我們是女神的化身。」

「現在還是沒變？」我想到廟裡那幾個婆羅門的態度，於是問道。

「沒變。」藍妮說：「我們被請去舉行『取悅』儀式的時候，都感到十分榮幸。」

「像這樣的事還有很多，」她繼續說：「孩子出生時，他們用我們的舊紗麗給寶寶做帽子，然後祈求葉藍瑪女神也賜福給寶寶。姑娘嫁人的時候，他們從我們這兒拿一塊珊瑚，串入新娘的芒加蘇特拉（mangalsutra，結婚項鍊）。他們相信這麼做，能讓出嫁的姑娘長命百歲，永不遭受喪偶之痛。」

「此外，」她又說：「跟其他女人不同的是，我們能繼承父產。沒有人敢詛咒我們。而且我們死後，婆羅門為我們舉辦特別的火化儀式。」

我們跨過一條正在睡覺的狗，牠的身體一半在溝裡，一半在溝外。

「你瞧，我們和普通妓女不一樣，」我們快走到她家時，藍妮說道：「我們有一點尊嚴。我們不在路邊找人。我們不去樹叢後面或諸如此類的地方。我們跟客人一起聊天。我們始終衣著得體——總是穿好的絲紗麗。從來不穿孟買女人穿的T恤或迷你裙。」

我們來到她家門口。門外，一個販售香菸和檳榔（paan）的小攤架掛在房屋牆壁上。藍妮的妹妹坐在這兒，蹲下身遞給路人手捲菸（beedi）和香菸。姐妹倆打過招呼。藍妮介紹了我，便帶我往裡去，然後繼續說道：

「你瞧，我們一起在社區生活，這給了我們保護。哪個客人如果想拿香菸燙我們，不戴保險套就霸王硬上弓，我們只要一喊，大家就會跑過來幫忙。」

小屋內與周遭巷弄恰成對比，一切都十分乾淨整潔。一個幾乎碰到屋頂的大碗櫥，將屋內空間隔成兩半。前面一半由一張大床獨占，藍妮在此接客。一旁架子上，擺著女神的掛曆。小屋後半擺著另一張床——是藍妮就寢的地方。她的鍋碗瓢盆乾淨漂亮，全部整整齊齊擺放在架子上，架子底下是燒飯用的煤油爐。高出這些東西的一只碗櫥上，擺著一面大鏡子和藍妮家人的照片：她的兒子以及昔日男友——一個美男子，留有寶萊塢電影明星的小鬍子，戴太陽眼鏡。旁邊是她兩個已故女兒生前的小幅快照。兩個美少女當時約莫十二、三歲，對著鏡頭微笑，滿懷青春與夢想。

藍妮從我手中拿過相片，放回碗櫥上，然後帶我回到屋子前半部，叫我坐在床上。

或許出於聯想，我問她，客人來找樂子時，她的吉祥身分對他們重不重要。

「不重要，」她說：「上床的時候沒有所謂虔誠心。做愛就是做愛。在床上，我只是一個女人，一個普通妓女。」

「你覺得自己會不會有染病的危險？」我問：「你確定保險套能保護你？」

「不確定，」她說：「恐懼永遠都在。我們知道即使說服每一個客人都戴套子，只要破一個，我們就會感染。一旦感染，就沒辦法治療。不是今天死，就是明天。」

她頓了一下。「我曉得那是什麼滋味。我不僅親眼看見我的六個朋友病死，還眼睜睜看我的兩個女兒死去。我看護過好幾個朋友。有些頭髮全部脫落。有些出現皮膚病。有些變得非常非常瘦，衰弱而死。一兩個最美的姑娘變得人見人厭，連我都不想碰她們。」

她微微打了寒顫。「我們當然感到很神聖，」她說：「但我們如果想要有飯吃，就得繼續幹這行。我們必須忍受許多痛苦。但這是我們的傳統。這是我們的業障。我們嘗試讓客人看到我們快樂的一面，繼續吸引他們，盡全力做好我們的工作。」

「所以你對未來抱著希望？」

「我正在存錢，」她說：「我告訴過你，我已經買下一塊地，我希望有一天能再多買幾條水牛和山羊，也許存夠了錢，我就能退休，在那兒靠賣牛奶和奶豆腐過日子。葉藍瑪女神會眷顧我。」

「你確定？」

「當然。要不是她，像我這種不識字的女人怎能一天賺兩千盧比？葉藍瑪是務實的女神。我感覺到她離我很近。無論在順境或逆境中，她都和我們同在。」

不久，我們互道珍重，我隨即驅車回貝爾高姆。後來，我詢問非政府組織廟妓處境工作組的人員有關愛滋病的事，以及廟妓的家人對感染愛滋的反應。

「糟得很，」她說：「廟妓的家人喜歡靠她們吃飯，花她們賺來的錢。可是一旦她們染上愛滋病，或是臥病在床，就把她們給遺棄，有時還扔到水溝。聖誕節前，我們處理了一個女孩的案子。她說她的頭痛得厲害，後來到比賈布爾的一家私人醫院檢查。醫院檢查過後，發現她的愛滋病毒測試呈陽性反應，此外還發現她有腦瘤。她開始接受治療，可她的家人因為醫療費過高，就讓她出院回家。我們去找她的時候，她的家人對她的去處眾說紛紜——每一個家人說她住的醫院都不一樣。結果卻發現她被帶回家，扔在角落，任她餓死。我們發現她時，她處在半昏迷狀態，完全無人照顧，而這些人竟是她撫養多年的家人。他們甚至沒給她喝水。我們直接送她回醫院，卻已經太遲了。她在兩個禮拜後過世。」

「這麼說來，藍妮沒多久即將退休，是件好事。」我說。

「她跟你這麼說？」

「她說她要買塊地、幾頭水牛，改行當酪農。」

「你是說藍妮？」

「是啊。」

「我原本不該說的，」她說：「藍妮感染了愛滋病——已經十八個月了。我看過檢查結果。」

「她曉得嗎？」

「當然曉得，」她說：「不是末期的，至少仍未蔓延。藥物能延緩發病，但治不好。」她聳聳肩。「不管怎樣，她想去農場退休恐怕是不可能，」她說：「就像她的女兒一樣。想救她，卻為時已晚。」

# 第四章　史詩說唱人

我們祖先和帕布關係密切，負責看管他的馬匹。
自從帕布坐轎升天後，我們便讚頌他的名，吟誦跋台紀念他。
除了我們納亞種姓階級的人，
沒有人能夠學會《帕布史詩》。你得生在這個階級才行。

我們快到帕布沙（Pabusar）時，眼前是一大片白色炙熱的乾燥曠野、尖細的相思樹叢，以及在風中飛舞的駱駝草。空寂的土地上，只見裹黃頭巾的牧童耐心領著牲口穿過塵土，還有長長一列游牧民乘著駱駝拖拉的車，緩緩前進，吠叫的狗群緊隨其後。

我們剛下齋浦爾通往比卡內[1]的公路時，遇上一群拉巴里[2]婦女，她們身穿色彩鮮豔的紗麗，在孤零零的一棵多節瘤沙漠樹下乘涼休息；四周盡是廢棄的修路器械。不一會兒，我們看見穿白袍、蒙頭罩的耆那教尼姑一行人，其中三人推著坐在白色輪椅上的第四人，穿越空曠的沙漠，滾滾熱浪在她們四周浮動閃爍。雖是冬天，還是非常炎熱，一股乾熱的風從灌木叢吹來，吹進打開的車窗，使我們口乾舌燥、牙齒發疼，座椅盡是砂礫。

我的朋友默罕．博帕（Mohan Bhopa）和他的妻子芭塔西（Batasi，意謂「糖果」），同我一道搭車，穿越這片荒涼的土地。默罕．博帕身材高瘦，皮膚黝黑，年約六十，蓄著花白的翹八字鬍，帶著骷髏一般的淘氣笑容。他穿一件紅長袍，頭上緊裹著紅色頭巾。芭塔西年紀小他一點，五十來歲，是個沉默、硬朗的沙漠婦女，在曠野生活了一輩子。我們一路行來，她幾乎都用高高聳起的紅面紗罩住整張臉。

默罕是行吟詩人，也是村中巫醫；然而更為希罕有趣的是，他和芭塔西兩人儘管完全不識字，卻是唱誦拉賈斯坦邦中世紀詩歌《帕布史詩》（*The Epic of Pabuji*）的最後兩名世襲說唱人。這首長達六百年歷史的詩歌，講述一則充滿俠義與榮譽、戰鬥與失落、殉難與復仇的精采故事。俠盜頭子保護牛群的當地英雄事蹟，似乎隨著時間推移，逐漸演變為半神化身的武士帕布，為保衛女神的神聖牲口免受惡魔盜牛賊襲擊而殉難的史詩故事。盜牛賊的頭子是邪惡的金蚩（Jindrav Khinchi），後遭帕布打敗並殺死。帕布並且保護自家婦女免受另一名惡棍，殺牛的穆斯林盜匪默札・汗・帕丹（Mirza Khan Patan）所沾污，並大勝錫蘭十頭魔王羅波那（Ravana），偷竊魔王的一大群駱駝，送給最寵愛的姪女當結婚禮物。

這首長達四千行的史詩，從頭到尾唱誦一遍（在當今實屬難得）必須連續演出整整五個晚上，每晚八個小時，從黃昏到黎明。有時演出時間更長，視穿插的喝茶時間、拜讚歌、印度電影音樂，以及添加的其他餘興節目而定。然而史詩表演不僅只是一種娛樂方式，同時也是一種宗教儀式，祈求帕布神的保護，祛邪辟凶。

史詩的演出，都在一幅稱為「跋台」（phad）的長卷軸繪布前進行，畫布不但繪有

1 齋浦爾（Jaipur）為印度西北部拉賈斯坦邦首府，比卡內（Bikaner）亦位於拉賈斯坦邦，在塔爾沙漠（Thar Desert）邊緣。

2 拉巴里（Rabari），印度西北部的游牧部落，主要從事放牧。

故事情節，亦是供奉帕布神的隨身祭壇。印度還有其他許多江湖藝人持畫說書的傳統，但都沒能將繪畫提高到實體具象的穆諦[3]，使之相當於廟裡供奉的神像。放牧駱駝的拉巴里傳統游牧階級，為其主要觀眾群，只因帕布神是他們的主神；但亦有其他階級的民眾出席表演，尤其是和帕布同為武士階級的拉賈普特人[4]。

當我們的車穿越這一片看似荒涼的沙漠時，默罕指出了外地人的眼睛所看不見的特點。你看那一邊，他說，現在只剩下一些殘幹，不久前還是聖林（oran）所在地，也是帕布盟友拉賈斯坦蛇神果迦（Goga）的聖地，為了紀念他，還有一些口傳詩歌和膜拜儀式。幾世紀以來，沒有人敢動這處聖林，默罕說道，因為他們認為，守護聖林的蛇神會奪去盜林者性命。然而三、四年前，伐木工人來這兒砍倒這些樹，將木材運往齋浦爾。「現代人如果不再害怕被果迦蛇神咬，」他說：「又怎會害怕帕布神發怒？」

我問有沒有任何祭祀帕布的聖林存留下來。

「有的，」他說：「在我們村子附近。到目前為止，我們還護得了那些樹。大家只撿掉下來的木材，火葬時拿去燒。可這年頭，誰知道還能平安多久？」

默罕繼續說了個故事：對自然萬物謹守非暴力信條的布希諾（Bishnoi）族人，從久德浦[5]王公派來的伐木工人手中，拯救了他們的科耶里樹（khejri）。甚至在斧工砍伐時，他說，布希諾族人仍緊抱樹幹誓死捍衛。死了三百人後，王公才下令停止屠殺，爾後每一年，人們仍齊聚一堂，紀念當時為樹捐軀的人。我問這事發生在多久前。「喔，沒多久，」他聳聳肩說：「大約三百二十年前吧。」

當天早上，我同默罕和芭塔西從齋浦爾出發，那時我們已相識大約五年。我們剛出席了一場討論帕布史詩的會議，此時正朝他們居住的帕布沙村前進。帕布沙位於沙漠深處，在比卡內之西。

我和默罕夫婦在二〇〇四年初次見面，之後不久，我在《紐約客》週刊發表關於默罕的長篇報導。出刊後，默罕和我在大大小小的節慶活動上演出；我雖然同他相識並合作多年，卻從沒去過他家。他告訴我，帕布沙是乾漠中的一小塊綠洲，得名於他的史詩英雄；事實上，村中甘甜的水源，據說即帕布的妙法所賜。此時正值月圓第十天的帕布節，帕布的神力在這天達到頂峰，拒絕不了任何信徒的要求。此次的史詩唱誦，並非擷取片段，而是應我要求，即將完整演出。我等著欣賞默罕的表演。

3　穆諦（murti），供人膜拜的偶像或聖像。
4　拉賈普特人（Rajputs），居住在拉賈斯坦邦的武士氏族，該詞源自梵語 Raja Putra，意為「王族後裔」。
5　久德浦（Jodhpur）位於齋浦爾以西約三百公里處，自古以來即是東西貿易的重要轉運站，為拉賈斯坦邦的第二大城。

通向帕布沙的單線道上人跡稀少、坑窪不平，我們在最後這段路程上，開始見到其他的朝聖者，前來參加村中舉行的各種帕布節慶。有些朝聖者步行前來：在白夜中，單獨涉過空曠無垠的沙漠。還有一些別村的民眾，一同搭乘曳引機，後面拖著拖車，滿載身穿深藍紗麗的婦女。途中行經一座村子，在頹垣斷壁的碉堡背風處，一些朝聖者在廟旁水井的蔭涼處休憩。我們驅車前進，村子越來越窮，路上飛沙越來越多。露水灌溉的粟米田越來越少，越來越乾旱；四周盡是駱駝草。乾燥的雜草，在沙漠吹來的風中東倒西歪。結果，儘管從齋浦爾來到此地不過一百二十哩，卻花費幾乎整整一天時間。路上滿是沙子，幾乎無法通行，我們開的車不是四輪傳動，因此一路打滑，有兩、三回必須用粗麻布增加輪子的牽引力，推車子上山丘。

我們終於抵達帕布沙時，已是傍晚。山羊正要回家，村邊馬利筋草的影子越拉越長。正值剪毛季，幾個牧羊人爬到科耶里樹上，給山羊、駱駝和牛砍伐草料。我在村口看見一名身穿黃紗麗的婦女手持長棍，正在打樹，我立即猜想，可是拉賈斯坦邦的某種民間習俗，事實不然，默罕向我表示，不過就是老牧羊女想把奇柯樹（Kikkur）的豆莢弄下來，餵她那些餓得直叫的小羊。

帕布沙意指「帕布之井」，村落就像周邊的道路一樣，半埋在飛沙中，四周環繞著乾枯的荊棘叢。在距離默罕家僅數百碼的最後一處飛沙，我們把車扔下，走最後一段路。小水塔旁邊的白色帕布廟周圍，已開始聚集一大群人，準備觀看默罕今晚的史詩表演。廟旁搭了一頂彩色大帳篷，發電機在一旁隆隆響，像台老曳引機。裹頭巾的農民個個情緒輕鬆，一群群蹲坐著喝茶、抽捲菸、玩牌。他們已餵牛吃過飼料，而對沙漠地區的放牧人尤為重要的是，給牛喝水——這也是帕布史詩的關鍵片段和高潮時刻：

喔，帕布，小小牛兒正在哭泣，
小小牛兒正在呼喚帕布。
喔，帕布，願您的名字流芳百世；
喔，帕布，願您的勇士永垂不朽！

默罕新蓋的房子雖小，卻是水泥房屋——在帕布沙這種多是圓錐形茅頂土屋的村子，是一種地位象徵；他的大兒子馬哈維（Mahavir）正在門前焦急地等候我們。他雙手捧著捲起的戲台。默罕的另一個兒子斯拉萬（Shrawan），之前我見過幾次，則手持多拉克鼓[6]，同樣嚴陣以待。

6　多拉克鼓（dholak），印度雙面鼓，為北印度、巴基斯坦和尼泊爾的傳統樂器。

我們原本預計在下午抵達，卻有些遲到，這兩個小伙子擔心我們錯過晚上的演出，因此態度煩躁地跟他們的父親說話。默罕只是笑笑，帶我到他家的水泵清洗。我們把他兒媳婦端來的香料熱奶茶一飲而盡。隨後，默罕莊重地拿起跋台，先行來到在自家修建的帕布小廟。他感謝帕布讓他一路平安，並祈求演出順利。隨後，我們沒等晚餐，便穿過幾條沙巷，步行沒多遠，來到他即將表演的帳篷中。

村廟雖簡單，卻是新建大理石建築。廟裡有一神像室，內有一塊英雄石，刻有帕布舉劍騎馬的側面英姿。神廟、水塔、水井和帕布沙村，全部密切相連在一起，默罕解釋說。大旱的一個晚上，帕布托夢給一個隸屬千潤（Charan）種姓的當地詩人。他叫詩人從家門口追隨腳印，走過沙地，到達遠處的淺谷。帕布說，在那兒，你會看見一個石頭。把這石頭當作記號，帕布神繼續說道，往下挖三十手深，可見甘泉噴湧而出，供給整個雪哈瓦第[7]區。廟裡這一英雄石，正是夢裡的石頭，默罕說道。英雄石曾經嵌入水井的護牆，不過現在新神廟既已成立，英雄石便成為穆諦。

默罕邊說邊把兩支竹竿立在地上，將跋台從右到左展開來，恍如一幅美妙的雪哈瓦第壁畫轉移到布面上。一幅鮮豔紛亂、十七呎長的中世紀拉賈斯坦景色盡收眼底：婦女、馬匹、孔雀、馬車、弓箭手、戰鬥、洗衣匠和漁民、國王與皇后、灰色大象和成群的白牛和黃駱駝、有多條胳臂的惡魔、魚尾神人和藍膚神，全部圍繞在體積超大的中心人物帕布、他的黑色駿馬卡拉蜜（Kesar Kalami），以及他的四個好夥伴和戰友周圍。

默罕架設跋台的同時，我也仔細打量畫的內容。帕布和戰友位居中央；史詩中各主要角色的宮廷寶殿是最大的圖像：敵人金蚩和羅波那的宮廷分居距離帕布最遠的卷軸兩頭。印度的種種生活面貌穿夾在其間，呈現在這幅生動活潑、尋歡作樂、充滿民俗藝術風味的卷軸畫中。跋台具備的豐富活力，似乎融入史詩神話的強大力量中，創造出豪放有力的敘述影像。同時亦充滿對自然景物的熱愛：皮膚黝黑的大象向前邁進，快活地捲起鼻子尾巴；一對孔雀開屏，白鴿和丹頂戴勝在芒果樹和香蕉樹間飛來飛去。戰士直闖戰場，持劍對抗咆哮的黃老虎。

不同的人物和場景並未隔開，而是以嚴格的邏輯架構精心組織。就像阿旃陀（Ajanta）石窟的佛教壁畫，故事的安排是根據地理位置，而非敘述順序：是拉賈斯坦宮廷的史詩地圖，而不是講述故事的卡通連環畫。如果兩個場景放在一起，是因為在同一個地點發生，而不是按照時間先後排列。

見我細看跋台，默罕說這是出自皮爾瓦拉（Bhilwara）著名的卷軸畫家錫呂・拉爾・喬許（Shri Lal Joshi）之手。喬許家族創作跋台已有近七百年歷史，他們所製作的

---

7 雪哈瓦第（Shekhawati），位於拉賈斯坦邦東北部的半乾旱地區，以古壁畫聞名。

圖像，比其他任何畫家更為有力。

「喬許的跋台即使收起來，也能抵擋邪惡，」默罕說：「他畫的方式，他對史詩的研究，使他的跋台比其他人更具神聖能量。他的跋台有驅邪除魔的力量。打開它，就等於賜福於人。」

默罕告訴我，跋台一旦完成，將主角的眼睛添畫上去後，畫家和說書人便不再視之為藝術作品，而是立即成為一座隨身神廟：由於帕布神的信徒是半游牧民，因此是神廟（亦即跋台）造訪信徒，而不是信徒參訪神廟。據說神的靈魂從此進駐跋台，跋台便成為連結兩個世界的渡口，跨越人界與神界。

從這時起，默罕說道，跋台備受敬重。他每天向跋台獻上祭品，又說哪天他年紀大了，要傳給下一代。跋台如果破損或褪色，他便通知當初作畫的人，把跋台帶去恆河或浦希卡[8]聖湖。他們一起讓跋台退役，或者按照他的說法，讓它冷卻（thanda karna），消除神的神聖能量，再託付給聖河或聖湖，就像亞瑟王的寶劍最後歸還湖中。

「那總是令人傷心的時刻，」默罕說：「每一幅跋台都貢獻良多，可最後變破變爛時，什麼圖像都看不見了。讓它安息後，我們隨即舉行盛宴，彷彿為家人舉行火葬。隨後，我們給新跋台舉行奉獻禮，就像老人死後，孩子出生。」

芭塔西正在清理跋台的前方空地，點燃一炷香。斯拉萬上緊多拉克鼓的螺絲，開始敲出緩慢的節奏。默罕點燃一小盞牛糞燈，在帕布神像前繞圈。隨後他吹響海螺，宣布即將開演。村裡的農夫結束牌戲，喝完奶茶，開始聚攏起來。天氣漸漸冷下來，冬天的夜晚，沙漠氣溫下降得很快，幾個農人用圍巾緊緊裹住自己，開口的一端塞在下巴底下。

默罕隨後拿起拉樊哈塔琴（ravanhatta）——一種十八條絃、無音柱的沙漠古琴，開始用大拇指有規律地撥彈起來。

「我們最好趕緊開始，」他說：「唱誦跋台，應該在太陽剛下山時開始。我們得演出一整晚，我的聲音在下半夜才開始發光。」

*

我最先接觸到拉賈斯坦邦的博帕（bhopa）——巫醫和行吟詩人，已是二十年前的事了，當時我開始寫一本關於德里的書，因此住到久德浦城外的一座碉堡。

布魯斯・查特文（Bruce Chatwin）當時是我的偶像，他的遺孀伊麗莎白告訴過我，布魯斯在一座荒漠碉堡寫了《歌之版圖》（*Songlines*），一部剖析流浪衝動的佳作。邏赫

---

8 浦希卡（Pushkar），拉賈斯坦邦中部的小鎮，為印度教重要的聖城，印度教徒一生至少來此地朝聖一次。

堡（Rohet Garh）[9]是由一位拉賈普特族長所興建，王公為回報族長在戰場英勇抗敵而賞賜這塊領地。邏赫堡四周築有城垛高牆，眺望波光湖水。早晨，陽光透過尖拱瀉入臥室，湖水的反射在天花板橫樑間竄動。鷺鷥在湖中島上築巢，孔雀在一旁樹林棲息。

邏赫堡儘管距離新德里不遠，西行只要九個小時車程，卻是截然不同的世界，像在另一個世紀。我曾與之為鄰的德里中產階級，他們居住在脆弱的泡沫幻影中。城郊的新住宅區如雨後春筍般興起，盡是時髦的公寓大樓、健身中心和複合式影城。可當你上了齋浦爾公路，象徵現代的排場便逐漸減少，愈接近久德浦，愈變得乾旱。種滿黃色水菜的肥沃田野，改由砂質瓜田和枯乾的向日葵田所取代。彷彿大地的顏色逐漸褪去，只見偶然一閃的紅色紗麗：一名婦人走在蜿蜒的路上，去村井打水。

邏赫堡的主人，是一位王侯（thakur）——拉賈斯坦邦的仕紳地主。他在塔爾沙漠這處綠洲深居簡出，保留了封建先祖傳承下來的寧靜生活，與契訶夫（Chekhov）和屠格涅夫（Turgenev）筆下那些沙皇時代地主所過的隱遁生活並無二致。踏進邏赫堡的大門，就像走進《鄉居一月》或《獵人筍記》[10]那些令人熟悉的世界。哈巴狗在槌球草坪上跑來跑去。寡居多年的祖母和姨婆，從她們偏僻的廂房垂簾聽政。身穿絲綢的待嫁女兒，紅著臉聽父親大聲討論追求她們的求婚者。

唯有兩星期一次的「進城」之遊，才能擺脫千篇一律的日常生活。全家人帶著他們的哈巴狗、拉布拉多獵犬和全部的僕人，一同坐上家中的吉普車。他們動身出發，穿過灌木林，來到久德浦的城中居所。在這兒，坐輪椅的姨婆被推往各自的寺廟，待字閨中的女兒和來訪的姪女去購買紗瓦，男孩子則為狩獵沙雞備足子彈。王侯先生去見銀行經理，走訪俱樂部。我則留在古堡內，享受孤獨的況味。從我的書桌看去，沙漠灌木平坦乾燥，這一片荒蕪，使人集中心思、開動腦筋。接下來幾個星期，一頁頁新稿子開始堆高。

拉賈斯坦，即便按印度的標準來看，也算極保守的一邦。在英國統治期間，印度約有五分之二的國土仍受本土王公諸侯所管轄，這些自治領地有相當一部分位在拉賈斯坦，半封建統治在此地持續有效實施，直到甘地夫人於一九七一年永久廢除王公制度為止。

在未受英國殖民統治的干預下，許多中古印度社會的獨特風貌於是原封不動保留下來。一方面，這使得昔日封建地主，像王侯先生這些人，抓在手上的權力多過其他地方；例如寡婦自焚殉葬（suttee）的案例仍時有所聞。另一方面，游牧樂師、細密畫家

9 邏赫堡（Rohet Garh），Garh 意謂地區領主居住的城堡。

10《鄉居一月》（*A Month in the Country*）和《獵人笥記》（*Sketches from a Huntsman's Album*），屠格涅夫的兩部作品，前為劇作，後為短篇故事。

和壁畫家、江湖藝人和雜耍師、行吟詩人和啞劇藝人，則仍在施展其技藝。我發現，拉賈普特地主階級的望族，都繼承了一群口述宗譜師、樂師和讚頌師，他們負責歌頌此一家族的出身血統和豐功偉業。若因忽略行吟詩人而迫使他們正式「脫離」贊助者，是一件很不名譽的事。隨後，他們便扯斷樂器的絃，埋在贊助者家門前，使家族完全脫離累積數世紀的祖傳歌曲、故事和傳統。等於將豐富的口述圖書館燒成灰燼。

我在邏赫堡逗留期間，聽聞了令人矚目的倖存作品：拉賈斯坦邦獨有的多部口傳史詩。流傳於邏赫堡一帶的數首史詩，所讚頌的是人們奉為神明的牧牛英雄，他們為了從偷牛賊手中救出村社牛群而犧牲生命。長期累積的英雄事蹟將歷史人物轉化為神：英雄烈士（bhomiya）的故事經久不衰，人們豎立紀念碑以示崇敬，到後來，奇蹟故事開始流傳，述說英雄死後如何化身為神，拯救民眾。紀念碑成了寺廟，過了數世紀，傳奇逐漸發展成史詩，英雄成為神，每部史詩當中不同的主角戰士，於是成為某一階級社會的特定神明。

這些牧牛英雄在村社民眾和上天之間充當調解人，而讚頌他們的史詩，便逐漸發展成某種祈禱儀式。歐洲的古代史詩，如《伊里亞德》、《奧德賽》、《貝武夫》、和《羅蘭之歌》，如今只屬於學術研究和文學課程的領域，而拉賈斯坦的口傳史詩，卻至今尚存，由一群巡迴鄉間的行吟詩人流傳下來。

「博帕本是普通村民，直到帕布神來找他，」邏赫堡的一名姨婆說：「才賦予他強大的力量。把中邪的人帶來找博帕，帕布神就能治好他們。」

「怎麼做？」我問道。

「有時候，博帕只需說句咒語，讓鬼魂開口說話，好知道其真實身分。不過，」她說得令人生畏：「有時必須抽打中邪的人，或劃上一刀好放血。」

一天下午，我在沙漠跋涉時，遇上一名博帕，他坐在一座白色小廟外頭，廟頂有一對橙黃色旗子。他年紀很老，裹著一條破舊的白腰布。他的左眼有白內障，漂亮的鬍子從下巴中央分向兩邊。此人是村裡的驅魔師，當天晚上，我去看他驅除邪魔，因為聽說村子有個姑娘被鬼魂附身。在樟油燈火中，敲鼓唸咒，隨著一聲誇張的喊叫，收伏了鬼魂。

後來我聽說，沙漠荒原上還有許多博帕，負責吟誦偉大的史詩作品，有些作品長達數千節。我期盼認識這些博帕：拉賈斯坦的荷馬。

不久，我開始深入研究不同的口傳文化，探求其之所以能在世界上某些地區生存下來，比如拉賈斯坦邦，在其他地區卻似乎完全消失的原因。

*

一九三三年夏天，年輕的哈佛古典主義學者裴瑞（Milman Parry）搭船前往南斯拉夫。裴瑞動身踏上旅程，打算向古典學界闡明自己在麻省劍橋圖書館內想出的好主意：證明後來成為整個歐洲文學基礎的荷馬史詩，起初原是口傳詩歌。若想深入研究荷馬，他認為，必須先了解口傳詩歌是怎麼回事，而南斯拉夫似乎是歐洲境內將此一傳統保存得最好的地方。

隨後兩年間，裴瑞陸續巡訪了巴爾幹半島的咖啡館。他的助手勞德（Albert Lord）描述他們採取的方法：「尋找說唱人的最佳方式，便是上土耳其咖啡館，」他寫道：「去那裡打聽打聽：

趕集日當天，農民齊聚此地，這也是齋月傍晚的娛樂場所。我們在一條小巷子找到這樣一個地方，進去叫了咖啡。距離我們不遠處的凳子上，躺著一個土耳其人，拿一支古董銀煙嘴抽菸……他認識一些說唱人。最好的說唱人，他說，是一個叫阿夫多（Avdo Mededovich）的農民，他家離此處一個小時。他多大年紀？六十到六十五歲吧。他識不識字？Ne zna, brate!（不，老兄！）……

後來，阿夫多來了，給我們唱誦蘇丹王謝里姆（Sultan Selim）時代巴格達陷落的故事。我們興致勃勃聽這位其貌不揚、患大脖子症的農人演唱。他盤腿坐在凳子上，拉著古斯爾琴[11]，隨著音樂節奏擺動身子……接下來的幾天，對我們而言是新的發現。我們頭一次聽到篇幅這樣長、旋律如此美妙的唱曲。他能夠一連唱好幾天，有些歌句長達一萬五千到一萬六千行。

裴瑞隨後幾個月的發現，完全超乎自己的預期。他在一九三五年九月返回美國時，已錄製了不下一萬二千五百首民謠、歌曲和史詩——塞爾維亞在科索沃遭鄂圖曼大軍擊敗的故事，或者昔日巴爾幹英雄豪傑的豐功偉績；並且積攢了重達半噸的鋁製唱片。常被稱為「口傳文學達爾文」的裴瑞，不久在一場槍擊意外中喪生，年僅三十三歲，然而，他的工作為希臘古典文學研究帶來一場革新。只不過，裴瑞工作之際，南斯拉夫各城鎮的口傳文化亦已逐漸消失。此後，民間口述傳統已不復存在，而一九九〇年代發生的血腥內戰，更加速其終結。

相形之下，一個更為複雜的傳統似乎在印度存留至今。我認識多年的一位人類學家朋友告訴我，一九七〇年代晚期，他在印度南部的村子，曾遇上一個流浪說書人。這位行吟詩人通曉《摩訶婆羅多》——相當於結合《伊里亞德》、《奧德賽》和聖經的印度

---

11 古斯爾琴（gusle），一種流傳於巴爾幹半島地區的弓絃樂器，常用作詠唱史詩和敘事詩的伴奏樂器，通常自拉自唱。

文學作品。這部印度史詩，內容描述兩個敵對的堂兄弟皇族爭相奪權，最後在俱盧之野（Kurukshetra）展開復仇之戰；《薄伽梵歌》（*Bhagavad Gita*）為其核心，對許多人而言是最深刻最神聖的印度教經籍，講述黑天神和皇族英雄阿周那，在戰爭前夕展開一場關於職責、虛幻與現實的對話。

由一萬節偈頌組成的《摩訶婆羅多》，篇幅為聖經的十五倍。我的朋友問行吟詩人，他怎麼記得住整部作品。詩人回答說，在他腦子裡，每一節詩都寫在一顆石子上。這一堆石子始終在他面前；他只需牢記這些石子的排列順序，一顆顆「讀」下去即可。

印度人口的教育程度或許不算高——官方識字率為百分之六十五，相較於美國的百分之七十七——文化方面卻博學得教人訝異。影評人雷恩（Anthony Lane）二〇〇一年曾經評論，美國遭伊斯蘭攻擊後，紐約民眾一次又一次把當時發生的事比擬為電影或電視情節：「像《星際終結者》一樣」；「就像《終極警探》」；「不，像《終極警探第二集》」。相比之下，二〇〇四年發生印度洋大海嘯時，印度人卻找到一種比災難片更持久的敘述形式：《摩訶婆羅多》和印度民間口傳文學當中的啟示災難和末日洪水。美國梵文學者多妮格（Wendy Doniger）指出：「哲學不屑一顧的話題，由神話來收拾殘局。偉大的神話，能幫助存活者全面思索這場難以置信的災難，以類推的方式了解情況。」

《摩訶婆羅多》雖是當今最有名的印度史詩，最初卻只是諸多史詩之一。比方蒙兀兒王朝期間，最受歡迎的一部，是偉大的穆斯林史詩《哈姆札傳》（*Dastan-i Amir Hamza*）。仗義行俠的哈姆札，是先知穆罕默德的岳父，他來去四處，從伊拉克到斯里蘭卡，途經麥加、丹吉爾和拜占廷[12]，為波斯國王效勞。一路上，他愛上好些如花似玉的波斯和希臘公主，同時避開敵人所設的陷阱，包括凶惡的壞人巴塔克（Bakhtak）和通靈魔王祖木勒夏（Zumurrud Shah）。

數世紀以來，哈姆札的故事在伊斯蘭世界廣為流傳，而真正的敘述主幹，卻始終裏在次要情結，以及龍、巨人、巫師等角色當中。然而，哈姆札史詩卻在印度擁有了自己的生命，發展成前所未有的篇幅，吸收印度全部的口傳神話與傳說，並開始以此種形式，在蒙兀兒各大城市定期公開演出。在市集裡，在節慶日，在德里迦密清真寺（Jama Masjid）台階上，在白夏瓦的說書市集（Qissa Khawani），職業說書人（dastan-go）憑記憶通宵吟誦，有時持續七、八個小時，中間僅短暫休息。此外還有一個偉大傳統：蒙兀兒上流人士請人私下表演哈姆札史詩——比方說，偉大的烏爾都語[13]愛情詩人迦利布（Ghalib），即以專業吟誦哈姆札史詩的說書宴會而享有盛名。

---

12 拜占廷（Byzantium），伊斯坦堡的舊稱。

13 烏爾都語（Urdu），通行於印度和巴基斯坦的語言。

哈姆札史詩的最完整版本，包含了整整三百六十則不同的故事，必須花費數週的通宵吟誦才能結束；最完整的印刷版本，其最後一卷出版於一九〇五年，共有四十六卷之多，每卷平均一千頁。由這套烏爾都語版本，即可看出這部史詩在次大陸經過許多年的重新詮釋，已被重組為大不相同的印度文本。原來的美索不達米亞地名雖保存下來，詩中描述的世界卻是蒙兀兒時期的印度，獨鍾於詩詞雙關語，熱愛花園，始終以精緻講究的食物、衣著和禮節為主題。許多角色都擁有印度名字；他們發誓的時候，「有羅摩[14]為證」；他們騎著寶座裝飾珠寶的大象。閱讀這部史詩，就好似走近蒙兀兒世界的營火——在士兵、蘇菲信徒、樂師和隨軍人員的夜間聚會中，宛如看見蒙兀兒細密畫的景象：一個說書人，在林間空地講起故事，餘火發著紅光，火光中的熱切臉孔擠在四周。

如今，波斯、巴基斯坦和印度部分地區的孩童或許熟悉某些段落，然而，整部《哈姆札傳》卻已不再以口傳史詩的形式存在。在印度，熟背整部史詩的最後一名說書人摩．巴卡．阿里（Mir Baqar Ali），於一九二八年過世；沒過幾年，有聲影片給新興的印度電影業帶來一場革命，而其本身的風格和情節，大多即借用口述故事的傳統。如今有人擔心，《摩訶婆羅多》和其他印度史詩在二十一世紀也將遭到相同的命運，只能在錄音錄像中存留下來。

然而儘管如此，看見當今拉賈斯坦的表演者依然擔任整個口傳文化的捍衛者，似乎是件不同凡響的事情。別的不說，我渴望了解這些清一色由普通村民和放牧人包辦、往往不識字的博帕，如何記得住數量如此龐大的詩行。

據邏赫堡的那些姨婆說，博帕吟誦至今的拉賈斯坦史詩雖達二十部之多，其中兩部卻特別受歡迎。最有名的一部，述說帕布的事蹟、征戰、生死與復仇。她們指出，帕布原是拉索（Rathore）族的拉賈普特人，此一部族後來成為統治階級，亦是久德浦諸王公的前身；不過，詩歌誕生時，帕布似乎只是賈伊瑟莫爾（Jaisalmer）附近沙漠小村寇魯（Kolu）的族長。

唯一能與帕布相抗衡的另一部偉大詩歌，則講述迪烏・納拉延（Dev Narayan）的故事。《迪烏・納拉延史詩》（*The Epic of Dev Narayan*）的長度，為帕布史詩的足足四倍長，年代更為久遠，也更罕見，規模卻也更浩大：講述出身卑微的放牛人卜吉・巴拉法（Bhuj Bhagravat），和拉賈普特老王侯年輕貌美的妻子私奔，於是引發一場種姓大戰；最終造成卜吉和他二十四名兄弟的喋血事件——他們的死，帶來卜吉之子迪烏・納拉延的西西里風格報復，此後，這位傳奇人物便成為古賈（Gujar）牧牛社群的特定神祇。

這兩部民間史詩顯然都取材於部分史實——帕布和迪烏・納拉延兩人似乎都是活躍

---

14 羅摩（Ram），亦稱Rama，印度最高神祇毗濕奴的化身之一。

於十四世紀的歷史人物——後來，神話過程將他們的故事加以發揮，才將他們轉化為神。值得注意的是，婆羅門並不認可這兩個人物的神性，因此這兩位神祇的祭司和博帕都來自低層種姓階級。

邏赫堡的姨婆們說，迪烏．納拉延史詩由文字記載下來，不過才三十幾年前的事。做這件事的人是她們的遠鄰和朋友，一個聽起來強悍精幹的拉賈斯坦公主（rani），拉絲米．崇妲瓦（Laxmi Kumari Chundawat）。姨婆們說，崇妲瓦儘管年老體衰，卻仍住在齋浦爾，於是她們安排我們在公主的家族城中住宅碰面。

*

我看見老婦人坐在內院涼廊的藤椅上。公主是個聰明穩重的八旬老婦。一副厚實的黑框眼鏡沉重地架在鼻樑上，遮掩她精巧的五官，使她的表情看上去十分文氣。她跟我說，她出生於德福堡（Deogarh）的皇宮，她父親在此皇宮統治半沙漠地區的大公國。當時上流社會的印度婦女就像穆斯林婦女一樣，仍需奉行深閨制度。一九五七年，公主走出深閨，出任拉賈斯坦議會代表，使她的家人大感驚愕。

「迪烏．納拉延的故事背景，就發生在我父親管轄的公國，以及我自己的選區，」她說道。她任職議會期間，對這部史詩產生興趣，並擔心來自電視電影的威脅。「當我意識到，迪烏・納拉延史詩開始面臨消失的危險，我決定做些事情。」

一九七〇年代初期，公主開始到處探聽，當地有沒有哪個博帕仍能熟記整首史詩。她發現，許多人知道故事的梗概，有些人知道部分的詳盡情節，卻似乎沒有人知道整個故事。最後有人指點她，到齋浦爾附近的村子找一位鬍子斑白的老博帕：拉斯米納拉延（Lakshminarayan）。她說服他和另一位博帕（「他鼓舞老博帕開腔」）來到她家，還去了德里購買錄音機。

「他到我家跟我住了十到十二個星期，」她說：「他唱我寫。我們就只做這件事，每回六、七個小時。我請另一位博帕高喊『哇！非常精采！哇！哇！唱得好！』拉斯米納拉延需要有人呼應，才有辦法開腔，就好像打仗時需要戰鼓呼應。竟然有人記得住這麼長的作品，實在令我驚訝。在我的印刷版本整整占滿六百二十六頁。

「這位博帕告訴我，他才四歲時，他父親便教他背誦這部史詩，」公主繼續說道：「他每天必須背下十幾二十行，然後把之前背過的整首詩朗誦出來，以免忘了先前背過的東西。他的父親每天給他喝水牛的牛奶，增強他的記憶。」

我問公主，她何以認為史詩面臨消失的危險，她講得很明白：「從前講這些故事時，大家都養了馬和幾頭牛。如今，博帕講述馬有多美的時候，觀眾不再有相同的共鳴。還有時間的問題：這年頭兒，誰肯四、五個晚上不睡覺，專門聽故事？」

「博帕本身的情況也一樣，甚至畫家也是，」她又說：「他們沒有哪個人清楚一整部史詩，也不了解卷軸畫上每個人物的重要性。」

我問博帕是否都是文盲。裴瑞在南斯拉夫發現，這一點是保存口傳史詩的關鍵條件。口述傳統的末日，是行吟詩人學會了識字，而不是觀眾的口味改變。正如盲人擁有特別靈敏的聽覺、嗅覺和觸覺，文盲也能擁有超乎非文盲者的記憶力。口傳史詩的殺手，不是缺乏興趣，而是識字能力本身。

這也是偉大的印度民俗學家科塔利（Komal Kothari）的結論。一九五〇年代，科塔利想到一個主意，送一名主要研究對象——出身蘭加[15]階級的歌手拉卡（Lakha），去上成人教育課程。他的想法是，拉卡學會識字，便能使他保存下來的許多歌曲更容易蒐集網羅。然而不久之後，科塔利發現，拉卡開唱前得先參考自己的札記，而其他蘭加歌手卻記得住數百首歌——拉卡慢慢學會寫字的同時，似乎也逐漸喪失此一能力。

「總之，今晚我已給你安排一場演出，」公主說：「默罕．博帕七點過來這兒。到時候，你可以問個究竟。」

＊

當天晚上，我回到拉絲米．崇妲瓦的宅邸時，內院已大為改觀。一盞盞燈懸掛在纏繞九重葛的拱門周圍。白色薄墊鋪在地上，還有圓絲枕供人倚靠，迴廊盡頭的兩根柱子間，撐起一幅跋台卷軸畫。

「博帕演出時，向來使用跋台，」公主解釋說：「這是非常古老的傳統。觀看中亞地區的洞窟繪畫，比方中國西部的敦煌，畫中就有行腳僧和說書人，還有他們當時使用的卷軸。這一傳統，僅跋台殘存至今。博帕常說，跋台兼具古典印度美學的九個情感元素（navras）——愛、勇氣、虔誠等等。尤其他們說跋台膽氣十足，足以在演出時燒毀四周草地。」

一開始，我沒留意到蹲坐在暗處的默罕一家人。在默罕監督下，芭塔西清掃了跋台四周的地面，潑灑了水，斯拉萬則把多拉克鼓擱在膝上。默罕在跋台底下焚香。隨後，他們三人舉起手掌，表示向卷軸祈禱。

不久，崇妲瓦帶著賓客到來，隨後示意默罕開始演出。他拿起古琴，芭塔西則舉燈照亮跋台。默罕奏過序曲後，在兒子的多拉克鼓伴奏下開唱，聲音肅穆哀傷，即使聽不懂梅瓦爾語（Mewari），也聽得出是某種英雄乞靈哀歌。偶爾在芭塔西舉燈時，他停下來用琴弓指著跋台的某一處繪圖，隨即吟誦一行釋義詩（arthev），自始至終以大拇指撥

15　蘭加（Langa），字義為「歌河」，自古以來由詩人、歌手、樂手所組成。

動琴弦。

每節偈頌結束後，蒙著頭紗的芭塔西便向前走步，唱誦下一個段落，再交還給她丈夫唱誦。在夫妻倆接唱偈頌的同時，故事慢慢展開，節奏加快，默罕也開始繞圈舞蹈，搖擺臀部，跺著腳搖響鈴鐺，並喊叫：「啊—哈！嗨！哇—嗨！」有時觀眾鼓起掌，他便擱下琴，高舉雙手跳起舞來，沿跋台移動，出奇柔雅的舞姿，能媲美女人。

演出時，我問一名來賓（他懂得拉賈斯坦五種方言之一的梅瓦爾語），能不能將默罕的演唱，同劍橋大學學者史密斯（John D. Smith）一九八〇年代在拉賈斯坦另一個地方抄錄下來的演出版本相互核對。除了幾個措詞和偶爾省略的詩句以外，這兩個版本幾乎完全一樣，他說。此外，默罕的語言毫無粗糙之處，他又補充了一句。他的唱詞華麗優美，哪怕是稍嫌古老的梅瓦爾宮廷用語。

南斯拉夫的詩人唱誦之際，不時重新創作、即興演奏，因此每次的演出都不一樣，這令裴瑞興奮不已。反之，據我對拉賈斯坦史詩的理解，拉賈斯坦史詩被視為宗教文獻，因此有嚴格固定的格式。博帕如默罕是不得擅自竄改文本，就好比天主教牧師，不得在神聖的彌撒時刻擅自更改洗禮詞。在這方面，這些史詩就像開頭段落祈神保佑的《伊里亞德》和《奧德賽》等荷馬史詩。

默罕唱誦最有名的一段母駱駝故事，講述帕布最寵愛的姪女凱蘭（Kelam）嫁給帕布的朋友，蛇神果迦。婚禮上，眾賓客送給他們珍貴的賀禮：鑽石、珍珠、「一件德干上等布料製成的華服」、馬車以及馬匹戴的金串鈴、成群「出類拔萃的白牛」和「搖搖晃晃的大象」。隨後輪到帕布送禮。他沒拿出禮物，只許下一個承諾：「我要從錫蘭魔王羅波那手中奪取母駱駝。」婚禮賓客全笑了，因為拉賈斯坦沒人見過駱駝，更不清楚這種動物究竟存不存在。有人問起凱蘭的丈夫果迦：「帕布送你什麼結婚禮物？」他於是回答：

呵，母親，帕布送的結婚禮物，在錫蘭遊蕩吃草。
誰知道牠像不像小丘？
誰知道牠像不像大山？
誰知道牠有沒有五個頭或十隻腳？
他送給我的動物，我可從沒看過。

這一段故事使科塔利特別感興趣，因為它把《帕布史詩》和偉大的古典梵語史詩《羅摩衍那》聯繫起來。《羅摩衍那》的英雄羅摩王也去錫蘭和羅波那作戰，儘管羅摩想救的不是母駱駝，而是遭綁架的妻子悉妲，羅波那挾持了悉妲，試圖勾引她。在科塔利看來，這段故事說明：就史詩而言，區分「古典」史詩和「民間」史詩沒有任何意義。他認為，兩者源自同一江水。在拉巴里牧牛族看來，這段故事是他們的淵源神話，因而尤為神聖。

默罕連續唱誦兩小時後，有一次中場休息，公主的客人在這段時間去吃晚飯。我問默罕，通常來看他演出的是哪些人——當地的地主？他微微一笑，搖了搖頭。不是，他說，通常是趕駱駝的人、牧牛人和父老鄉親。他們的動機，他說，與其說是欣賞詩歌，不如說是把他當作某種神乎其技的獸醫服務。

「每當牲口生病，他們就來找我，」他說：「駱駝、羊、水牛、牛——任何一種動物。帕布很擅長治牲口的病。農民傳來消息要我過去，我們就過去唱誦——總是在晚上，絕不在白天；日出後吟誦跋台，幾乎是罪過。

「帕布也很擅長治療被魔鬼附身的孩子，」他又說：「天一亮，演出結束後，孩子的父母點上燈（jyot）。他們把聖線在火焰旁邊繞七圈，打七個結，然後把這個護身符（tanti）套在孩子脖子上。帕布只要以這種形象出現，任何魔鬼都待不了。」

「這麼說來，帕布在你表演的時候附在你身上？」

「若非神靈降臨，我怎有辦法？」默罕說道：「你受過教育，可我沒受過教育，卻從不忘詞，這都要歸功於帕布。要不是帕布特別保佑，我怎麼可能背誦史詩？只要我在開頭的時候召喚他，點燈向他致意，一切就很順利。他一降臨，就驅使我們繼續唱誦，繼續跳舞。我們感受到他的力量，他要我們盡最大的努力。我們並非進入通神狀態，因為不是被神靈附身。可是只要我們演出時召喚他，就能感受到他。所有的妖魔鬼怪也能感受到他——鬼怪就此逃之夭夭。沒有任何鬼魂能夠抵擋這個故事的力量。」

默罕微微一笑，捻著鬍子尖。「跋台是他的廟，」他說：「帕布神住在那兒熟睡，直到我跳舞喚醒他。有時我們背誦史詩，燈在即將破曉前閃出白光，恰巧就在我們唱到故事核心——帕布給拯救的牛喝水那一幕。那時候我們就知道帕布非常滿意，神蹟發生，我充滿力量。通常在清晨四點左右。隨後，我便能窺測未來……但這種情形很罕見，只有在完整演出時才會發生。如果出現這種情況，唱完跋台後，會有一種幸福感，十分平靜。」

他又說：「發出這種光的燈，餘下的燈煤能用來醫治任何疾病，非常有效。」

這種說故事者和魔法、巫醫和說書人之間固有的古老連結，在二十一世紀的拉賈斯坦依然完好無損。「所以，你不僅是說書人，還是治病的醫生？」我問道。

「是啊，」默罕說：「幸虧帕布。他才是醫生，不是我。」

＊

初次會面之後過了五年，默罕在家鄉帕布沙徹夜唱誦史詩的第二天早上，這位博帕和我坐在屋外的躺凳上。前一天的艷陽已由密布的積雲所取代，詭異的灰色光線掠過沙漠和村子上方。此時的太陽呈鋼鐵色。

默罕一直唱誦到天亮，只睡了四、五個鐘頭，即被過來串門子的鄰居吵醒，鄰居一家以賣手鐲為業。現在是早晨過半，我們望著帕布沙極其稀罕、卻非常吉祥的現象：烏雲密布，預告冬雨即將來臨。更稀罕的是，真有幾滴雨水落在地上。

「這雨我們管它叫莫瓦（mowat），」默罕快活地笑說：「即使幾滴雨，對穀物都很好。一兩場雨，就夠給綿羊山羊吃草，直到雨季。四、五場雨，連牛也會很快活。」

「你累不累？」我問：「畢竟通宵演出。」

「我不為睡眠煩惱，」他說：「我們和失眠為友。我很樂意今晚再唱一場。這麼多年來，我已經習慣了。」

家人送來奶茶和薄餅（paratha），我們吃著近午的早餐，同時我請默罕說說童年往事，以及當初如何成為一名博帕。談話間，他的兒孫漸漸圍到旁邊聽了起來。

*

「我在這裡出生，也在這裡長大，」默罕說：「這塊土地我們家族已經擁有三代，我們家族生在這裡，也死在這裡。

「在我之前，我父親也是博帕。他年輕時非常有名——他叫吉達利・博帕（Girdhari Bhopa）。甚至經常有人叫他去到三百哩外的地方演出，而且收入很好。我家祖祖輩輩——我的祖父、曾祖父、高祖父，都是博帕，不過，是我父親讓我的家族成了名。他具備唱誦跋台的三種本領：跳舞、吟誦、彈奏拉樊哈塔琴。他演出時，舞跳得如此之好，大家都會看著他的腳；他唱誦的時候，大家看著他的臉；他演奏的時候，大家則看著他的琴。

「我們屬於納亞（Nayak）種姓。我們的祖先和帕布關係密切，負責看管他的馬匹。自從帕布坐轎升天後，我們便讚頌他的名，吟誦跋台紀念他。除了我們階級的人，沒有人能夠學會史詩——那是不可能做到的事。你得生在這個階級才行。

「話雖這麼說，並不是生在這個家族的每個人都擁有背誦史詩、做這份工作的『心』或『腦』。我的五個兒子當中，只有一個是職業博帕。別的工作或許比較容易，待遇比較好，但只要你有『心』，博帕仍不失為謀生的好方法。

「第一步是教男孩子跳舞。他必須盡量多參觀跋台唱誦，在他父親身旁跳舞，幫忙娛樂觀眾。到了十二歲，男孩適不適合進一步培養就看得出來。你看得出他有沒有節奏感，能不能彈奏拉樊哈塔琴，記性好不好。

「吸引我想當博帕的原因，是我的父親。他非常了不起！我非常以他為傲，在他的帶動下，我學習跋台。四個兄弟中，我排行最小，因此小時候我想做什麼就能做什麼：玩印度曲棍球（gindi），或是趕著我父親的羊群去吃草。我老是和村裡其他男孩在一起。但即使在他們打曲棍球或板球時，我卻只想閱讀跋台。我總是設法看我父親演出，白天我父親出門，或通宵唱誦後正在睡覺，我就拿起他的拉樊哈塔琴，重複唱幾首歌或幾句偈頌，就像他演出的時候那樣。

「我很怕羞，不敢在他面前彈奏或唱誦，起碼剛開始的時候。他非常和藹可親，可我只要遺漏一句詞，或指錯跋台的畫，他就很快指出來。我逐行學習史詩，十六歲時，我已經通曉整部作品。我還知道每個事件畫在跋台何處。

「跋台很複雜，但你如果從小開始學，複雜就不會變成負擔，你反而學會欣賞跋台的美妙、豐富與活力。我喜歡跋台豐富的內涵，好觀眾也能欣賞其複雜。跋台具備的許多層次，給觀眾帶來諸多樂趣。但你如果起步太晚，很可能永遠背誦不正確，最後只好放棄。幸虧，我也用父親教我的方式教導斯拉萬，現在斯拉萬對跋台的了解幾乎像我一樣好。

「我十六歲結婚。不過直到二十歲，我才開始正式吟誦史詩，因為我太太嫁給我的時候才九歲。芭塔西那時候年紀當然太小，不能和我一同表演，因此我必須等她長大學史詩。她十二歲來到我家，從那時候起，我開始教她，因此我們倆總是忙得很。她父親雖然也是博帕，可她從父母那兒得來的跋台知識不太多，只從她母親那裡學了一點，還有幾首拜讚歌。因此我每天一大早就唱給她聽，讓她跟著我唱，重複同樣的詩節偈頌，就像我們演出時那樣。她學得相當快，不到三年，她已經能在拉樊哈塔琴伴奏下唱誦史詩。

「我們在村裡算早婚。挑選老婆是一大冒險，因為九歲看不出一個女人能不能唱，可這女人不僅是你老婆，還必須是你吟誦跋台的職業夥伴。一個男人沒辦法單獨唱誦《帕布史詩》。他需要妻子給他支持，否則不管他唱多好，大家還是沒辦法欣賞表演。我父親很幸運，因為我母親唱得很好，她有一副動聽的嗓音。很少人能像她唱得那麼高，而且音高能保持很久。我也很幸運，芭塔西的聲音也很美，不過坦白說，她比不上我母親。

「就像男人生命中的許多事情，選擇老婆能決定一切。一塊兒表演，帶給夫妻交流的機會。我們還比賽誰唱得好，誰接得比較俐落。比賽持續一整晚，給我們帶來愛情。

「很可惜，我的大兒子沒這麼幸運。他希望成為博帕，想不到他老婆卻完全音盲，因此他不得不成為體力勞動者；他現在是修路工。他只偶爾在飯店演唱賺點外快。老實說，如果他老婆能唱，他現在就能夠吟誦跋台，收入或許好一點。可這也是沒法子的事。

「我二十歲時，我父親聲名大噪，因此我很容易找到工作。大家認為我多少會繼承父親的才華。不過壞處也有。在我表演初期，每個人都想聽我父親唱，而不是聽我唱。即使他只是在台下聽我和芭塔西表演，大家還是請我父親上去唱幾首。他的聲音很動聽，我無法望其項背；不過我自認琴彈得更好。他只有兩個調音軸，看看我的調音鍵有多少！

「如今，唱完一整幅跋台實屬難得。大家想聽片段的故事，你也可以按照自己喜歡的任何順序唱誦。不過，故事連貫有好處，必須學會抓對時間演出：有些故事只能在晚上特定時間唱誦，比方帕布結婚的段落，如果可能，只能在午夜時段演出。

「我們納亞族來自很低層的階級。我們在某個時期成為游牧民族，因此從過去的高位階降了格，因為游牧民族從來不得他人信賴。直到今天，我們仍然不能在許多村民家裡充飢解渴。但是當我們以博帕的身分唱誦表演，又給我們帶來尊嚴。我或許不能同拉賈普特人和婆羅門平起平坐，但是他們來這兒看我表演，他們讓我唱誦跋台，而且對我的成功以及我在鄰近村莊的名氣感到開心自豪。他們告訴每個人，在帕布沙，我們擁有整個雪哈瓦第地區最傑出、最厲害的博帕。

「雖然我們的唱誦表演最受大家注目討論，但我有時候認為，我們的治療能力最受大家感激。我父親尤其認為，唱誦帕布跋台使他擁有預言和醫療的天賦。曾經有個男孩被眼鏡蛇咬傷，我父親當時距離事發地點十五哩遠，可他感應到出了事兒，於是立刻停下手邊的工作，頂著正午烈日，動身走到事發的村子。

「途中他經過兩個村子，每個村民都問他：『吉達利，什麼風把你吹來啊？』他回答：『有人很需要我，否則就要發生大事。』他來到事發的村子，直接去找村長，說：『立刻把病倒的孩子帶去帕布廟找我。』這時候，男孩的傷口已經非常腫大，但他們還是用擔架抬他去找我父親，一路哭哭啼啼，認定男孩必死無疑。我父親從兜裡掏出一些苦葉，餵給男孩吃，要他和他家人放心，一切都已化危為安。第二天早上，男孩完全痊癒。

「我父親的這類故事還有很多。他是偉大的治療師，能醫治頭痛、身體痛、肚子痛、消化不良；他能靠通宵唱誦跋台和幾帖草葉，把這些病治好。

「我不是他這種治療師。不過大家還是來找我，尤其治療他們的牲口，或驅逐邪魔。這些活兒對我來說很容易。對於牲口，我不太做什麼；只需要打開跋台，上香，把帕布的護符綁在牲口脖子上，其他就交給帕布去辦。驅魔也是如此；是帕布的跋台扭轉乾坤，我什麼也沒做。我只要攤開他的跋台，所有的妖魔鬼怪都在跋台的力量下逃之夭夭。有些妖魔得花比較久的時間，有時候，必須唱完整部史詩才能把妖魔從人身上趕出去；我還沒撞見哪個妖魔能完全抵擋跋台的力量。只要靠跋台，遲早都能讓妖魔從人身上跑出來，大叫：『我燒起來了！我燒起來了！』

「由於跋台的力量，我們必須小心，絕不能隨意對待它。大部分時間，我們把跋台捲起來，以免受損。下雨天我不演出，以免雨水損毀跋台。我在家時，把捲起的跋台掛在床上方，以免貓、狗、老鼠傷了它。跋台還能保佑我們家。我們要是沒好好對待跋台，或犯了什麼錯，帕布通常就托夢說我做錯事了。第二天早上，我就去他廟裡獻上椰子，求他寬恕。如果事態嚴重，我還會獻上十三磅棕櫚糖，給村裡的牛吃。

「現在，村裡一些比較受過教育的人喜歡班門弄斧，說他們不相信跋台有治療能力。比卡內還有個獸醫，叫大家別去找博帕，說這只是迷信的信仰療法。或許他們有些道理；也許信仰和信任的確起了一些作用。不過我們這裡的人，如果聽說醫生或獸醫的力量超過帕布，多半只會一笑置之。我的確這麼認為。喝！讓我看看哪個醫生或獸醫，有法子把駱駝從錫蘭大老遠帶過來吧。」

*

當天日落時，默罕繼續演出史詩。頭一晚的故事，講述到蛇神果迦和凱蘭的婚禮。第二個晚上，則以母駱駝的故事開始。

在人人不僅熟悉情節、亦熟悉詩歌文本的村子觀看史詩表演，相較於之前看默罕在城市中產階級觀眾面前演出，是截然不同的兩種經驗。

村民在遮篷底下的紅黑條紋鋪毯上或坐或蹲，身上裹披肩和圍巾禦寒。這些村民不像中產階級觀眾那樣，舒舒服服坐著欣賞正式的演出，而是不時一塊兒放聲大笑，打斷彼此說話，和默罕開著玩笑，並一同唸出每個詩節偈頌的最後一句。偶有幾個人起身給默罕十盧比鈔票，點唱一首特定的拜讚歌。

這個家族三代同堂演出：除了默罕和芭塔西，斯拉萬敲奏多拉克鼓，大兒子馬哈維一同彈奏拉樊哈塔琴，還有馬哈維淘氣的四歲兒子昂卡，也是默罕的長孫，身穿白色長衫和長纏腰布，在他祖父身邊跳舞。一家人連續唱三個小時，觀眾拍手喝采。

「跋台供奉我們的帕布神，因此我們不許中途離席，」坐在我旁邊的村中金匠說：「除非博帕累了，停下來喝茶，否則我們都必須表示尊重，好好坐著聽他唱誦，即使得聽到天亮也一樣。」

「不過現在，我們有了電視，孩子都不太喜歡聽了，」村裡的婆羅門夏瑪先生補充說，此前他還堅持要拉我去吃他所謂的「全素晚餐」。「年輕一代比較喜歡聽ＣＤ，只唱出故事重點。頂多花三、四個小時。」

打從我開始研究拉賈斯坦的口傳史詩，便多次聽見口述傳統已瀕臨滅絕的說法。劍橋大學學者史密斯在一九七〇年代，以唱誦《帕布史詩》的博帕為其博士論文題目。

二十年後他回到當地，拍攝專題紀錄片，發現同他合作過的博帕，許多已不再演出，改以踩人力車或清掃寺廟為業。他們告訴他，有興趣看表演的人越來越少，而曾經是主要觀眾群的拉巴里游牧族，亦賣掉牲口，流向城市。「牲口沒了，」他寫道：「他們和帕布的主要連結也沒了，畢竟帕布與牲口福祉有著密切關係。」

另一個更嚴重的威脅是，史密斯透露，影碟和有線頻道所播放的最受歡迎的梵語史詩，他認為已開始「對印度神話逐漸產生標準化的影響，這必會弱化當地史詩，比方帕布的故事」。毋庸置疑，電視和電影是強有力的競爭對手：一九九〇年代初期，印度國家電視台轉播連續劇集《摩訶婆羅多》，收視率從未低於百分之七十五，據說一度還曾高達百分之九十五。估計觀眾總數約為六億。人人放下手邊的活兒，哪兒有電視機，便守在前面觀看。

南亞各地的村子，數百人圍著一台電視，觀看神鬼演出他們的命運。在最吵鬧最喧囂的城市裡，火車、公共汽車和汽車突然間停止不動，市集一時間出奇安靜。拉賈斯坦的觀眾，在電視機前面點燈焚香，就像他們對待博帕的跋台那樣。跋台隨身寺廟，改由電視臨時祭壇所取代。

有些博帕緊守傳統，史密斯寫道，卻是以非純正形式演出，例如在拉賈斯坦各大豪華飯店唱幾段史詩供遊客觀賞，或在德里和孟買的餐館提供「異國情調」的娛樂。無論哪一種方式，史密斯結論道：「史詩表演的傳統，正在迅速消失……於是，一九七〇年代依然興旺的傳統幾乎已不復存在——儘管當時推廣的態度似乎屬於更早的年代。」

當初我讀到這段話時，狀況聽來堪憂。然而此刻，坐在擠滿帕布忠誠信徒的帳篷中，史密斯的預測似乎太過極端而絕望。中間休息時，默罕停下來喝杯茶，由馬哈維繼續彈奏印度電影歌曲娛樂觀眾；我問默罕，他該怎麼做才能與寶萊塢和電視相抗衡，以及他擔不擔心未來。史詩是否只能成為電視節目和圖書館借來的碟片？博帕該做什麼，才能避免流失觀眾？

默罕聳聳肩說：「這類愚昧的現象確實越來越嚴重，」他說：「在帕布沙這兒還好。但在其他城鎮，年輕一代對帕布一無所知。他們不明白其中的含意。他們只為了聽音樂看舞蹈。他們不了解該如何正確回應，而且老是點毫不相干的歌，和戲台不相干的電影新歌。老一代人只想聽單純的《帕布史詩》——別無其他。

「我一直在提升自己的唱功，」他又說：「對於年輕一代，在他們想睡覺時，我會嘗試穿插笑話。不是講寶萊塢式或粗俗的笑話，只是在場景間吸引他們注意。要大家連續聽八個小時，不是簡單事——不過在這幾個村子，因為沒有什麼事讓人分心，我表演時很少有人離席。」

我問：「戲台能不能繼續存在？」

「當然能，」他毅然說道：「而且非存在不可。儘管時代變了，它仍支撐著我們的生活、信仰和法。」

我認為，這正是關鍵所在，說明拉賈斯坦的史詩，為何能以西方的《伊里亞德》和其他史詩達不到的方式存活於世。這些史詩成為宗教儀式，博帕則是傳送神旨的媒介，穿透神界與人世間的牆，而在印度，這是一道極具滲透力的牆。

況且，這些相關神祇不是遙遠玄奧的東西，而是被奉為神的當地英雄，放牧人能夠認同他們，而他們也能了解村民的需要。帕布沙的村民自然不忘祭祀濕婆和毗濕奴這些偉大的「國神」，他們明白這些大神掌控宇宙的運作，但是對於日常需求，他們則祈求神化的當地英雄，以及印度各村莊供奉膜拜的不計其數大大小小的神明，這些距離生活更近、更和藹可親的人物，明白大神不明白的事情，比方村裡的牛羊需要什麼、是不是口渴。他們認為這些當地神明，保護支配了村民的日常生活。

「這村子的每個人都還是像從前一樣喜愛史詩，」默罕說：「和我小時候看我父親演出時大家的反應差不了多少。一些舊習俗確實已經消失，比方說：我小時候，水牛如果生小牛，最初分泌的奶和最先製成的酸乳酪總是獻給帕布；不過這些日子以來，似乎沒有人在乎了。

「除此之外，大家普遍感覺到，帕布本人比從前距離更遠了。我像昂卡那麼大的時候，村裡每個人都聽見帕布半夜騎馬經過村子的聲音，他繞過房屋和寺廟，保護我們，防止妖魔和傳染病入侵。可我已經好些年沒聽見馬蹄聲了。我不知道怎麼回事。或許我們的信仰比不過從前，或許我們對他不夠虔誠。」

「不過，你想問的是跋台哩，」他又說：「是的，跋台至少在這裡留存下來了。大家都曉得。」

我問他何以如此認為。

「你瞧，」默罕說：「這村子由帕布一手建立，因此我們每個人都是忠誠的信徒。我們並沒有忽視其他的神，祂們各司其職，各有各的厲害之處。但是在這兒，我們如果遇到難題，當然先向帕布求助。」

「尤其涉及牲口問題的時候，」夏瑪先生說道：「這是帕布的強項。」

「大神當然也在這兒，」金匠接著說道：「只是帕布就在我們身邊，急需幫助的時候，向帕布求助比較合理。」

「帕布是拉賈普特人，」一個纏頭巾的男人說道，他也在一旁聆聽。「祭拜帕布的村民習慣有他作伴。他和我們一樣，吃肉喝酒。」

「他了解我們，也了解我們的農田和牲口。」

「帕布是我們自己人，」默罕說：「就和我們一樣。」

「倒不是別的神遠在天邊，」夏瑪先生說：「神就是神。你拜哪個神，祂就在你左右。」

「不過，就像去找村長陳情，」默罕說：「而不找總理幫忙一樣。我們當然和村長近一些。」

我心想，印度的穆斯林史詩名作《哈姆札傳》之所以不復存在，是否由於缺少這類虔誠的追隨者；該史詩最後的錄影演出，是在德里的迦密清真寺台階上，時為一九二八年。哈姆札史詩向來被認為是娛樂之用，因此隨潮流變遷而消失無蹤。然而，博帕及其宗教儀式所談論的需求與飢渴，由於一如從前，因此留存下來。

「斯拉萬將來會不會繼承傳統？」我問默罕。

「當然，」他說：「整部史詩，他都很熟。只是還缺乏自信，和一個聲音甜美的老婆。不過，他喜歡帕布，他知道可以過好生活。神熟睡的時候，」——雨季期間——「我待在家看羊。其他時候，我帶著跋台，去我想去的地方表演。一個好的博帕，還是有很多事情得做——這兒每個階級的人一有什麼需要，還是會請我去唱誦跋台。」

馬哈維和斯拉萬招手要默罕回跋台前繼續演出。默罕笑了笑，豎起一根手指，表示再一分鐘就過去。「我自己這輩子，心都放在跋台和故事裡，」他說：「我對耕田或其他工作其實沒什麼興趣。帕布了解這點，因此給我們保護。我們誰也沒生過嚴重的病。」

「我每天早上起床覺得餓，」他拿起拉樊哈塔琴，說道：「幸虧有祂幫忙，我們一家人都不曾空著肚子上床。不是每個村裡的人都能夠這麼說，甚至婆羅門和拉賈普特人也不能。」

「這都得歸功於帕布，」默罕．博帕走回跋台前，以大拇指撥弄第一個音符，說道：「他關照我們每個人。」

## 後記

我去帕布沙之後約莫過了一個月，默罕和芭塔西來到齋浦爾，和我同去另一場文學節演出。默罕儘管年事已高，卻一如以往，精力旺盛，戲謔調皮，跳起舞來風情萬種，像個十八歲的青少年。兩個星期後，我在德里聽見他過世的消息。

默罕參加文學節演出之後，告訴我們共同的朋友說他胃痛，被送往齋浦爾的邦立醫院。不出一個禮拜，查出他罹患末期白血病，但由於官僚機構的繁文縟節，默罕先進了雪哈瓦第的一家小醫院，隨後送往比卡內。每一家醫院都因為行政或財務方面的原因，拒絕醫治他，只好再轉進另一家醫院。諸如此類的事情，在印度的窮人和弱勢者身上經常發生。他在比卡內過世時，仍然找不到醫院，首次確診後過了十天仍未得到任何治療，甚至一顆止痛藥。

他的遺體運回故鄉帕布沙，以帕布聖林撿來的木頭火化。

芭塔西守寡後繼續唱誦跋台，並開始和因老婆音盲而不再演出的大兒子馬哈維合作演出。母子兩人，目前共同唱誦帕布跋台，使家族傳統流傳下去，直到斯拉萬找到合適的妻子，教她唱誦跋台，或是等默罕的孫子昂卡年紀夠大，好給新的一代講述帕布的故事。

跳達瑪舞的時候，
感覺拉爾·夏巴茲·海蘭達爾就在我身邊。
一旦找到夏巴茲的愛和庇護，就想要再三體驗；
永遠不想再去其他地方。

# 第五章　紅衣仙子

巴基斯坦信德省（Sindh）鄉下，只見灰撲撲的泥磚房舍、白圓頂藍磚牆的蘇菲[1]聖祠，以及乾旱的沙漠灌木地，熱帶氾濫平原突現其中，豐饒肥美，似是仙境。這些細長的肥沃綠地——棉花田、水稻田、甘蔗園，以及一望無際的方格形芒果園，迂迴於印度河兩岸，混濁淤塞的咖啡牛奶色河道，蜿蜒流過巴基斯坦南部，通向阿拉伯海岸。

此地風光結合乾燥沙地和帶狀沃土，相較於北部灌溉良好的旁遮普省（Punjab），許多方面同埃及北部更為相似；也比這兩者更窮——事實上，是南亞最落後的地區之一。在這兒，持槍地主、私人軍隊和封建獄制，仍然統馭大片土地；抵債勞動——幹農奴償還債務，使數萬人被綁在工作地。在某些地區四處走動，還是非法危險的事情，夜間尤然。

首次聽說攔路土匪一事，是在我打算黃昏過後離開蘇庫爾（Sukkur）的時候。我問裹著厚披肩擠在茶攤喝茶的人，沿主要幹道三小時車程的蘇菲聖地塞萬（Sehwan）該怎麼走，他們於是告誡我說，我應當等天亮之後再繼續我的行程。在過去兩星期，已發生了十或十五起夜間攔路搶劫。

由荒漠和石山組成的豪獷景觀，使信德省難於治理，此地向來受強盜歹徒青睞，卻也為遭趕出正統區域的非正統教派，提供了避難之所。如此的背景，再加上聯繫印度教和中東伊斯蘭教的地理位置，使信德省成為印度教和伊斯蘭教的交匯中心，各種各樣半印度教、半伊斯蘭教的詭奇教派，都在這片荒漠茁壯成長。

這些融合，大都發生在當地的蘇菲聖祠，而這些聖祠，至今仍是每座村子的主要祈禱中心。蓋因蘇菲派的聖人和異象、療癒和異能，以及強調個人對神的直接體驗，往往與印度教神祕學的某些流派有明顯的相似之處。

蘇菲派聖人認為，所有的宗教同為一體，不過是同一真神的不同表現。重要的不是寺觀的空洞儀式，而是了解神性可經由人心而取得——天堂自在人心，只要知道上哪兒找。

蘇菲派相信，尋求內在之神並追求「法那」（fana）境界，亦即與絕對真理合而為一，能使追尋者擺脫狹隘的正統束縛，使信徒不再死守法規，而去關注神祕教義的本質。蘇菲教派於是以其平易近人的大眾化運動，在顯然彼此分歧的印度教和伊斯蘭教之間，首次架起橋樑。蘇菲詩歌的教導，亦在村民的宗教信仰和神祕主義者的高深哲理之間，提供了聯繫的渠道；因為蘇菲教派的書寫文字，向來不是穆斯林移民的土耳其或波斯官話，而是普通人民使用的信德、旁遮普或印度語等方言，借重土路和流水、荒漠和旱棘以及天降甘霖等簡單的農村符號。

---

1　蘇菲（Sufi），伊斯蘭教的神祕宗派，主張虔修默禱、簡樸、禁欲以淨化身心。

如果說，蘇菲派信徒把許多印度教信徒帶進伊斯蘭教會，那麼他們同時也讓印度的穆斯林對印度教有了充分認識。許多蘇菲派信徒認為印度教經文是神聖啟示，並取用印度教沙陀[2]的瑜伽修行：大熱天在烈火前打坐，或身體倒吊誦讀禱文；後者至今仍是南亞蘇菲派信徒持續從事的修行活動，有時倒吊在火車的拉桿或行李架上。

此一宗派歧義，在信德省的蘇菲神祕主義著作當中尤為顯著，以信德語寫作的偉大詩文中更不少見，特別是十八世紀最偉大的詩人，比沙（Bhit Shah）的蘇菲派大師沙·阿布杜·拉迪夫（Shah Abdul Latif）的作品。拉迪夫出身於相當正統的穆斯林家庭，年輕時代談過一場失敗戀情後，便遊走於信德省和拉賈斯坦邦，陪同一群印度教沙陀和納特（Nath）瑜伽士，後者是遍身塗灰的濕婆派神祕主義者，他們在十二世紀發明哈達瑜伽，聲稱身體鍛鍊和呼吸技巧使他們具有特異功能——能夠飛行、預見未來、聽得遠看得遠，最後功力深厚時，信徒還能獲得永生，成為「大成就者」（mahasiddha），其力量甚至超越印度諸神。同這些苦行僧雲遊四方，徹底改變了沙·阿布杜·拉迪夫的宗教觀。

他在偉大詩集《啟示》（Risalo）最著名的章節〈拉姆卡里歌〉（Sur Ramkali）當中，回憶自己同這些瑜伽士遊走荒漠達三年之久，造訪印度教和伊斯蘭教朝聖地。拉迪夫認為，這兩個不同的信仰並無差別；在他看來，兩者之間的分界在於一是頑固不化的正統保守派，一是雲遊四方、思想自由的神祕主義者。拉迪夫希望能再次同這些人為伍：

瑜伽士何其多，而我獨愛流浪沙陀。
遍身塗灰，吃得不多，
化緣缽中粒米不存。

行囊無食物，僅裝有飢餓，
他們無意進食，
口渴時倒水喝。

這些苦行僧已戰勝欲念。
在荒野中，他們找到
追求許久的目標。

2 沙陀（sadhu），印度教聖人，尤指離群索居的苦行僧。

真理路上，
他們發現真理自在己心。

他們聽見召喚，
在伊斯蘭誕生前，
斷絕一切聯繫，
與上師喬羅迦陀[3]合而為一。

如今，我坐在路邊尋找他們。
憶起這些桑雅士[4]，不禁淚水盈眶。
他們如此親切待我。
他們散放光芒。
瑜伽士何其多，可我獨愛流浪沙陀，
拉迪夫如是說。

幾年前拍攝關於蘇菲音樂的紀錄片時，我在一年一度的烏斯節（'Urs）期間前去參觀沙．阿布杜．拉迪夫的陵墓。聖人的冥誕節慶活動通宵狂歡，幾乎集結了伊斯蘭清教徒最不認可的一切事情：家家戶戶演奏喧鬧的蘇菲音樂、唱誦愛情詩歌，男男女女一起跳舞，抽大麻煙，大批人潮膜拜死者的墳墓，人人透過聖人請願，而不在清真寺內直接祈求真主。

然而，參加烏斯慶典的信德人並不認為自己是異端份子，猶如瓦哈比教派嚴厲的穆拉[5]抨擊蘇菲聖人提倡的民間伊斯蘭（popular Islam）是為「異端邪說」（shirtk）。「那些穆拉才是偽君子，」我在聖祠和一位老菲可[6]聊天時，他說：「他們心中沒有愛，扭曲了先知的教義內涵。他們只關心自己。他們應該終身監禁。」

我在比沙和朝聖者聊天時，才聽說有個信德聖墓，或稱「達迦」（dargah），其信仰之融合，比起拉迪夫聖墓有過之而無不及。蘇菲聖人拉爾．夏巴茲．海蘭達爾[7]，即

---

3 喬羅迦陀（Gorakhnath），十一、十二世紀的印度瑜伽士。
4 桑雅士（sanyasi），印度追隨上師潛心修行的修行人、棄俗者。
5 穆拉（mullah），伊斯蘭教神學導師、教義學家。
6 菲可（fakir），原意為「貧窮」，伊斯蘭教的苦行僧，以托缽行乞為生。
7 拉爾．夏巴茲．海蘭達爾（Lal Shahbaz Qalander），一一七七～一二七四，阿富汗的蘇菲聖人、哲人、詩人與海蘭達爾。海蘭達爾（Qalander）為蘇菲派苦修者的稱謂。

「皇家紅鷹」，其聖廟位於塞萬，由比沙北上橫越沙漠，僅需兩小時車程。塞萬曾是祭祀印度教天神濕婆的主要信仰中心；事實上，此鎮原名即為濕婆城（Sivistan）。印巴分治期間，巴基斯坦的印度教徒被迫遷往印度，時過六十年，此地的世襲守墓人（sajjada nasheen）仍是印度教徒，他也在一年一度的烏斯節慶上表演開幕儀式。信奉印度教的聖人、信徒和官員，仍然負責照料聖墓、添燈油、給朝聖信眾水喝。我聽說，聖墓內長期受人敬拜的濕婆靈甘[8]，直到一九七〇年代，才挪到上鎖的隔壁房間。

在比沙諷刺穆拉偽善的老菲可堅稱，我若去塞萬，萬萬不可錯過兩件事。首先是每晚日落時分舉行的「達瑪」（dhammal），即紀念聖人的宗教舞蹈。其二則是定居聖廟的一位著名女菲可，據說是聖人最熱忱的信徒。她的名字，他說，叫拉爾·珮里·瑪斯塔尼（Lal Peri Mastani），意為「狂喜的紅衣仙子」。我探問，如何在群眾當中找到她。

「放心，」菲可答道：「誰都認識紅衣仙子。反正你絕對認得出她。」

「怎麼認？」

「她穿了一身鮮紅，很胖，還拿著一支大木棒。」

*

我到塞萬時，夕陽正照在印度河上，喚拜聲傳遍集市。達瑪舞即將開始，我於是跑過擠滿信徒的巷弄，趕在紀念聖人的舞蹈開跳前，進聖墓觀賞。

寬敞的連拱中庭人群爆滿，從正中央整齊地分隔開來，女在右，男在左。中庭盡頭，位於墓室和一長列銅鼓與綑皮大駝鼓之間的一大塊區域，被繩子圍起來，旋轉舞僧正在這兒準備開跳。

群眾當中有各種年齡、各種外表的男人：或著黑袍或裹紅巾，或紮髮辮或剃光頭，掛一身神符，或綁鍊子或戴金屬頸環，指上戴滿貓眼石指環。數名舞僧正彎下腰，把一串串舞鈴綁在腳踝上。其中幾人似乎正在練習舞步，換腳跳躍，就像芭蕾舞者等候開場。一名老人慢悠悠練著，同時溫柔地把孫女扛上肩頭。

隨後，雷般砰的一響，達瑪舞開跳了：剛開始節奏緩慢的鼓聲急速加快，一排排紮髮辮的舞僧隨著身體感受的節拍衝擊，舞了起來。老年人開始隨樂聲搖擺，兩臂伸開或雙手合攏作哀求狀，喃喃誦唸祈禱文。舞僧舉目望天，露出天使般的微笑，開始在原地半跳、半舞、半跑。

節奏和音量節節升高，直到密集的鼓聲衝擊著中庭每個人的身體。舞蹈從靜心虔誠

---

8　靈甘（lingam），男性生殖器象徵，由於濕婆具有「毀滅」和「再生」的能力，因此代表男性生殖能力的靈甘象徵超自然創造力。

的搖擺，逐漸變得如痴如狂、欣喜異常。進入高潮時，一些人喊出讚美聖人的口號——「隨著每一次呼吸，海蘭達爾越飛越高！」或者「生命紅寶石萬歲！」幾個人高唱什葉派誦文，讚美阿里[9]：「呀，阿里！呀，海德里！」或是「阿里安拉！阿里安拉！」一名男子以跪拜之姿撲倒在地，而後在跳來晃去的舞僧之間，全身趴在地上。炎熱的空氣散發汗味，玫瑰花瓣的濃烈香味攙和著薰香和大麻香。

許多學者相信，正如同塞萬的蘇菲苦行僧效法濕婆派沙陀的髮辮、紅袍和身體塗灰，「達瑪」亦是來自濕婆神的達瑪茹鼓（damaru），化身「舞王」（Nataraja）的濕婆以舞蹈毀滅世界，而後又以鼓聲喚回世界。據西元六世紀遊學印度的玄奘說，塞萬是帕庶帕塔（Pashupatas）濕婆派的朝拜中心，此教派效仿濕婆的舞蹈作為其儀式的一部分，以這樣一種巫舞，與神融合為一。顯然地，塞萬似乎用一種稍稍伊斯蘭化的蘇菲形式，保留了古老的帕庶帕塔濕婆派舞蹈。

男人跳舞時，中庭右手邊的女人則以另一種方式隨音樂起舞。幾個女人跳得與男人有些類似：一個美麗的老婦人左跳右跳，手杖舉在空中。不過，大多數則三五成群聚在一起，每一群都圍著一個出神狀態的女人。著魔的女人盤腿而坐，上半身卻搖來晃去，眼珠子骨碌碌翻轉，腦袋隨著鼓聲節奏甩來甩去，長髮展成扇形，周圍的母親和姐妹扶著她們。其中幾個在家人扶著的時候站起身，像陀螺一樣旋轉起來。

「一聽見鼓聲，她們就非跳舞不可，」我旁邊的老頭子說：「就算你用鐵鍊捆住她們，她們還是非跳不可。」

「這十天當中，」另一個老頭說：「這些女人不管祈求治療什麼，都能實現。夏巴茲不能拒絕信徒的要求。」

老頭解釋說，這些女人因為鬼上身，由家人帶來讓聖人驅邪。一個未蒙頭巾的十幾歲女孩，坐著顫抖啜泣，她母親一隻手輕摟著她的肩膀，另一隻手扶持她的後腰。另一個年長的婦人，大概是姑媽或祖母，則不斷平心靜氣地向她認為纏住女孩的邪魔質問：「你幹麼不走？」她說：「我們在拉爾．夏巴茲．海蘭達爾的神殿內。你還是走得好。走吧！現在就走！」

令人出神狂喜的達瑪舞堪稱是一道安全閥，提供一個發洩緊張情緒的出口，否則，在這極其保守的社會沒有其他的表達方式。「達瑪」以治癒能力著稱，而在信德省，一如信奉蘇菲派伊斯蘭教的其他地方，人們普遍相信，身體疾病實則根源於心靈傷痛，可藉由蘇菲鼓樂予以治療。只要讓女人陷入出神狀態，即可化解她們的愁苦，終得治癒。

---

9 阿里（Ali），西元六〇〇～六六一年，伊斯蘭教先知穆罕默德的女婿，第四代哈里發，什葉派人擁護阿里為先知繼承人。

我在觀看這些邪魔纏身的女人時，一眼便看見拉爾・珮里。正如我在比哈的朋友所說，你絕對認得出她來。中庭一角，在銅鼓和聖墓之間，一個壯碩、黑皮膚、穿紅衣的五六十歲女人，右手高舉一根粗大的木棒，一邊跳著舞。她的胳膊戴滿銀手環，頭上包著紅頭巾。脖子上的項圈掛著夏巴茲的圖像。她猛烈狂熱地舞蹈，縱身而跳，看來比較像男性旋轉舞僧，不像端坐在周圍那些鬼靈上身的女人。

近半個鐘頭後，鼓聲終於發展到最高潮，拉爾・珮里做了個單腳旋轉的動作，然後在轟隆的節奏乍然結束時，癱軟在地。她倒在大理石地板上喘個不停，露出心花怒放、筋疲力竭的微笑。「跳達瑪舞的時候，」她聲音低啞地說道：「感覺拉爾・夏巴茲・海蘭達爾就在我身邊——還有阿里和哈桑[10]。我為這個時刻而活。」

我向她自我介紹，說比沙的菲可提到她。

「這些聖墓是我的家，」她簡單地回答：「菲可都是我的家人。」

「你待在這裡多少年了？」我問道。

「數不清多少年，」拉爾・珮里答道：「二十多年吧。人們來來去去，許多人在這裡找到他們追尋的東西，從此待了下來。這是我的體驗。是『愛』（'ishq），讓我們留下來。」

「你的意思是？」

「你一旦找到拉爾・夏巴茲・海蘭達爾的愛和庇護，就想要再三體驗。你永遠不想再去其他地方。」

我便問，夏巴茲用什麼方式表達愛。

「他保護我，我缺少什麼就給我什麼，」她聳聳肩說：「每次我餓了，都有人來填飽我的肚子。在他的住所，一切都能實現。」

拉爾・珮里的厚嘴唇和黑皮膚，使她在膚色較白的信德人當中顯得與眾不同，我便問她是不是「西迪」（siddi）——她是不是有非洲血統，像那些在莫克蘭海岸（Makran coast）捕魚的漁民？

「沒有，」她笑了笑，露出染檳榔漬的牙齒說：「我是比哈人。」

「印度比哈邦？」

「是啊，一個叫松浦（Sonepur）的村子。離孟加拉邊境不太遠。」

「最後怎麼跑來信德？」我問。

「我童年的大部分時間都在戰爭中度過，」她聳聳肩答道：「每一次打仗，我們就必

10 哈桑（Hassan），指的是Hasan al-Basri，六四二～七二八，穆斯林苦行僧，早期伊斯蘭教的主要人物，啟發了最終演變為蘇菲教派的運動。

須離開，搬到其他地方。起先是印度教徒殺害比哈邦境內的穆斯林，他們砍人殺人——在清真寺也一樣。隨後是孟加拉人在今天的孟加拉境內殺害比哈人。」她往地上啐了一口：「我看到的事，死都忘不了。」

她沉默半晌。「我有時候夢見在比哈度過的童年，想回去看看，」她終於開口：「我住的村子就像花園，綠地很多，土壤很肥沃——和這邊的沙漠很不一樣，」她頓了一下，嚼了嚼嘴裡的檳榔：「不過，我會再回到拉爾．夏巴茲．海蘭達爾身邊——除我母親之外，只有他始終保護我，毫無條件地愛我。我怎麼離得開他？但我還是想再回一趟家鄉。」

「獨自在這裡生活，辛不辛苦？」我問：「除了夏巴茲，沒有任何人保護你。」

拉爾．珮里想了想才回答：「我老是講太多話，有時候給我招來麻煩。可我說的都是實話，如果有人侮辱我，我有木棒對付。」她笑著把木棒敲在左掌心上：「更何況我還有他，夏巴茲。我不敢肯定世界能帶給你幸福，但我肯定夏巴茲辦得到。神賜給人生很多東西——快樂、痛苦和悲傷；夏巴茲卻保證一切都有好結果，神決定任何事情，我們都能夠應付。每當孤獨或恐懼，我就向他祈禱，然後覺得自己受到他的照顧。」

拉爾．珮里這種極其古怪的苦行者，正是傳統上受東正教徒和蘇菲信徒歌頌的「聖愚」典範。她是個不識字、純樸、信賴他人的女人，處處看見神蹟。還看得出她飽受人間辛酸，這使得她情感坦率。她可說是三重難民：首先，一九六〇年代後期，在印度教徒和穆斯林發生的暴力衝突中，因身為印度境內的穆斯林，而被趕往東巴基斯坦；之後，一九七一年孟加拉建國時，因身為比哈人，被逐出東巴基斯坦；最後，身為一個獨身女子，寄身於信德聖祠的同時，還得在巴基斯坦的男權社會和日漸嚴厲的宗教政策下，努力去過蘇菲教徒的生活。我越是細聽她的故事，就越覺得她的生活具體而微地概括了印度教和南亞伊斯蘭教各派別之間的複雜關係，一邊是仇恨和暴力，一邊則是愛與信仰融合。

有過這樣的經歷，不難看出她何以特別選擇寄身於這一聖祠。我在塞萬探索愈久，便愈加明白，這地方比起其他蘇菲聖祠更能讓人看見：宗教終能使大家團結起來，而不是造成分裂。此地的蘇菲教派不單是超凡的神祕主義，顯然還是化解南亞宗教創傷的一股力量。這一聖祠給往往受到傷害而亟需照顧的信徒，提供了一個避難所，躲避外頭世界的分裂與暴行。

拉爾・珮里似乎明白這個事實，指著聖祠裡的許多印度教徒給我看：在門口分發一杯杯免費泉水給朝聖信徒的男子；一個負責清理墓室的印度教守墓人；還有許許多多印度教信徒和苦行僧，從偏遠的荒漠來到此地，祈求夏巴茲保佑。據說印度教徒認為，拉爾・夏巴茲・海蘭達爾的前世，是梵語情詩詩人而後成為濕婆派苦行僧的婆利睹梨訶利[11]，他於西元四世紀捨棄聖城烏賈因（Ujjain）的宮廷之樂，移居塞萬，成為塗灰的沙陀，後於現為聖祠的地點火化。印度教徒所知的夏巴茲，另有第三個名字：朱拉爾（Jhule Lal），原是印度教的水神和印度河神。這一名字和與之相隨的神話故事，傳給了穆斯林信徒，有些信徒仍然相信，信德省第一大河的漲落、盛怒的風雨、平靜的水流，全由夏巴茲所掌控。在拉爾・珮里的引見下，我問一群印度教徒，在穆斯林聖祠是否受人歡迎。

「當然啦，」領頭的說：「我們在蘇菲聖墓沒遇過任何麻煩。所有的神都一樣。」

「神只有一個，」他的妻子穿著緊身上衣、及地長裙，戴著拉巴里駱駝牧民的尖頂頭紗，表示同意：「我們和我們的穆斯林弟兄和睦相處，我們信這位『辟爾』[12]。」

「穆斯林不介意你們來這裡？」

「怎麼會介意？」這對夫妻被我問得莫名其妙，於是說道。

我問男人為何從內陸的炎熱沙漠遠道而來，他於是告訴我以下的故事。

「我們的孩子小時候生重病，」男人說：「什麼藥都治不好。能試的我們都試了，可我們的兒子只是越來越虛弱。鄰居告訴我們應該來這裡試試。我們實在走投無路，於是搭上公車，帶我們孩子來這座聖祠，其中一位辟爾治好了他。醫生治了一年卻治不好的病，他一分鐘就治好了。」

「本來重病的孩子，就這樣沒病了，」他的妻子說：「我們就這樣成了信徒。每年都回聖祠感謝朱拉爾神。」

「我早已告訴你啦，他在這兒，」拉爾．珮里斬釘截鐵地說：「大家在人群中看到他。他照顧每一個信徒。沒有人空手回去。」

*

我同意第二天早上，和拉爾．珮里在城外不遠處，拉爾巴（Lal Bagh）神聖花園的棗椰樹間會面。

我們的共同朋友安排我留宿於一個守墓人的家中。那天清晨，我爬上他家屋頂，就位於城內集市的中心，手裡端著一杯熱茶，聖祠、城鎮和城周花園的寬闊全景盡收眼底。經過前一晚的狂歡，這城鎮慢慢甦醒，我從屋頂聽得見南亞集市特有的晨音：簌簌作響的掃地聲、清嗓子的聲音、狗的吠叫聲。

---

11 婆利睹梨訶利（Bhartrihari），古印度的語法學家、詩人及印度教哲學家。

12 辟爾（pir），意為「長老」，對蘇菲的性靈導師、精神導師之稱謂，專門指導並引領初學者探索靈性世界的奧祕。

集市的房子全是暗褐色的泥磚建成，有些房屋的內院設有小小的白塗禮拜區，三拱禮拜壁龕高起，成為白色的小宣禮塔，塔頂綠旗飄揚。一排排香客紀念品店紛紛開門營業，店主人擺出堅果和鷹嘴豆，糖球聖食和玫瑰花瓣，聖像和烏斯節慶的卡瓦力（qawwali）頌歌錄音帶。從家家戶戶的屋頂之上，可見聖祠的金色大圓頂獨踞一方，鴿子繞著圓頂飛翔，聖祠兩側配有金色宣禮塔。

集市的一旁，印度河的弧狀彎曲處旁邊，聳立著古堡的泥磚古牆，西元前四世紀的亞歷山大大帝乘船順流而下時，肯定也看過它。明晰的晨光中，一排排外皮光滑的水牛在塵土中行進，朝印度河的淺灘走去。

在更為乾旱的城鎮另一頭，背河面向沙漠處，是圍有古牆的墳墓和墓園，泥磚上留有風蝕字跡，磚瓦搖搖欲墜。周圍零星分布著頂上插有旗子的小丘，是夏巴茲及其追隨者曾經持戒苦修之處。稍遠處即是扇形分布的棗椰樹叢，拉爾巴花園坐落在圍牆內，夏巴茲曾居住在園內的一棵空心樹幹內。

夏巴茲據說就在這兒，成就偉大的自懲壯舉，過著自我約束的生活，實踐印度教徒的苦行，坐在大鍋裡烘烤，燒紅自己的皮膚。據他的信徒說，聖人並且在這兒變成一隻獵鷹——聖人得名「皇家紅鷹」的另一個傳說。有一回，他飛去麥加，到卡巴天房晚禱。再有一回，他飛去拯救即將遭木爾坦國王（King of Multan）置之死地的長老朋友札卡利亞（Sheikh Baha ud-Din Zakariya）。拉爾巴同時還是他另一項著名神蹟的發生地：創造甘甜的水泉，灌溉神聖花園。

拉爾・夏巴茲・海蘭達爾原出生於伊朗西北部大不里士（Tabriz）附近，他徒步前往信德之時，與馬可波羅從威尼斯出發前往中國同為十三世紀末。生前人稱瑪萬迪長老（Sheikh Usman Marwandi）的這位聖人，很可能在蒙兀兒大軍入侵威脅下，加入從阿富汗逃往土耳其的流亡人潮，其中也包括最偉大的蘇菲詩人魯米（Jalal ad-Din Rumi）；蒙兀兒王朝隨後搗毀了魯米的家園巴喀（Balkh），以及夏巴茲的家鄉大不里士。

然而，就生活方式而言，拉爾・夏巴茲・海蘭達爾較魯米更為極端。魯米儘管是思想自由的神學家，實則為孔亞（Konya）顯赫的清真寺主教，是當地受人尊敬的聖人。相形之下，夏巴茲則為海蘭達爾，或稱「聖愚」，是為「神的狂友」，陶醉在神的愛中，其遵循的修行之道，涉及對物質世界、傳統約束以及伊斯蘭教法的排拒，轉而尋求屈辱和社會的責難，以表自身之聖德。在這般的追求過程中，據說夏巴茲由拉爾巴遷往塞萬的妓院區。當地的伊斯蘭神學家自然對此大感震驚，夏巴茲卻改造了娼妓，沒多久，她們即成為他的忠實信徒。他還鼓勵信徒以舞蹈的方式，走上神的道路——他所作的一首波斯詩，描述了狂喜的海蘭達爾們，在大火中、在生命垂危時舞蹈。

塞萬的聖祠延續了這些傳統，許多海蘭達爾僧人依然謹守激進的心靈道路和生活方式，完全拒斥傳統，一如印度教沙陀和密教徒。他們往往是「非遵法派」（bi-shar）的怪誕人物，選擇過雲遊四方、不拘禮節的生活，在流浪途中、在蘇菲聖祠裡尋求神，經由自我懲罰和潔身禁欲的手段，借助音樂、舞蹈和迷幻劑，引發宗教狂喜的狀態。

對於這些住在拉爾巴及其周邊的海蘭達爾舞僧來說，拉爾．珮里無異是塞萬的無冕女王，在這一男權社會中，身為獨居女子的她，比其他人更稱得上是反抗傳統的完美典範。

第二天早上，我看見她坐在夏巴茲曾經住過的空心樹幹旁的禮拜毯上，捻著金剛菩提子和瑪瑙貝念珠。她喚來一名年輕的旋轉舞僧，介紹他是她的門生，讓他給我們上茶，我們於是在她攤開的草蓆上坐了下來，在掛著聖人畫像的茅草屋頂下乘涼。我們喝茶時，她開始告訴我，一個來自印度東部比哈邦的女孩，為什麼在巴基斯坦西部信德省的蘇菲聖祠落腳。

*

「我生在比哈邦松浦村，」拉爾．珮里說：「我母親給我起名喜娜。

「我們的村子在叢林邊上，那裡的土壤非常肥沃，雖然我們很窮，可小時候從沒餓過肚子。我記得小時候從樹上摘果子吃：芒果、棗椰、芭樂長得很茂盛，還有棗子和香甜的椰子。你不用到店裡買水果，一年到頭都能摘到果子，一毛錢也不用花。我父親在我們的土地種了些水稻和蔬菜，叢林裡經常有野生羚羊和鹿——我父親如果帶著弓箭進叢林打獵，一個小時後肯定帶一頭鹿回家，那就是我們的晚餐。他很會打獵，經常分一些給其他村民，尤其是他的朋友、堂兄弟和窮人。

「還沒開始打仗之前，我的童年過得很愉快。我經常幫忙把摘下的椰子裝在大籃子裡。在我們村子，男人負責去田裡幹活，女人只幫忙收成椰子。我們古瑞希人（Qureshis）是好人家出身，女人不准到田裡幹活，通常都待在家裡。不過我們小時候經常在外面到處跑。我記得跳過繩，在竹林玩捉迷藏。我們是個大家庭——我母親的娘家也在附近，因此表兄弟姐妹經常一塊兒玩，我們彼此相親相愛。

「在我小時候，印度教徒和穆斯林就像兄弟姐妹一樣。村子裡有很多印度教徒，我們玩在一起的時候，從沒想過宗教問題。我最好的朋友是婆羅門女孩，我父親最好的朋友是印度教徒。清真寺和印度廟彼此相隔不遠，人們想求什麼，通常兩個地方都去。我們從小一起長大，我不記得有過什麼問題，直到後來情況才有改變。

「我們的房子是竹子和茅草搭蓋成的，斜坡式的屋頂。回想起來，那時候過的生活挺原始的。沒有電，沒有像樣的路。我聽說現在比哈相當發達，不僅鋪了路，還有電，可那個時候什麼也沒有。除了水之外——到處都有水。信德這兒的人只要看見清澈、甘甜的水泉，就興奮得不得了，不惜走好幾哩路去喝水；可在我的家鄉，水非常普遍，沒人當它一回事。

「我父親過世時，第一波麻煩來了。他得了肺結核，一年後病逝——我記得他越來越瘦，咳出血來。父親過世時，你才了解自己無家可歸，沒有人保護。下葬第二天，我叔叔奪去我們的土地，我的母親、我的兄弟和我，不得不去投靠我舅舅。我們都很難受，可又能如何？第二年，我母親再婚，我的繼父不喜歡我。他說我長得醜，幹麼要工作養我？他待我母親不錯，待我卻很殘忍，待我的兄弟也一樣。有兩回，他喝醉後想揍我。不過，我母親保護了我，始終讓我吃飽。她真的愛我。她偶爾仍來到我夢裡，想辦法給我幫助。

「村子裡有個小聖祠，在榕樹和水井之間，一個穿黑袍、長頭髮的菲可經常坐在那裡。他總是盤腿而坐，唱誦：『馬斯特！馬斯特！馬斯特！』[13]我於是去找他，他教我禱告，要我默想清真言[14]，誦唸：『唯有真主！唯有真主！唯有真主！』還有許多其他的東西，他說我年紀太輕，無法了解。我非常景仰這位菲可，對每位菲可也覺得越來越親切。每回看到他們，我都要去找他們說話。

「遇到菲可過後不久，在我十三歲時，一切開始出問題。首先是我最要好的印度教徒朋友服毒自盡：她愛上一個穆斯林小伙子，可她父母不讓她嫁給他。接著，印度教徒由於政治原因，開始跟我們作對。印度教徒在邊界對面的東巴基斯坦遭受凌辱的故事時有所聞，有些印度教政界人物開始說，我們必須為此付出代價，印度教徒應該展開報復，殺光比哈的穆斯林。我們對東巴基斯坦的情況根本一無所知，可他們說我們既然是穆斯林，就得承擔責任。他們常常唱一首歌：

砍死穆斯林，造一座橋，
一過魯普夏河[15]，
就在穆斯林的血河中洗澡。

「情況越來越糟。發生幾起謀殺案：印度教徒殺了一名穆斯林，隨後，穆斯林殺了一名印度教徒。我們村子的穆斯林占多數，所以我們沒那麼擔心，而且我父親的印度教

13 "Mustt! Mustt! Mustt!"，字面意思為「沉醉狂喜」，為蘇菲的卡瓦力頌歌內容。
14 清真言（kalimah），意為「美好的語言」，是伊斯蘭教的信仰基石，又稱為作證詞。清真言代表穆斯林的「認主獨一」信念，穆斯林每天都必須誦讀清真言。
15 魯普夏河（Rupsha River），流經孟加拉庫爾納一帶的河流。文中的主人翁拉爾．珮里，幼年就居住在這一帶。

徒朋友一家人當時來投靠我們，因此我們用不著生活在恐懼中。我們感覺不到真正的危險。

「直到有一天，我們村子遭到大規模攻擊。一大票印度黑幫（gundas）來到松浦，那天是週五，全部的男人都在清真寺做午間祈禱。這些黑幫手持短刀和長木條，包圍清真寺，挑釁男人走出來，大罵他們全是割了包皮的懦夫。最後，他們放火燒清真寺屋頂，我們村子的男人跑了出來，可他們手無寸鐵，而且被團團圍住，因此全被殺死。我的繼父、我的叔叔——搶我們土地的那個叔叔，還有我表哥，就這樣死了。

「湊巧我們這些小孩那天都不在清真寺——我們去外邊的竹林玩。我們看見人們奔來跑去，清真寺還冒出黑煙，於是趕緊跑進叢林。我們的母親最後發現我們躲在叢林裡。她和她哥哥在一起，也就是我舅舅，他當時在田裡幹活，逃過了一劫。他在叢林裡的香蕉園中央，挖了個小坑讓我們藏身，上面鋪了棕櫚葉。我們在坑裡躲了十五天之久，兩次趁晚上摸回家去拿食物。

「最後，我們全家決定越過邊界去東巴基斯坦，找我母親住在邊界的表兄弟避風頭，等待風暴平息。對於即將展開的旅程，我感到非常興奮，也很期待見到不曾見過面的表兄弟姐妹。經歷過躲在坑裡怕被發現的日子，動身離開實在是一種解脫。只是沒想到一去不復返。

「我們深夜離開，穿過叢林，走了好幾天，朝邊境去，把村中搶救出來的東西帶在身上。我舅舅買通一名邊防警衛，越過邊境之前的晚上待在他家。警衛一家人對我們很好，給我們吃豆飯。天快亮時，他划船帶我們過河，把我們留在對岸另一頭的河岸上，旁邊都是田野。他告訴我們往哪個方向去，要我們趕快跑。我記得竄過田野。我很害怕，因為他說我們也許會被槍打中；但是他說別哭，只管跑、跑、跑，我們就那麼做了。

「第二天晚上，我們終於來到表親的村子。那村子比我們村子大得多，我們的表親待我們很好，讓我們覺得受到歡迎。他們在花園中央給我們蓋了間屋子，還有應有盡有的水果和樹木：芒果、椰子樹、竹子、檳榔、葡萄和石榴。他們甚至送我去學校——我這輩子唯一上過的學校。我的表親在當地很有勢力，我們不擔心有人欺負我們。

「事實上，第一年我們只擔心洪水。村裡的土地很肥沃，可是每年雨季都要淹水，洪水沖潰堤岸時，我們必須在樹上臨時搭起的平台上躲避洪水。待在樹上很安全——可是洪水捲走所有的東西，包括我們的財物。我們的房子是用竹子、泥土和茅草蓋成的，擋不住洪水侵襲。一切都被洪水給毀了。我們必須重新開始，這回我們在村子周圍建了堤防。可第二年的雨季，又發生同樣的事。

「那是一九七一年的事了；的確是多災多難的一年。東、西巴基斯坦打得你死我活，比哈人幫忙西巴基斯坦對抗孟加拉。我們對這些事一無所知，暴力也沒找上我們村子。不過我們聽說附近幾個城鎮死了很多人，雙方用各種方式殺害彼此。我們還聽說比哈人遭孟加拉民兵綁架，被迫當奴工。還有人遭綁架後被砍了頭。很多人在營區避難，後來餓死。情況糟到我們不敢再吃河裡的魚，因為很多屍體在河裡腐爛。大家都很害怕，卻不知如何是好，甚至不清楚究竟出了什麼事。我大可理解印度教徒為什麼想殺穆斯林，只是穆斯林為什麼也想殺穆斯林？當時整個世界似乎都浸泡在鮮血中。

「正當情況變得不堪忍受的時候，巴基斯坦宣布，孟加拉任何想到巴基斯坦的比哈人，都能在旁遮普南部得到土地。我們對旁遮普並不了解，可我們聽說過那邊很富饒，因此很想過去，尤其孟加拉經過洪水和戰爭後，非常非常窮困。

「結果，我們家分成兩半。我母親待在孟加拉她表兄那裡，說她年紀太大，沒辦法再搬來遷去，說她決定在孟加拉碰運氣。但我弟弟和我選擇到巴基斯坦分塊地。庫爾納（Khulna）附近營地的比哈志願軍為我們安排行程。他們給我們證件，用卡車載我們先去加爾各答，然後到德里。再從那兒越過邊界進入巴基斯坦，隨後送我們去拉合爾（Lahore）附近的營地。最後，他們帶我們到木爾坦附近的一家棉花工廠。到那裡之後，我們沒得到土地，但至少有個小房間住，還有一份工作。

「這地方對我們大家都很陌生。我們不會講旁遮普話，也不懂怎麼軋棉花。我們習慣吃魚和飯，卻只拿到肉和麵餅。不過，至少我們還安全，八小時輪班工作能賺十五盧比。我趁工作之餘，去朝拜木爾坦的聖祠，同菲可們說話。這段期間，我開始考慮，哪天我或許也能成為雲遊四方的蘇菲教徒。

「我過了十年這樣的生活，甚至已經習慣工廠的活兒。我弟弟總是照應著我。可我弟弟在工廠意外事故中喪生後，他老婆編派我的不是，說我又笨又令人討厭，說我一直靠我弟弟的錢過日子，不懂得知恩圖報，說他的死都是因為我帶晦氣。她說不想再跟我一起住。他死後第四十天，一切儀式舉辦完畢後，我決定離開。發生了這些事情，話已說得那麼難聽，叫我怎麼待得下去？

「離開前一天，我去了札卡利亞長老的聖祠，懇求他的指引。那天晚上我做了個夢。我看見一個長鬍鬚老人來我睡夢中找我。他坐在一個寬大的中庭裡，說：『現在只剩你一個人。我會保護你。來我這兒吧。』我在夢裡回答：『可我不知道您是誰，也不知道您在哪裡。』他說：『只要搭上火車，就能把你帶來我這裡。別帶錢，也用不著買車票或食物。我會打理。』

「我於是按照他的話做。我甚至沒告訴我弟媳，說我打算離開。我趕上開進木爾坦車站的第一班火車，就像夢裡的老人告訴我的，查票員沒向我討車費——反而還同我分享他的食物。第二天，火車來到信德省的海得拉巴（Hyderabad），月台上有一大群信徒和菲可。有些敲著鼓，其中有個菲可大喊：『噹—噹—馬斯特—海蘭達爾！』我往窗外看了看發生什麼事，那位菲可留意到我，把一個護身符從車廂的欄杆間塞進來給我，說：『這會保護你——留著吧！』

「我低頭看，發現神符上的圖片正是我夢見的老人。我跑下了火車，追趕那位菲可，問他圖片上的老人是誰。『是拉爾．夏巴茲．海蘭達爾，』他回答：『我們正要去參加他的烏斯節慶。』我問能不能也讓我去，他答應了。我們大家一同搭上公車，到了那裡，我看見那座聖祠正是我夢見的地方。我夢中夏巴茲坐的地方，正是每天舉行達瑪舞的中庭。

「那是二十多年前的事了。從此，我再也沒離開過聖祠，除了每年去一趟比沙的拉迪夫聖祠，參加烏斯節慶。第一年，我睡在聖墓的中庭。當時我還不是菲可，也不是聖僧（malang）——只是一個普通的遊民。但是我每天跳達瑪，送水給口渴的信徒喝，把聖墓打掃乾淨。待的時間久了，認識我的人越來越多。他們接受我，使我成為聖祠的一員。我跟隨一位辟爾，學習如何過蘇菲教徒的生活，最後我搬來拉爾巴這兒，也是夏巴茲居住修行的地方。從此我一直留在這裡，現在，我已經有自己的門徒。

「這是一個非常清淨的地方，卻具有強大的力量。在別的地方，一個女人很難獨自生活，但是在這裡，我受到保護，大家也接受我——沒有人找我麻煩。聖祠的諸位辟爾提供食物給我。偶爾有其他女聖徒來這裡，待一星期或一個月，但只有我在這兒長住。

我的辟爾和其他聖僧教我學會如何過生活。我所認識的夏巴茲和拉迪夫，以及苦修方法，都是他們告訴我的。夏巴茲就像我的父親。他是我的一切。而拉迪夫就像我的伯父。我來到信德，身處異鄉，沒受過教育，拉迪夫的詩歌卻教導了我。我認為，他了解女人的痛苦。

「不過現在，我有時覺得自己有責任保護這兩位聖人，就像他們一直保護著我。今天的巴基斯坦，有許許多多穆拉、瓦哈比派和塔布里派[16]認為，到聖墓瞻仰聖人是偶像崇拜的異教行為。他們都是偽君子！他們坐在那裡讀他們的教義書，爭論鬍子該留多長，根本沒聽見先知的真正訊息。穆拉和惡魔沒兩樣。我的辟爾教我讀過拉迪夫所寫的對句詩：

穆拉啊，您何必自稱學者？
您迷失在語言裡。

16 塔布里派（Tablighis），伊斯蘭傳道會（Tablighi Jamaat）的成員，宣揚回歸原教旨主義，鼓吹穆斯林較為優越，主張種族分離主義。

您整天胡言亂語，
而且還崇拜自己。

您沒把真主放在眼裡，
反而鑽進了爛泥。

我們蘇菲教徒取神聖古蘭經之血肉，
你們這些狗東西卻彼此內鬥。

老是把對方咬得粉碎，
只為了啃到骨頭。

*

並不只有拉爾・珮里一個人擔心瓦哈比教派的發展，以及對此地蘇菲教徒造成的影響。

南亞的伊斯蘭教正在發生變化，甚至塞萬這些著名的聖祠，亦陷入五百年前北歐展開宗教改革前夕，各大教堂雕塑和聖人陵墓所面臨的命運。正如十六世紀的歐洲，改革派與清教徒日益增多，對於音樂、偶像、節慶和崇拜迷信的聖墓感到懷疑。正如宗教改革時期的歐洲，這些人僅在文本中找尋正統，他們招募的支持者，多來自對愚昧農民的迷信陋俗不屑一顧的新興城市中產階級。

上星期發生在巴基斯坦西北部開伯爾山口的爆炸事件，摧毀了十七世紀普什圖語詩人暨聖人拉曼．巴巴（Rahman Baba）的聖墓。這一事件給了我們更明確的認識。機緣湊巧，我對拉曼．巴巴聖祠十分熟悉。一九八〇年代末期，我還是年輕的記者，在白夏瓦報導蘇聯和穆斯林游擊隊之間的戰事，那時我經常在週四晚間來到這座聖祠，觀賞阿富汗難民樂師在月光下對著他們的聖人唱歌。多少世紀以來，拉曼．巴巴聖墓一直是樂手和詩人聚集的地方，而拉曼．巴巴用普什圖語寫成的蘇菲詩歌，使他一直是普什圖人的民族詩人——從很多方面來說，可說是邊界地區的沙．阿布杜．拉迪夫。我在南亞最難忘的幾個夜晚，即是在這一聖祠的花園度過，在棕櫚樹下，聆聽阿富汗蘇菲樂師的非凡歌聲。

後來，約在十年前，通往聖祠的道路盡頭，蓋起了一所沙烏地阿拉伯資助的瓦哈比宗教學校。不久，宗教學校的學生擅自做主，對聖祠內的非伊斯蘭活動加以阻止。二〇〇三年，我最後一次造訪該地，當時我和聖祠管理人諦拉．默罕默德（Tila Mohammed）

談起局勢問題。他描述年輕的伊斯蘭教徒如何經常跑來聖祠，批評這裡是愚昧、淫亂和迷信的中心。「我家世世代代都在這裡唱誦，」諦拉說：「現在這些阿拉伯宗教學校的學生卻跑來這兒找麻煩。」

「什麼樣的麻煩？」

「他們告訴我們，我們的行為不對。他們告訴女人，不要再到這裡來，要她們待在家裡。他們要歌師不准再唱。有時還會起爭執——甚至出現打鬥場面。這裡原本是讓大家怡情養性的地方。現在，大家來這裡只是遇到更多問題，所以漸漸也就不來了。」

「這情況持續了多久？」

「這種現象，在阿富汗戰爭之前完全看不到，」諦拉・默罕默德答道：「然後阿拉伯人來了，主張不准繼續膜拜聖墓，不准我們繼續宣揚愛。現在，這樣的麻煩越來越常發生。」

他探過身來，確信沒有人在聽，小聲說：「上個星期，一名來自克哈特（Kohat）著名樂師的薩茲琴才被他們砸碎。我們祈禱善良戰勝邪惡。不過我們採用的是和平主義。拉曼・巴巴說得好：

我愛人，我經營愛。撒下花的種子，

你將被花園包圍。
切勿撒下荊棘的種子；以免扎了腳。
我們是一個整體，
誰折磨其他人，就等於傷害自己。

二〇〇九年三月四日，末日來臨，就在我的塞萬之行前一個禮拜。一群巴基斯坦塔利班武裝份子，破曉之前來到聖祠，在圓頂的突角拱設置炸藥。雖說無人傷亡，卻炸毀了墓室。塔利班透過媒體指責該祠對婦女開放，准許她們在祠內祈禱和求醫。此後，又有幾個塔利班控制區的聖祠遭炸毀或關閉，其中一個位於巴基斯坦聯邦直轄部落區的哈吉·薩伊布·土朗札依（Haji Sahib Turangzai）聖祠，現已成為塔利班總部。

在暴力的背後，存在著數世紀以來分化伊斯蘭世界的教義衝突。拉曼·巴巴，就像信德的夏巴茲或安納托利亞的魯米，深信以音樂、詩歌和舞蹈的方式，能夠接近真主並開啟天堂之門。然而，將詩歌和音樂使用在儀式上，以及蘇菲教徒歡迎婦女進聖祠祈禱，在在都是令當今瓦哈比教派，以及其在南亞的教義盟友迪奧賓派[17]和塔布里派，大

17 迪奧賓派（Deobandis），源自激進的遜尼派，強調神學的純潔，視蘇菲派的影響為多神論行為。

為惱火的蘇菲修行。古蘭經雖未明言禁止音樂，伊斯蘭傳統卻總是認為音樂和舞孃、淫亂有關聯，而且深受印度教影響，長久以來即受到伊斯蘭教士反對。

在印度教、蘇菲伊斯蘭和伊斯蘭正統派由來已久的複雜三角關係中——蘇菲教徒決心吸收印度教的思想和習俗，正統派則設法根除這些危險偏差的雜質，兩者之間往往意見分歧——塞萬歷來始終扮演極其重要的角色。此地是偉大的蘇菲哲學家暨詩人米恩．米爾（Mian Mir）的家鄉，他後來成為十七世紀蒙兀兒王子達拉舒科（Dara Shukoh）的辟爾。達拉舒科相較於其他統治者，更嘗試融合南亞的兩大宗教。他師承這位塞萬出生的導師，認為伊斯蘭和印度教的神祕主義道路具有基本的統一性。達拉舒科深受米恩．米爾的影響，在述說蘇菲主義的偉大著作《真理羅盤》（*The Compass of Truth*）當中寫道：

> 你在麥加卡巴天房，
> 亦在（印度）濕婆神廟。
> 你在寺院，
> 亦在酒館。

你是燈，亦是蛾，
你是酒，亦是杯，
你是聖賢，亦是愚人，
你是朋友，亦是外人，
你是玫瑰，亦是夜鶯。

達拉舒科還將《薄伽梵歌》和《奧義書》（*Upanishads*）翻譯成波斯文，稱之為《奧祕中的奧祕》（*The Mysteries of Mysteries*），並著述印度教和伊斯蘭教的比較研究：《兩洋交匯》（*The Mingling of Two Oceans*），指出兩種信仰的共通性，及其神蹟的共源性。他在書中推測，伊斯蘭的本質與印度教並無二致，並根據「先知的指引不分國土」的古蘭經訓示，深信《吠陀經》即是古蘭經中所述的隱密經文，是為所有一神教信仰的經文之始。然而總的來說，達拉舒科受其塞萬導師影響所推得的結論，對印度的穆斯林精英來說太過激進，因此儘管蘇菲主義始終擁有大批信眾，在伊斯蘭神學者之間所造成的影響，卻也一直備受爭議和再三質疑。今日的情況，只不過是伊斯蘭世界自古以來棘手的神學衝突當中，最新一波的浪潮。

如今，在西北邊境省以激進手段成功挑戰蘇菲派傳統的宗教學校，開始在信德的農村地區擴展其網路。拉爾．珮里告訴我，一所新的迪奧賓宗教學校，當月才在塞萬集市邊上開幕，當天晚上，跟她在拉爾巴道別後，我便去找宗教學校的主持人薩里穆拉（Maulana Saleemullah）。

*

宗教學校坐落於一棟舊式宅邸，近日才剛花錢翻修，大理石光亮剔透，但屋內只裝潢了一半。二十幾個住校學童，仍然打地鋪睡蓆子，教室裡的學童盤腿吟誦古蘭經，室內僅有一張老師講桌。

薩里穆拉是個聰慧、受過良好教育的年輕人，熱情地接待我。他口齒伶俐，辯才無礙，也不掩飾自身嚴謹的宗教觀。

對薩里穆拉而言，蘇菲派和正統派之間的神學論爭，其實很簡單。「我們反對墳墓崇拜，」他說：「這一點，古蘭經講得很清楚，對方的學者只選擇忽視古蘭經的教誨。我們不准膜拜死人，向他們祈求任何東西；聖人也一樣。伊斯蘭教相信，擁有神力者，唯有真主。我歡迎來此學習的人，回歸古蘭經真道。我告訴他們，夏巴茲已經死了。不要膜拜死人。我要他們上清真寺，別去墳墓。」

「這兒的人聽不聽你的話？」我問道。

「不幸的是，這地方充滿異端邪說和墳墓崇拜，」他捻著長而蓬亂的黑鬍鬚，答道：「都要怪印度教的影響。以前，這些人在這一地區擁有很強的經濟實力，可是他們崇拜偶像，此地的穆斯林文盲於是被印度教的習俗給污染了。整個巴基斯坦都是這種狀況，信德的狀況更糟。這就像摩西和法老的例子。摩西的孩子受法老的孩子所影響，當摩西離開他們去同上帝說話時，一個法師鑄造了一隻牛犢，摩西的孩子於是開始把牛犢當作偶像來敬拜。我們的任務是，帶領偶像和墳墓崇拜者遠離『背教』（kufr），回歸伊斯蘭法的正道。」

「他們在聖祠演出的敲鼓、音樂和卡瓦力歌樂呢？」

「音樂同樣違反伊斯蘭教條，」他回答：「樂器把人引入歧途，是罪惡之源。樂器不得演奏，這些樂師都是罪人。我們希望隨著教育普及，改變他們的做法。」

「因此你認為，這些聖祠的所作所為，都無關乎伊斯蘭教？」

「蘇菲主義不是伊斯蘭，」薩里穆拉答道：「而是變魔術罷了。與真正的伊斯蘭毫無關係。蘇菲主義只是一種迷信、無知、病態、愚昧和愚蠢。這個鎮上到處是蠢人——如果少一點愚蠢的人，我們的學校早就有很多學生了。這學校能容納四百名學生，卻只有十戶人家送孩子過來。你跟聖祠的菲可談過話了吧？他們全是文盲。實際上，他們懂什麼古蘭經？然而大家還是去找他們徵求意見，好像他們是學者似的。我們要走的路還很長哩。目前，只有窮人送孩子過來，原因只是我們提供食宿。我們只要多點耐心，向此地人民說明，他們的迷信就是地獄，真正的伊斯蘭則是天堂。」

「為什麼蘇菲哲學說，天堂自在人心？」我問道。這一看似微小、實則重要的文明衝突，並非發生在東方與西方、印度教與伊斯蘭之間，而是發生在伊斯蘭內部。瓦哈比派的嚴法重規，和蘇菲派的異端習俗，兩者對於如何生、如何死、如何從事最重要、最困難、通往天堂的最後旅程，看法極不相同。

「天堂自在人心？」薩里穆拉揚起眉毛，說道：「不，不，那是感情用事的說法——做白日夢罷了。古蘭經中找得到證據嗎？古蘭經從沒提過天堂自在人身或人心。心太小了，容不下真主。天堂在外，在真主為其子民創造的天上，一個有形的場所。根據我們的信仰，天堂有許多等級，共有八級，每個信徒都有自己的住所。涼蔭中有躺椅供你躺臥，有奶河、蜜河，還有涼爽的清泉。想上天堂，你就得遵行全能真主的誡命。你死的時候，安拉在上，那兒就是旅程的終點。審判日當天，海洋和土地變成地獄，只有遵行至聖先知的法規、樂於行善的穆斯林，才能夠上天堂。」

他停了下來，又捋了捋鬍鬚。「真正的伊斯蘭是一門學科，」他說：「不僅僅是心的驅使。有一些規章制度必須遵守：如何吃、如何清洗、甚至如何剪鬍子。如果你不遵守真主吩咐的儀式和條例，什麼心啊、愛的思想啊，全都毫無用處。」

薩里穆拉組織，他說，在巴基斯坦開辦了五千所宗教學校，而在信德，未來還將開辦一千五百所。這些數字似乎只是冰山一角。根據最近研究報導指出，目前在巴基斯坦的宗教學校數目，為一九四七年的二十七倍：從獨立時的兩百四十五所，已大幅增為八千多所。巴基斯坦的宗教趨勢亦相應地極端化：折衷兼容、受蘇菲主義影響甚大的巴勒爾維（Barelvi）伊斯蘭教派，如今漸趨式微，由瓦哈比派系走強硬路線、泛政治化的迪奧賓支派取而代之，許多人視之為壓倒該國文化的一股不可遏制的力量。

「我對未來充滿希望，」薩里穆拉說：「看看比沙的例子。我們在那兒擁有一所大規模的宗教學校，另有七座清真寺由迪奧賓派控制。一開始，人民固執於異端邪說，抗拒真理。但是慢慢地，孩童回到家裡教育父母。現在我們的力量每天都在壯大。」

我起身告辭。「記著我的話，」薩里穆拉領我出門時說：「一種更極端的塔利班即將來到巴基斯坦。當然，我們面臨很多挑戰。不過，我國的情況極其惡劣。人民感到絕望。大家對舊制度、道德敗壞、貪腐現象感到厭煩了。他們要的是激進的改革——恢復哈里發[18]制度。」

18 哈里發（the Caliphate），意即「先知的代理人」，指繼承先知穆罕默德所有權力之穆斯林國家真正或名義上的統治者。

「您在這當中扮演什麼角色？」

「大多數工作，都由政府和情報機構執行。無論他們告訴美國什麼，我們知道他們其實跟我們同一伙。至於我們的角色？就是教育人民認識，唯有伊斯蘭制度能夠提供他們尋求公理。我們才能提供窮人教育。我們提供巴基斯坦伊斯蘭組織掌握的知識，讓這個國家脫胎換骨。」

「您是否打算向此地的聖祠開戰？」

「我們暫時不能直接向聖祠那些人挑釁。我們不希望惹是生非，也不希望與他們為敵。現在我們只能和他們友好相處，教他們判斷是非，教育我們的孩子，慢慢使他們回心轉意。如果我們能讓孩子離開家，住到我們的學校，我們就能更徹底地影響他們。我們希望隨著教育，異端邪說和蘇菲主義的吸引力能漸漸退去，那時候便不需要懲罰。」

「如果你們取得哈里發呢？」

「哈里發制度到來時，」他說：「是的，那一天毫無疑問，我們有義務摧毀一切蘇菲聖祠和聖墓——從塞萬這兒先開始。」

*

信德的蘇菲教徒能否抵擋瓦哈比派這股強勁的寒風，目前仍是未知數；但是就拉爾．珮里來說，她深信穆拉在塞萬得不到支持者。為了證明這點，她說我該去找她的辟爾談談，他在沙漠隱居，名叫賽因菲可（Sain Fakir），她說他是偉大的詩人和學者，能背誦沙．阿布杜．拉迪夫的整部《啟示》。說起蘇菲教徒的捍衛者，沒有人比他更偉大。

第二天，也是我在塞萬的最後一天，早上七點我到拉爾巴接拉爾．珮里。她鑽進車裡，一身神符啷噹響，木棒撞在車子的天花板上。隨後，我們驅車經過陵墓帶，進入另一邊的矮樹林。

開出小鎮三哩遠的地方，我們經過一潭平靜的碧湖，鷺鷥、翠鳥和紅鶴在湖四周搭巢。一隻黑天鵝從頭頂飛過。拉爾．珮里指著泊在湖邊的幾艘茅草小船屋，「那是漁民住的，」她說：「他們是夏巴茲的虔誠信徒。他們相信夏巴茲給了他們魚。」

我們從那兒驅車直入空曠的沙漠。在我眼裡，這些乾旱的山脊，處處碎石的乾燥灌木，寸草不生的土地，給人嚴峻陰沉的印象，拉爾．珮里卻以著迷的敬意看待它。我問她在看什麼。

「不論哪個地方，都有自己獨特的美，」她說：「沙，丘陵，遠處的山脈，這些都是真主顯靈。」

「在哪些方面？」我問道。

「每個地方都有真主的名，都有自身的意義。真主在古蘭經中說：『我的跡象無處不在：在岩石中、樹林中、大地中。』只是大部分人都不了解這些東西就在眼前。」

在車上，我思忖著前一天在宗教學校的談話。薩里穆拉似乎信心十足，然而我們似乎也有充分理由相信，塞萬這個健全美好的瘋人院，以及依然收容拉爾·珮里這些人的庇護所，亦可能繼續存在。正如義大利和西班牙，未曾歷經席捲歐洲北部的那股破壞偶像、搗毀聖殿等宗教改革浪潮，信德省也和西北邊境省大不相同，信奉一種大不相同的伊斯蘭教。在信德沙漠地帶，蘇菲派伊斯蘭以及根深柢固的聖墓崇拜，連同源自當地宗教傳統的種種借鑑，似乎仍是一股強大的本土抵抗力，足以對抗瓦哈比派與其所排斥之信仰的聖戰偏執。

開了一個小時的車，穿越乾旱的低矮山谷後，我們終於來到小綠洲。經過墳墓帶之後，我們來到一小片棗椰種植園，中央有一處儉樸的靜修區，供前往拉胡特（Lahut）朝聖的香客休憩。旁邊則是四面環牆的花園，泉水潺潺不絕。

「這兒是五聖花園。」拉爾·珮里說。園內灌溉渠邊的泥堆上，坐了個看羊的小男孩，拉爾·珮里喚他的名字，要他去請他祖父過來。賽因菲可在幾分鐘後出現，拄著枴杖蹣跚走來，領我們到花園中央的涼棚。隔不遠有一群紮髮辮的蘇菲苦行僧，正要前往拉胡特，他們靜靜坐著抽大麻煙斗，一小群八哥鳥啁啾相伴。

賽因菲可，是一位八十多歲的智者，德高望重、年老體衰、鷹鉤鼻子，眼睛底下有肝斑，還有一雙骨節嶙峋的手。他盤坐在蓆子上，不一會兒，開始說起他對當地兩位聖人的崇敬。

「我是拉爾．夏巴茲．海蘭達爾的弟子（murid），」他說：「也是沙．阿布杜．拉迪夫的學生（talib）。在信德，我們對他們倆一視同仁。兩者不可分割，就像安拉和至聖先知。」

他說著說著，突然開始唱誦《啟示》的詩行，對於這把年紀的人來說，他那宏亮優美的嗓音教人吃驚。他每唱完一段，拉爾．珮里便喊道：「真理（Haq）！」「勝利歸於拉迪夫（Jiya Latif）！」他唱完後笑了笑，往椅背上一靠，接過拉爾．珮里捲給他的檳榔。

「我的祖祖輩輩都是夏巴茲的追隨者，」他說：「而拉迪夫的詩歌，則始終燃燒著我的心。他的詩不僅是詩，更是古蘭經的精神本質。要了解古蘭經並不容易，因此我們穆斯林經常未能接收先知的真實訊息。唯有蘇菲教徒指出真正的道路，愛的道路。」

「那些穆拉呢？」

「穆拉為達個人目的，曲解了先知的訊息，」賽因菲可說：「他們瞎了眼，甚至連燦爛的陽光都看不見。他們的教義非常嚴苛。根本不了解人的弱點。」

「他們的教義排除了每一個人，」拉爾．珮里說：「有時甚至排除其他穆拉。」

賽因菲可聳了聳肩：「在這世界上，人人都犯過罪。蘇菲信徒對這點素來了解。他們了解人的弱點。他們給予寬恕，大家永遠愛寬恕他人的人。」

「當你聽說塔利班炸毀巴基斯坦其他地區的蘇菲聖祠，不擔心嗎？」我說道，同他說起薩里穆拉與我會面的情況。

「他們顯然想摧毀所有的聖墓和蘇菲聖祠，」賽因菲可說道：「就像瓦哈比派在麥加搗毀聖門弟子[19]的陵墓。我們當然擔心。」

「他們就要利用新成立的宗教學校，試圖讓此地民眾跟我們作對。」拉爾．珮里說道。

「結果他們反而招來真主的震怒，」賽因菲可說：「拉迪夫說過一句話：『只與善事打交道。你若買賣煤炭，一身都是黑煤灰。你若買賣麝香，一身都是香氣。』做好事帶來好影響，做壞事帶來壞影響。看看那些瓦哈比派，老是自相殘殺：在伊斯蘭馬巴德的紅色清真寺，在斯瓦特（Swat），在阿富汗，在伊拉克。現在，他們的末日即將來臨，我真的這麼認為。」

「你是否認為拉曼．巴巴聖祠發生的事，不會在這兒發生？」

他搖頭。「不會，」他肯定地說：「他們永遠摧毀不了這所信德聖祠。信德人堅守自己的價值觀，絕不允許。」

「夏巴茲會保佑我們，」拉爾．珮里說：「我們也會保護他。」

「穆拉和瓦哈比派說，蘇菲聖祠所進行的活動不是伊斯蘭，你們看法如何？」

「瓦哈比派為了營利，出售自己的信仰，」拉爾．珮里氣憤地說：「他們不是真正的穆斯林──他們只點燃了地獄的火。」

「有一大部分跟權力有關，」賽因菲可的語氣較為緩和：「蘇菲派之所以對穆拉構成威脅，是因為我們贏得普通百姓的愛、忠誠和信仰。沒有人被摒除在外。你可以是流浪漢或墮落的女子，卻仍然可以到聖祠祈禱，蘇菲能寬恕你，擁抱你。」

「你甚至不一定非是穆斯林不可，蘇菲仍然會接納你。」拉爾．珮里說道。

「用安拉的印度名字巴關[20]或伊希瓦[21]來稱呼祂，有不一樣嗎？」

「不過是不同語言的稱呼罷了。」拉爾．珮里說道。

「穆拉老是持刀劍打他們的聖戰，」賽因菲可說：「卻不了解聖戰其實就在內心，和

19 聖門弟子（Companions of the Prophet），指先知穆罕默德的信徒中多少與他有過直接接觸的人。
20 巴關（Bhagwan），在梵語中的意思是「受祝福的人」，傳統上指印度的天神。
21 伊希瓦（Ishwar），在無限無意識狀態的神，即宇宙的創造者。

自己戰鬥，戰勝自己的欲望和心魔的地獄。持刀劍戰鬥，是一種低層次的聖戰。和自己戰鬥，才是偉大的聖戰。正如拉迪夫所說：『勿殺異端，殺你的自我。』

「勝利歸於拉迪夫！」拉爾．珮里喊道。

整整一個上午，我們談論信德省的蘇菲信仰，以及賽因菲可對蘇菲絕不向瓦哈比派低頭的信念。賽因菲可的兒子端來綠茶，沙漠酷日下，我們在潺潺清泉旁的蔭涼處坐著喝茶，撕著吃剛烤好的印度薄餅。父子倆不時唱起一兩行《啟示》詩句，闡明某一神學觀點。

「你要了解，」賽因菲可手按在心口上說：「一切都在心中。我們如此相信。地獄和天堂──一切自在你心。真正了解的人卻寥寥無幾……」

「賽因菲可告訴過我一則夏巴茲的傳說，」拉爾．珮里說：「有一天，夏巴茲跟他的朋友札卡利亞走在沙漠中。當時是冬天，天黑後，他們打算生火取暖。他們找到一些木柴，隨即明白沒有火。札卡利亞於是建議夏巴茲變成獵鷹，從地獄取火來。他飛走，一個小時後空手而返。『地獄沒有火，』他說道：『凡去地獄的人，都從這個世界帶去自己的火，還有自己的痛苦。』」

我必須開槍打死那些拚命逃跑的人。
我們被逼著喝烈酒，才好不假思索地幹這些事，不去憂慮我們的行動所造成的業果。
直到今天，我有時夜裡還會看見那一幕：
有人開槍，有人中彈，飛機投擲砲彈，房屋起火燃燒，男男女女發出尖叫。

# 第六章　藏僧的故事

「一旦你當了僧侶，就很難去殺人，」札西．帕桑（Tashi Passang）說：「但有時候，你有責任這麼做。」

我們站在達蘭薩拉大昭寺的壇台上，緊鄰著達賴喇嘛的流亡寢宮；達蘭薩拉坐落於岡格拉山谷（Kangra Valley），就在風沙瀰漫的旁遮普平原上方。在我們四周，西藏朝聖者沿著寺頂正殿的外環迴廊進行繞拜。有些朝聖者身穿長及腳踝的羊皮藏袍，顯然是剛從西藏西部翻山越嶺過來的游牧民；其他則是這一西藏流亡地的長住居民：身著紅僧袍的流亡藏僧，繞著達賴喇嘛的寢宮，進行每日三次的繞拜。香火和酥油燈的氣味濃烈，空氣中充滿喃喃的唸經聲和唸咒聲。

「我知道若待在中共治下的僧院，當僧人就沒有意義，」帕桑繼續說：「他們不可能讓我修道。因此，為了保護佛陀教義，弘護正法，我決定反抗。」

老僧人的臉寬闊而光滑，身體結實，神情平和，儀態端莊。他身披紫紅袈裟，歪戴著紅色針織帽，穿了厚毛襪。儘管年事已高，他的眉頭和臉上卻無皺紋。「非暴力，是佛法的精髓，」他說：「對僧人來說更是如此。最重要的是，愛天下眾生。但是，當涉及偉大事業時，有時候你有責任交還誓願，起身反抗，弘護正法。」

我們站在繞圈的朝聖者旁邊交談，似乎是宗教大繞拜當中唯一固定不動的人物。一些朝聖者在繞拜時停留片刻，轉動鑲在拜殿外牆凹處的鍍銅轉經輪；有些則行大禮拜，幾個人趴在行大禮拜專用的木墊上。朝聖者面朝鍍金的大佛像和觀世音菩薩像，透過敞開的殿門，只見神像在千盞燈下微微發光。他們站起身來，面對神像，兩手交握禱告，屈膝跪下。隨後往前一撲，全身趴臥在木墊上，雙手合十，手指張開，隨即再慢慢站起身來。他們一再重複這一動作，儘管當中有許多是老態龍鍾的八旬老人，拖著痛苦的腳步繞行寺院，行大禮拜，轉動轉經輪，相當費勁地跪拜神像。

隨後，在冬日陽光下，我們坐在寺院茶亭，茶亭坐落達蘭薩拉的螺旋山路上方。帕桑侃侃而談，幾乎有些漫不經心，談起少年時代在西藏平原的游牧生活；在業已摧毀的僧院研讀佛學的日子；以及退隱山林、獨居岩洞的抱負。他又說，隨著中共到來，這些願望如何快速破滅。他說，中共將自身的無神論信念，強加在價值觀截然不同的西藏人身上，並且關閉僧院，致使他原本的生活從此結束。

然而，更教人吃驚的是，帕桑最終決定捨棄戒律、執起干戈上戰場——這似乎與藏僧非暴力主張的固有觀念完全背道而馳。

「我並不想殺中共士兵，」他說：「絕對不是我有殺戮欲，或因為喜歡殺人。」他停了下來，不確定如何解釋，捻轉著拇指和食指間的念珠，神態肅然：「我知道中共士兵犯下最深重的罪孽——企圖毀滅佛教。我也知道我們的經書說，在某種情況下，殺人可以是正當的，只要你的意圖是阻止對方犯下重罪。你可以選擇背負施行暴力的惡業，以免讓對方犯下更惡劣的罪行。」

「你受到這些經文啟發，」我問：「因此拿起槍來對抗中共？」

「我努力了，」僧人答道：「但我們真蠢。我們雖然拿到幾把舊槍，卻寡不敵眾，對打仗一無所知。我們只懂怎麼禱告，不懂怎麼殺人。我們一碰上共軍，就處於下風，只落個一敗塗地。」

他說，逃離西藏後，他在印度陸軍西藏特種部隊待了許多年，最後終於退休，住進達蘭薩拉的一間小木屋，決心在晚年彌補過去犯下的暴行。他開始製作印板，印製經幡，嘗試積功德。最後，他從達賴喇嘛的講道中得到鼓勵，於是和其他幾個當過僧侶的人，重拾昔日的戒律和僧袍，距離他首次捨棄戒律，已整整三十年。

「現在，我每天都要唸懺悔咒，」他說：「我們明白，如果你對自己的行為真心感到後悔，痛改前非，虔心拜佛，可能就此抵銷惡業。畢竟，就連佛陀也原諒了殺人魔。

「有個人名叫央掘摩羅（Angulimala），他已經殺了九百九十九個人，每殺一個，就割下他們的一根手指，串成花環掛在胸前。他想讓佛陀成為他的第一千個受害人；但是，遇上佛陀後，他卻轉而成為僧人。這一決定受到許多人批評，佛陀卻堅稱央掘摩羅是真心懺悔，因此應當准許他抵償罪行。如果他都能得到寬恕，或許我也能……」

帕桑笑了笑，寬闊的臉龐頓時開朗起來。「退休以來，我找過多位喇嘛懺悔。我到過許多寺廟，發誓不再幹這種事。我為死在我手下的人祈禱，祈求他們來世美好。不過，我還是很擔心。」

他惴惴不安地捻轉指間的念珠。「喇嘛告訴我，如果我的動機純粹，只是用自己的業力幫助他人，才犯下暴行，我就仍能得救。只是天下眾生皆有生命，光想到殺人這件事，我就不舒服。說實話，我不知道自己累積了多少寬恕。我還不知道臨死前能否感到平靜滿足。或許我永遠也不會知道……」

帕桑呷著酥油茶，雙手握著杯子取暖。「佛經說，住於法的人，今世得以安眠，來世亦然；不過，我依然覺得自己幹了可怕的事。當你拿起武器，就必須服從命令——你沒有權利按自己的意願行動。有時候，你是奉命去殺人。晚上我偶爾還會做夢，聽見戰爭的聲音……」

僧人突然打住，沉默下來，看著手中的空杯。「明天來找我吧，」他忽地站起身，說：「讓我把事情的原委告訴你。」

*

麥克羅甘己[1]藏人居住區，位於北印度達蘭薩拉的上城，是西藏境外的西藏縮影。

---

1 麥克羅甘己（McLeod Ganj），亦稱「上達蘭薩拉」，西藏流亡政府所在地。

無以計數的流亡喇嘛和地主、流離的農民，全都湧入此地，像藤壺般蟠聚在達賴喇嘛寢宮周邊的岩石上。

城裡的寢宮建築群坐落於一座高岡的鞍狀山脊上。在其上方，喜馬拉雅山的黑色岩壁和斷層聳立在灰色的冬日中，冉冉形成一系列雪亮的頂峰，在雲上方發出奇特的折射光。

在其下方，車轍縱橫的道路以及卵石鋪成的小徑，通往底下的西藏議會，儘管名稱宏偉，事實上不比村莊禮堂大多少。一邊是同樣不起眼、黃赭色的西藏內務部；另一邊則是圖書館和檔案室。再往下去，穿過松柏蔥鬱的陡坡，在盤旋而飛的老鷹底下，是零星的小丘。小丘起伏通往底下霧氣濛濛的岡格拉谷底，丘頂從冬季晨霧中顯露出來，好似鯨魚隆起的背部從深海浮出水面。

帕桑最後覓得的棲身之所，西藏退伍兵養老院，就在圖書館往下走不遠處，位於一塊凸出的岩崖上，一間小廟的背風處。我到的時候已是傍晚。一群老兵靜靜坐在板凳上曬太陽、打牌，或看著光線斜下山峰，此時發現天色漸暗，氣溫驟降，於是裹緊披肩，整理了圍巾和帽子。隨後，他們開始拖著腳步進去喝傍晚的酥油茶，隨即前往上方的寺院參加晚禱。後來我才得知，養老院的一百五十位院民當中，至少三十位和帕桑一樣曾是僧人，在不幸的西藏反抗運動中捨棄出家戒律，起身反抗。

帕桑帶我來到他在養老院後方的房間，裡頭是個溫暖舒適的空間，位於峭壁的影蔭裡。他和另一個僧侶老兵合住一房。房間盡頭的架子上，擺著一排玩偶似的喇嘛和仁波切雕像。銅炭盆裡點著一盞酥油燈，鑲框的達賴喇嘛像底下，有一盞模擬燭光的紅色電燈。在門的上方，帕桑把犛牛肉晾在簡易串肉架上風乾。

老人擺弄爐子好一會兒，將泡好的茶從平底鍋倒入小杯子。他遞了一杯給我，然後喳喳有聲地喝起自己那杯。直到喝完，他才開腔。

*

「我一九三六年出生在康區的札巴，」札西．帕桑說：「我家和西藏東部許多人家一樣，過的是半游牧生活。我們雖是小地主家庭，住三層樓石屋，卻也飼養許多犛牛，將近一百隻。夏天的時候，家裡的男孩子得幫忙祖父母和叔叔伯伯，帶牲口上山吃草。

「小時候，看著哥哥們帶牲口上山，留下我一個人，讓我感到難過。不過到了夏天，我們住的山谷非常美。樹上開滿了花，還有各式各樣的野花，矢車菊、罌粟花、龍膽紫——還有一半我甚至叫不出名字。有條大河流向我們房子附近的湖，到了夏天，成千上萬的紅鶴和白鴨飛來築巢。牠們在湖邊生蛋，我父母會提醒我，別去牠們築巢的地方，以免我去碰牠們的蛋。鳥媽媽若聞到人的氣味，會棄蛋而去，雛鳥就活不了——我母親說這是罪孽，會給我們全家人帶來報應。

「秋天鳥兒南飛時，我們開始準備酥油燈，好在寒冷的冬夜給我們火光。我記得幫我父親捲棉線作燈芯，把燈芯放在碗中央，倒入融化的酥油，放在一旁凝固。這時，我父親安詳地唸起咒來，彷彿某種宗教儀式。

「不久，冬天來了，河面和湖面都結了冰。天氣非常非常冷，大風雪帶來厚厚的雪。河上的冰很硬，能讓你在河面上行走，甚至溜冰。我們每個人都有一雙木製溜冰鞋，我母親把溜冰鞋收在特殊的盒子裡，當她確定冰層夠硬，能支撐我們的體重，才拿出來。在這個季節，犛牛都住在有頂篷的圍欄裡，直到雪開始融化，我們才讓小牛出來，用繩子穿過牠們鼻子，套上牛具，準備耕地。

「到十二歲時，我問父母，夏天能不能讓我跟著牲口上山。他們禁不住我一再懇求，終於答應。這對我是全新的生活方式。每年這段時間，我們都睡在獸皮搭成的圓頂帳篷裡。帳篷內沒有隔間，爐火在中央；煙從帳頂的小洞排出去。我母親準備糌粑和酥油，收拾好烹飪器具和一堆寢具，連同帳篷一同裝上犛牛背。

「共有五戶人家把牲口聚集起來，一同上山去。我們一路走著，驅趕前頭的牲畜前進。犛牛脾氣很好，有牠們在身邊，我總是感到安全。牠們一路上似乎很開心，我祖母特別擅長駕馭牠們。她叫得出每一隻犛牛的名字，傍晚給牛擠奶時，會跟每一隻講講話。一到傍晚，每一戶遷徙的人家都會齊聚一堂吃晚飯，向度母女神禱告。

「一到了牧草地後，每一戶人家分道揚鑣，前往自己的營地。我負責每天清晨趕犛牛上高地吃牧草，保護牠們不受山上的狼攻擊。起初我很怕狼，但不久我就明白，狼其實更怕我們——至少白天的時候。冬天牠們肚子餓了，才真的很危險。你只須大聲吆喝，或鳴槍警告，整批狼就會逃之夭夭。偶爾我不得不朝牠們開槍，可我當時年紀太小，不會操作步槍，沒打中過一匹狼。傳說山上有雪人，只是我從沒見過。凶猛的棕熊是更大的威脅，通常我們趕牛下山過夜的時候，這些熊有時會襲擊犛牛。

「我上山的第三年夏天，我的伯祖父和我們同行。他是僧人，儘管已經不住寺院；說服我成為僧侶的人就是他。我母親教過我一點藏語，他於是認為我是有出息的孩子，寺院教育或許有益於我。他每天和我一塊兒坐下來，教我在石板或樹皮上寫字，山上當然沒有紙。他還熱愛歷史，很會說故事。我們放牧時，他會告訴我許多關於松贊干布[2]、歷代藏王和西藏英雄的故事。

「不過，他的最愛還是佛法。他告訴我說，如果我繼續過普通人的生活，我或許能

---

2　松贊干布（Songtsan Gampo），西元六一七至六五〇年在位，又名棄宗弄贊，藏族吐蕃王國立國之君，西藏家喻戶曉的民族英雄。

擁有很多犛牛，死的時候卻什麼都帶不走。他還說，婚姻生活很複雜，充滿各種責任、困難和旁騖，僧侶的生活則容易許多，使你有更多時間和機會，實踐自己的信仰。我一直是虔誠的孩子，於是認真思考他說的話。

「夏天即將結束時，我決定嘗試過僧侶的生活。我心想，如果我真心獻身宗教，來世即可能投生善道，有機會達到涅槃。伯祖父和我都覺得，我父母可能反對我成為僧人，於是決定先讓我進僧院，之後再告知家人。夏末，我們下山時，伯祖父帶我直接前往札巴僧院，把我交給住持。

「我擔心自己會記掛山中的自由生活。結果去了僧院後，我比以往任何時候都快樂。過放牧生活時，我必須擔心野狼攻擊犛牛，必須照看祖父母——生活充滿不安。然而身為僧人，你只需禱告和靜修，為修道證悟而努力。

「此外，山中生活縱然美好，卻相當孤獨。札巴僧院的僧侶將近五百人，許多都是與我同齡的男孩。我很快就交上很多朋友。我知道自己做了正確的決定。不久，甚至我的父母也接受我的決定。

「僧侶生活如何展開，可以決定你的一輩子。《法句經》有云：『不修於佛法，少壯不積蓄，如沼邊老鷺，頽伺空魚池。』我努力背經書，結果背得很不錯。

「最主要的掙扎，莫過於避開四樣東西：欲、貪、慢、執；尤其在你還年輕時。你當然不可能完全做到，沒有一個人能；不過，倒是有一些方法幫助你轉移注意力，使你不去想犛牛、金錢、美女，教你把注意力集中於神祇。喇嘛教我們訓練自己，專注於神祇。我們學習如何集中精神——凝視一尊佛像或蓮花生大師像，吸收神像的細節、顏色、姿勢等等，回想祂們的教導。你慢慢深入想像祂的手、腳、手中拿的金剛杵，閉上眼睛，遊走於內心。你愈是全神貫注於神明，就愈加偏離俗心。經文有言：

心念亂無序，
難護難制御，
智者調其心，
如匠矯箭直。

「這當然很難做到，卻也十分重要。佛曰：『世間一切燃，滅火之計，如無涅槃，猶如粉刷火宅。』我們現有的一切，都像一場夢，短暫無常。眼前的地板摸起來像石頭，碗櫥摸起來像木頭，其實都只是幻覺。你死的時候，這些都帶不走，你必須拋下一切。甚至這具軀體，你都必須拋下。

「當僧人需要經過非常嚴酷的訓練。連續三年，我們不斷背誦經文。整個過程非常緩慢。首先，我們得精通藏語字母，隨後學些咒語，再慢慢學習簡易版經文。最後才學習較長的版本，以及辯經之法。我忘詞的時候，老師非常失望。我有時偷看一下經文騙過老師。有一回，我再也背不起來，覺得非常沮喪，便撕了一篇經文，老師於是對我大發脾氣。

「三年過後，我們終於被送到岩洞住四個月，練習單獨禱告，讓我們掌握單獨隱居的藝術。附近還有七個男孩子，在同個峭壁，但我們不得彼此交談。

「最初，我感到恐慌。山洞又冷又暗，感覺可能躲藏妖魔鬼怪。然而一旦我習慣禱告打坐的生活，就越來越自信。我架了個小祭壇，擺上從僧院帶來的蓮花生大師像。我供上花，燃酥油燈。我在凌晨一點起身，祈禱跪拜直到早晨六點，直到膝蓋痛得無法繼續跪拜。早晨六點，我沏酥油茶，休息半小時，再回去打坐，思索慈悲的根源，直到正午，吃點糌粑當中飯。晚上七點鐘，我吃點飯，休息一個小時，八點鐘入睡。

「起初，我覺得自己是不合格的僧人。我孤單又害怕，膝蓋痛得要命，因為我們每天得跪拜四千次之多。但過了兩個星期，我開始看到出路。這才開始對事物深入思考，也開始意識到歡樂與成就的空幻。直到那時，我才真正坐下來沉思。我力行所學到的知識，遵循僧院的規律。

「在岩洞修行，我覺得找到了自己，我頭一次真正修法。我發現自己擁有獨處的能力，即使在山上牧牛時，我也從未有過這樣的感受。我的思想豁然開朗，覺得自己隨著隱居苦修的生活，洗去罪惡，得到淨化。我的種種擔憂逐漸煙消雲散，沒有任何事讓我分心。我感到快樂。想達到捨棄紅塵的境界，實屬不易。我在岩洞裡達到了，從此以後，我經常渴望回去，花更多時間隱居。

「然而，我卻再也沒回去過。四個月的隱居生活回來後不久，中共來了。」

*

一九五〇年夏秋，中共入侵西藏。他們越過金沙江，兵分三路，以其速度、效率和人數，很快便包圍制服了裝備簡陋的藏軍。

一年後的一九五一年五月，中共四萬多名人民解放軍集結於拉薩城外，脅迫西藏簽署「十七點協議」。此一協議，名義上是為保障西藏自由，並授予中共指導改革西藏的權利；事實上，卻是讓中共能在全西藏各地派駐軍隊，建立供應線，鞏固中共在西藏的統治。

「中共入侵西藏，早在我進僧院前就已發生，」帕桑告訴我：「我十二、三歲時第一次看見他們——大批軍隊帶槍騎馬，湧進我們山谷。那時還沒有給車走的馬路。我不明白他們為什麼去那裡、想做什麼事，不過剛開始他們人數還很少，從沒真正妨礙我們的生活。

「但是有一天，共軍來到僧院。帶隊的是個上校，還有五、六十個荷槍的士兵。他們沒問任何人，擅自在牆上張貼他們主席的海報，在院子裡架起廣播喇叭，讓我們非得聽他們講話不可。他們的上校戴了副眼鏡。他起初很客氣。他說，他們是來協助西藏獨立自主，教我們學會現代化之後就會回去。他說他們來傳播正義，幫助窮人，讓西藏成為一個好地方，像中國一樣。他說中共就像我們的老大哥，如果我們接受他們的管理，直到西藏人民能以現代化、共產主義的方式治理自己，對我們將是好事。上校甚至說他是來解放我們的。對於他的說法，住持回答說，他不能解放我們，因為佛陀向我們證明，解不解放自己，得靠每個人自己決定。上校只做個鬼臉，我想他對住持說的話不甚了解。

「此後，共軍大致每個月都來到僧院，給我們演說——他們所謂的政治教化集會。他們有時候張貼褻瀆神明的大字報，侮辱佛陀，說僧侶想讓西藏人民繼續窮困無知下去。演說越來越粗魯，越來越尖銳：他們說僧院的所作所為都不對，除非接受中共的改革，別無其他選擇。即使他們表現得好意又客氣，還贈送窮人免費的種子和犛牛，但我們總覺得不能信任他們。即使在僧院隱修，我們還是看到他們派更多人來修建公路，軍隊也越來越多。我明白有什麼事不對勁，儘管他們看起來似乎是朋友。我預感到，不祥的事即將來臨——他們的笑容背後，隱藏著邪惡。

「隨著教化演說的進行，我開始夜不能眠，思考西藏現況，以及這些非出家人的共軍，如何不斷告訴我們該在自己的僧院做什麼事。我不想順服他們，可也看不出另有選擇。有些僧人開始談作戰，說中共既想破壞佛教，我們不該只是屈服於他們。有些個晚上我睡不著，心想或許這些僧人說得對。

「一九五四年夏季開始謠傳，中共殺害許多僧侶，炸毀康區另一頭的僧院。我們還聽說，果洛（Golok）和康巴（Khampa）游牧藏族起身反抗。據說這些反抗者躲在理塘寺（Lithang）時，共軍丟擲炸彈，炸死所有人。接著我們聽說，同樣的事也在附近的鄉城縣桑披嶺寺（Changtreng Sampheling Gompa）發生，寺院先被炸毀，而後遭到褻瀆。

「還有其他的傳言：中共逼迫康區的僧侶結婚，強迫僧侶加入人民解放軍，為他們修路，甚至送去奴隸勞工營。據說，拒絕送孩子上中國學校的父母，被拴在柱子上，釘子釘入眼睛。

「我們開始聽說這些事之後沒多久，共軍來到我們的僧院，要我們繳出僧寺軍械庫裡的刀槍。住持說，這些刀槍是歷代先人和我們的父母傳給我們的，共軍無權拿走。他們毫不理會，只管搜查僧院，帶走他們所能找到的所有武器。

「之後不久，我們開了會——不只僧侶，還有附近幾個村子的村民。僧侶一致同意我們必須作戰，因為中共顯然一心想摧毀佛法，打擊信仰。我們聽說許多戰士已經聚集在山南地區，據說有一萬五千人之多，他們成立了名為『處溪岡竹』（意即『四河六山』）的抗暴聯盟。許多人都說，我們該全部離開僧院，加入他們。

「我們於是去找住持，在他面前聲明捨棄戒律。我們只說，我們無法繼續當僧人，為保護佛法，我們不得不選擇作戰。沒有舉行任何儀式；住持只說：『好，我准你們捨棄戒律。去罷。』我們不能肯定是否就此不再受戒律束縛；看起來草率得很，尤其我們仍穿著僧服。不過當時我們沒工夫擔心這些事，後來我們必須執起干戈的時候，這件事才使我們大傷腦筋。

「很多人騎馬去——不少僧侶來自僧院山腳下的村莊，他們家人給他們備馬，參加抗暴。至於我，我把從前放牧用的槍從藏匿的地方拿出來，也離開了僧院。我沒有馬，獨自一人走路去，拿著我的槍。我只想先回家，再見一見家人。可是人民解放軍在我們土地附近蓋了小營區，我知道不保險。於是我拿著槍往回走，朝從前我們家夏季放牧的山中營地前進。

「可我沒想到，僧院有一幫子告密者。共軍一聽說我已拿槍上山，就去我們家，開始揍我母親，問她我人在哪裡。他們非常殘忍。他們打她的腳，扯她的頭髮，使她的頭髮幾乎掉光，禿了好幾個月。他們把她綁在我們家外頭的樁子上，脫掉她的衣服，朝她身上潑冷水。他們留她原地過了一整夜，讓她身上的水凍成冰，差點沒凍死。

「他們每天回來找她，每次都揍她，創造新的酷刑，逼她說出我去了哪裡，或是藉此讓我就範而回來投降。可是我人在山上，過了一個多月，我才聽說她出了什麼事。」

*

帕桑說到這兒的時候，已經很晚，需要準備就寢。他凌晨三點得起身，開始一天的禱告和打坐。

第二天早上，帕桑說他要去內務部詢問津貼事宜，我便主動表示，願意扶他下山。我們一道漫步走下山，他去內務部時，我藉此機會到隔壁的圖書館和檔案室參觀。館內保存西藏走私出來的一些寶典和藝術品。該館像比鄰的議會一樣，規模不大，採藏寺風格的建築設計，隱約仿傚布達拉宮的坡牆和木柱。館內四壁擺滿了書，一個房間內擺有幾個書架的梵語和巴利語文獻，包在黃棉防塵書皮中。

隨意瀏覽之時，我向看管文獻的學者請教僧侶捨棄戒律的相關規則。應我的詢問，他從書架取下一套皮面裝訂的舊經書：穆勒[3]翻譯的《律經》（*Vinaya Sutra*），是關於出

3 穆勒（Max Muller），一八二三～一九〇〇，德裔英國東方學家、宗教學家。

家戒律與行持的早期佛教經文，據說西元前四九九年，在佛陀涅槃後召開的大會中集結而成；此前的律法，始終是由佛陀口傳給弟子。他還取下十四世紀哲蚌寺僧人措拏瓦（Tsonawa）著作的《律經釋日光論》，以及佛教律藏經典《戒經》（*Pratimoksha Sutra*）的譯本。

由這些文獻可清楚得知，僧侶在緊急時刻得以捨棄戒律，是由來已久的傳統。棄戒不像受戒，有詳細的儀式規定，而是一件直截了當的事情。只要符合嚴格的準則，特別是在僧侶有需要為佛法而戰時，僧人僅需找一位仁波切或資深喇嘛，如果都找不到，佛像亦可，說明自己的意圖是為護法，而非毀法。

藏傳佛教的宇宙哲學和歷史中，為護法之故得採行暴力的例子不勝枚舉：大名鼎鼎的智慧代表文殊菩薩即是一例，他能變為恐怖憤怒的模樣，化身為殘暴危險的西藏神祇大威德金剛（Yamantaka），是為死亡的征服者。一九八四年，我還是剛從蘇格蘭出來的十八歲背包客，在參觀拉達克的阿奇寺（Alchi）時，首次見到這位恐怖的神祇。拉達克今隸屬印度，中世紀大部分時期一直是西藏西部的重要地區，期間，松贊干布等偉大藏王統轄的地區，從孟加拉以及喀什米爾邊界，往北縱貫至蒙古的整個中國。

阿奇寺三層寶塔的門廊上方，有幅巨大的大威德金剛壁畫。畫中之神裸體而坐，腰圍虎皮，在遍地死屍的墳場當中，為火焰光輪所圍繞。他獠牙外露，身色為藍，六面六臂，爪持弓劍、棍棍、絞索與開膛鉤，以骷髏為冠，蛇為頸環。畫像創作七百年後，至今仍令人不寒而慄。

西藏的宇宙哲學不只有大威德金剛。比方還有四頭六臂的勝樂金剛（Chakrasamvara），壁畫中的他，足下踩著匍匐在地的邪魔，周身火焰，怒氣沖沖，卻又出奇地優雅自若。他頭戴骷髏冠，頸圍骷髏環，手持劈雷和骷髏杖，頭披象皮。這些憤怒粗暴的保護神，在藏傳佛教藝術中十分普遍，在西藏信仰中亦很常見；他們運用其威力造益人類，驅逐惡魔和黑暗世界的住民，顛覆遠古的西藏戰士形象，以達到和平的目的。甚至蓮花生大師這些最仁慈的神，亦被認為有能力化身為恐怖殺手，為捍衛佛法不惜使用暴力戰勝敵人，無論是人類或惡魔。

為護法而動用暴力的傳統，也不僅為宗教書籍和圖像所獨有。偉大的西藏民間史詩《格薩爾王》（*King Gesar*），即講述這位嶺國國王滅殺成千上萬佛法大敵的故事。假使這些神都能執起干戈捍衛信仰，僧侶不也可以？達賴喇嘛始終在傳達「不殺生」的信息，他到印度後，閱讀聖雄甘地的著作，更強化此一信息。然而一九五〇年代，有些僧侶顯然在注重佛教非暴力傳統的同時，亦以古老的西藏戰士傳統為楷模。

當天傍晚，我送帕桑回老人院，途中詢問他，如何看待經過多年的非暴力戒律、又決定執起干戈一事。「我們的《本生經》（*Jataka*）有這麼一則教誨故事。我講給你聽。

「有一位仁波切，達到很高的精神境界，幾近開悟。一天，他和五百名僧侶兄弟乘船橫渡恆河。船長是個憎恨佛法的壞人，特別憎恨實踐佛法、捍衛佛法的僧侶。他祕密籌劃，把一船僧侶載到河中央，讓船翻覆，淹死所有僧侶。然而，仁波切天賦神通，對壞人的心思瞭如指掌；於是，在沉吟未決之後，他誠心禱告祈求指引，決定在壞人執行計畫前，先將他扔進河裡。他這麼做了，壞人沉下水去，當場淹死。

「其他僧侶全嚇壞了，便問：『仁波切，您是位高僧，是偉大靈魂的化身，也是我們大家的榜樣。您怎能這麼做？您怎麼做得出這種殺人的暴行？』仁波切說明壞人打算進行的計畫，說為了拯救五百名僧侶的性命，他願意為自己的行為負責，承受因殺人導致的惡業。他非常無私，為佛法犧牲自己的輪迴，讓其他僧侶能夠繼續走他們的開悟之道。我時常想起這位仁波切的自我犧牲，質疑他的犧牲是否正確。我想是的。」

我問帕桑最後為何決定作戰，他說他在山上躲了一個月，成功避開中共搜查隊的搜索，這時他首次聽到他母親的消息。他的伯祖父僧人來到山上，把他母親遭受酷刑的消息告訴他。他要求帕桑交出槍來，好救他母親，他當然立即照做。伯祖父隨後把槍交給了共軍，他的母親才被釋放。帕桑同幾個也躲在山上的僧侶兄弟取得聯繫，決定和他們一起徒步走到拉薩，通知當地僧侶發生什麼事情，促使大家採取反抗行動。

「我們走了七、八個月，」當我們上坡走回養老院時，走在前頭的帕桑說道，我則氣喘吁吁地跟在後頭，極力趕上這位大我四十歲的男人：「起初，我們只在夜晚行路，過了一段時間，逐漸接近拉薩時，白天趕路讓我們比較安心。途中有不少檢查哨，但路上有許多朝聖者和僧侶。遇上任何人，我們都說自己是朝聖者，要去拉薩參加傳昭大法會，達賴喇嘛將在為期兩週的法會上向眾人祈福講道。

「我們終於抵達拉薩，街道擠滿信眾，氣氛卻非常緊張。然而我們的政府沒有真正的軍隊，難以阻止中共做他們想做的事。我和僧友打算暫居我們的母寺，色拉寺，因為我們雖嘗試捨棄戒律，卻仍然身披僧袍，仍然自認是僧人。色拉寺坐落在城北，拉薩平原和莽莽群山的交會處。我們很高興在寺裡發現好幾名僧侶兄弟已在我們之前抵達。

「我肯定中共也會來到色拉寺，因為我看見拉薩近郊已經蓋起軍營，但我決心不向他們屈服。我告訴其他僧侶，這些共軍多麼強硬多麼殘忍，我們該如何挺身反抗他們。我們說僧侶應當趁手邊仍有槍時，拿起槍桿子加入反抗軍。可是老僧侶們不肯聽我們說。他們認為西藏政府仍能保護我們，達賴喇嘛的神奇力量能使中共望而卻步。我們回答說，如果真是這樣，共軍怎會在這裡，甚至就在拉薩近郊，而不是在邊界那邊？

「而後，我母親過世的消息傳到拉薩。她年紀不算老——不過才五十歲。可是遭共軍毒打以來，她再也沒有康復，她受了內傷，因為我做的事而喪命。」

帕桑低下頭來，剎那間，臉皺成一團；不過他克制住自己。「聽見消息，我自然哭了。我悲痛了好些日子，什麼也不能想。不過我也很擔心，因為我真正恨起了中共。我們的經文或許允許我們在某些情況下得以使用暴力，卻永遠不允許仇恨與憤怒。我知道自己真正面臨負罪的危險，可是這只讓我更恨中共。」

接下來的兩個星期，帕桑反覆思索這些問題，同時按藏傳佛教之規矩，為死者靈魂進行禱告。待禱告完成，時為一九五九年三月初，拉薩已陷入危急。

＊

第二天早上，達蘭薩拉晨曦黯淡，烏黑的積雨雲堆積在城鎮上空，遮蔽了積雪的山頂。

我和帕桑已經約好，在他繞拜結束後，和他在寺廟底下的茶館再次碰面。天氣變得寒冷刺骨，我們於是坐到裡頭，叫了茶、饃饃和一碗湯麵暖暖身子。

我們一邊吃，帕桑一邊說起拉薩危機在三月的第一個禮拜爆發。當時，中共邀請二十五歲的達賴喇嘛到拉薩城外的軍營觀賞戲劇演出。收到邀請後，這位西藏領袖在大昭寺舉棋不定。兩名中共官員衝過人群，違背西藏的一切禮節慣例，要求立即和尊者見面。他們違反習俗，說達賴喇嘛到軍營觀看演出時，不得帶任何隨扈人員。

這一邀請令人起疑，消息很快傳開來。拉薩人民以及到拉薩參加傳昭大法會的朝聖群眾，聚集在達賴喇嘛的夏宮羅布林卡庭園四周，設法勸阻尊者出席觀看演出，許多人深表懷疑，唯恐這位西藏領袖被擄去中國。

「三月十五日晚上，我和色拉寺其他二十五名僧人接到指示，要我們準備和尊者見面，」帕桑說：「兩位高僧騎著驢子，帶領我們大家。其他人徒步而行。我們以為要到羅布林卡加入民眾。能有機會聽尊者公開講道，讓我非常興奮。然而我們沒在羅布林卡停留，而是朝黑暗前進。我們乘坐小船渡過寬闊的藏布江，接下來兩天，我們走了又走，穿越荒涼的平原，只吃乾硬的糌粑果腹。領路的高僧不肯告訴我們將前往何處、做些什麼，我們都是小僧，只好服從他們。

「最後，我們停在一個村子休息進食。只待了兩個小時，一群康巴騎兵來到客棧。令我們驚訝的是，尊者也在他們當中，步槍綁在背上。一開始，我們沒人認出他，因為他的打扮就像平常的衛兵，不過，他的眼鏡暴露了他的身分。他偽裝身分逃離拉薩，我們奉命護送他。沒人曉得他即將流亡出境。我想當時連他自己都不曉得。我們只知道必須擺脫中共，阻止他們捉拿達賴喇嘛。我們自然興奮不已，十分榮幸。我們明白自己身負重任。

「我們又走了好幾天的路，穿越險惡的土地，盡力趕上尊者，直到抵達隆次宗。就在隆次宗街上，我們遇見一位仁波切。我們請他再一次幫我們棄戒，因為我們依然身披僧袍，而我們此時顯然有責任執起干戈保衛尊者，牽制人民解放軍在後追捕。不過我們仍披著僧袍，顯然辦不到，因此深深覺得有必要立即決斷。第一次在札巴施行的棄戒儀式，似乎非常不充分而且過於倉促，使我們無從肯定自己的確實身分：我們究竟是不是僧人？

「仁波切於是給我們一番訓示，他說，我們切不可因為棄了戒，以為可就此任意放蕩，沉溺紅塵。我們之所以棄戒，是為了保護達賴喇嘛。若有需要，我們必須和中共做殊死戰；不過他告誡我們──『切勿做其他違反戒律的事情。』

「我們脫去僧袍，穿上普通藏袍，並取了槍。尊者已經離開，繼續趕路，設法逃開隨時可能趕上的共軍。我們和『處溪岡竹』的康巴戰士留了下來，誓言阻撓中共追趕。我們十分榮幸做這件事，打算英勇而戰，誓死不辭。可是，根本不是那麼回事。

「才過一天，中共大軍就來了。有數百名士兵，還有卡車、坦克、大砲和機關槍。最糟的是，他們有兩架戰鬥機，我們完全寡不敵眾。我承認我感到慚愧，當飛機掃射我們時，我們只開了幾槍，便往山裡逃，朝芒戈隘口前進。沒有糧食、武器，也沒有補給，留下來等死似乎毫無意義。我們打不成仗，只好逃之夭夭。有些『處溪岡竹』志願軍在隆次宗戰死，而我們僧侶十之八九都拔腿就跑，希望另有機會贖罪，好好地效勞尊者。

「事實上，我想我們拔腿就跑，確實為尊者效了勞，儘管那不是我們的本意。中共巡警或許以為尊者和我們同行，於是盯上我們。同行的許多人都遭到射殺。飛機也在尋找我們。我們白天躲起來，晚上才趕路，即使這樣，共軍還是發射照明彈，看見任何人就炸。

「我們來到更高的地方，在厚厚的雪地跋涉。那時，我們淪落到吃死驢充飢——我們沒有其他東西吃。雪下得很大，找不到地方歇腳，天氣十分寒冷。在血色染紅的大雪中，我們不時掩蔽穿過砲彈前進，一路上死了好多人。我們冷得要命，凍僵的四肢毫無知覺。到最後，我們只剩下六個人，半走半睡。

「如此過了十到十五天，我們終於抵達印度邊界。這時我們才聽說，我們的尊寶達賴喇嘛已經逃出去。然而我們也聽說拉薩出了事——布達拉宮和羅布林卡遭到轟炸，共軍派坦克進逼大昭寺，有數千人喪生。

「我內心知道，我們必須奪回西藏，如果我因此必須學會打仗，就這麼辦吧。這在十三世達賴喇嘛的時代曾經發生，當時中國第一次入侵西藏，一段時間後，那些流亡者返回西藏，中國人也回自己國家去。我沒料到，這回需要這麼久。不只我而已；大多數西藏人都以為，我們一兩年內就能重返西藏。」

我問他：「出了這些事，是否有損於你的信仰？你可曾想過，為什麼西藏會遭遇這樣一場災難？」

「恰恰相反，我有了更多的信仰。否則人民解放軍緊追在後，我們怎有辦法生還？我帶經文護身符保護自己，子彈飛來時，從我身旁擦過去。有天晚上我們遭到砲擊，一顆砲彈落在離我很近的地方。剎那間，我想我在突如其來的炫目強光中，見到了守護女神吉祥天母（Palden Lhamo）。砲彈的落點雖然離我們才幾步遠，卻無人受傷。因此，我的信仰依舊。我覺得自己受到完全的保護。

「我們佛教徒相信因果報應。行為導致後果；我們是自身行為的後果。或許西元七世紀，我們西藏曾一度侵略中國，折磨中國，因此我們如今也必須受折磨。輪到我們該為前世造的孽付出代價。」

*

帕桑在邊界等候一段時間，確定抗暴軍是否需要他，讓他能重回西藏。

「我們打算返回錯那[4]，聽說那兒仍是自由區，」他說：「我們想從那邊對抗中共。可是我們沒有糧食，也沒有子彈。我們心想應該試一試，等人來支援我們，提供補給。我們等了兩個星期，卻沒有任何東西送來，也沒人來把我們組織成戰鬥隊。我們遲遲不願進入印度。我們很害怕已經丟掉自己的國家，氣惱無法回去戰鬥。最後，我們別無選擇：飢餓迫使我們越過邊境。不過，我們之所以決定越過邊境，也是因為我們認為，若想繼續為佛法而戰，這是最可能的方法。」

當時，印度政府提供難民住宿，對參加抗暴的人尤其慷慨以待。帕桑和「處溪岡竹」成員同住在老舊的英式平房。此後幾個月內，許多曾是僧侶的戰士為求生存，被迫加入印度修路工的行列，這才慢慢意識到發生了什麼事。

「我感到很難受，」帕桑說：「當時我處在人生最低潮。我們每天晚上一起談論，一切都已結束。我們失去了自己的國家。我們成了流亡者，必須依賴其他人，無權做自己想做的事。我們希望有人幫助我們建立武裝，讓我們重新奪回西藏，卻沒有一點動靜。我們唯一的一線希望，就是追隨尊者。」

當時，難民分成幾路，帕桑被派往在南印度卡納塔克邦林地新成立的藏人屯墾區拜拉古比（Bylakuppe）。帕桑在那兒學習製作地毯和手工藝品，整整兩年靠販賣這些東西維生。儘管不算窮困潦倒，卻也似乎陷入僵局。

然而，西藏抗暴軍的命運，在兩年後的一九六二年徹底改變。一九六二年，中印發生短暫的戰爭，中共攻擊印度位於阿克賽欽（Aksai Chin）的陣地，占領連接喀什米爾

4　錯那（Tsona），位於西藏南端的一縣，為西藏自治區的邊境縣之一。

和西藏的爭議邊區，使得印度總理尼赫魯對中國的綏靖政策化為烏有。印度發現，西藏難民當中，有一大批人願意對中國作戰，並習慣在高海拔地區作戰。招兵人員到西藏難民屯墾區招聘士兵，帕桑於是應徵加入印度軍隊。

經過勸說，帕桑同往昔的僧侶兄弟一道加入印度陸軍的西藏特種邊境部隊，或稱第二十二建制。這支祕密兵團在北印德拉敦（Dehra Dun）附近的軍營，接受印度和中央情報局聯合訓練。同所有其他的西藏人一樣，帕桑深信自己和僧侶兄弟將空降回西藏，為自己的國家和信仰而戰。

「他們跟我們說，幾個月的訓練過後，就遣送我們回西藏，展開革命。我們之所以參軍，是因為我們相信這才能收復我們的土地，回歸佛法。在卡納塔克製作工藝品，顯然達不成目標，從我們逃離拉薩以來，這似乎是我們期盼的機會。」

然而，承諾從未兌現。相反地，帕桑與其僧侶兄弟，首先受訓於美國軍官的高海拔戰爭，而後把守印度的高山隘口和冰河，偶爾越過阿薩姆邊境，到西藏從事低層情報工作；如此經過多年，最後奉派去參加建立孟加拉國的戰爭。

「我們首次真正參加戰鬥，是在一九七一年，」帕桑說：「他們帶我們從德拉敦飛到古瓦哈蒂[5]，隨後用卡車載我們進入曼尼普爾邦（Manipur）。我們渡河進入孟加拉，從三方包圍巴基斯坦軍隊。我們大獲全勝，至少就印度而言。可我卻覺得一敗塗地。

「我必須開槍打死那些拚命逃跑的人。我們被逼著喝烈酒，才好不假思索地幹這些事，不去憂慮我們的行動所造成的業果。每天我都看到屍體。直到今天，我有時夜裡還會看見那一幕：有人開槍，有人中彈，飛機投擲砲彈、導彈、汽油彈，房屋起火燃燒，男男女女發出尖叫。戰爭比你想像的還恐怖。也是佛教徒最不該涉入的事。

「然而，我們還是盡量表現得像僧侶。我們帶著簡短的佛經，背誦咒語，即使在作戰時。戰鬥之間，我們不斷禱告——行軍的時候，打仗的時候。甚至可以說，我在軍中比當僧侶時更常禱告。即使在叢林中挖戰壕，也在行囊裡帶著聖像，點酥油燈祭拜祂們。

「可我內心知道自己違反了『不殺生』戒律，以及佛教的重要原則——我之所以棄戒，不是為了同巴基斯坦打仗。我知道即便我殺害多少巴基斯坦人，都不能解救西藏。我當初參軍，是為了拯救西藏，打敗中共；我突然想到，自己比中共好不了多少。他們二話不說，隨隨便便朝人開槍。他們之所以有權力殺人，只因為有槍和子彈。我們在孟加拉也是如此。

「我們不樂意打這場仗，然而我們還能怎麼做？一旦報名參軍，幾乎不可能離開軍

---

5. 古瓦哈蒂（Guwahati），亦稱高哈蒂（Gauhati），印度東北部阿薩姆邦首府。

隊。我覺得自己不會有好的來世，因為我這輩子幹了壞事——只學會殺生，利用這些本領真的去殺人。我很難過，因為這場戰爭似乎無關是非，而且肯定無關佛法。由於德里和伊斯蘭馬巴德某些高層政客的緣故，人民必須受罪，必須殺人。」

我問他是否認為自己在印度的誘使下，才加入印軍。

「對我們這些沒有權利可言的難民來說，加入印軍是終生事業，儘管初進軍隊時我們並不了解這點。我看到的一切，我在孟加拉做的事，使我的良心非常不安。為了贖罪，我利用年假，開始造訪印度和尼泊爾的佛教朝聖地，追求心靈的平靜。我去了菩提迦耶、瓦拉納西、鹿野苑和藍毗尼。我在那兒祈禱禪坐，行大禮拜，設法補償我失去的功德。我去佛陀居住、誕生、成等正覺、初轉法輪的地方。我還發誓，離開軍隊的那一天，定要彌補我當兵時的所作所為。

「一九八六年，我收到退休公文。退休當天，我搭公車前往達蘭薩拉。說巧不巧，我到的時候，傳昭大法會正在舉行，達賴喇嘛正在公開講道——正是近三十年前的一九五九年，我在拉薩看過的同一儀式。聆聽講道的同時，我心想自己能做些什麼，彌補從前的一切過錯。就在這時，我看見綁在寺廟上的經幡，心中便想，我何不做這份工作：我可以製作經幡。

「同西藏相比，印度的經幡相對較少，即使在達蘭薩拉，其中許多還印得十分粗糙；你往往看不出咒語，而且經常寫錯。僧侶的訓練使我對咒語瞭如指掌，我於是決定嘗試印製精良的經幡。我決定盡心盡力幹這份工作，好讓經幡取得好功德。我能靠這種方式幫助佛法，貢獻社會。我心想，這能讓我過安靜平和的生活，還能賺點錢補貼我的退休金。

「我找了一間小木屋住下來。鐵皮屋頂，屋子支撐在四個小木頭楔子上。我還找了一位老喇嘛，教我印刷技巧。為了懺悔贖罪，我堅持每一幅經幡都必須臻於完美，每一個字都必須正確清楚。人家來買我的經幡，寄託了他們的希望，因此我不想欺騙他們。就像我從小在札巴僧院畫唐卡，你如果漏掉什麼，或手指的數目出了錯，或是搞錯菩薩的手勢，那可是滔天大罪。因此我在製作經幡時，總是盡可能想到來買的人，以及他們掛經幡求取的功德。我總是祈禱他們找出正道，不要和我犯相同的錯誤。

「一九九五年，我終於決定再次成為僧侶。這不難決定。當初之所以棄戒，是因為若有需要，能讓我為護法而殺人。但是我內心不曾真正棄戒。我內心深處一直是僧人——只不過我的職責有時通往他處。我同幾個軍中老袍澤談起這件事，其中兩人是我在札巴的僧侶兄弟，我們於是決定一塊兒重拾僧袍。尊者賜予我們戒律，還賜予我們新名字，象徵我們展開新的歷程，儘管我們的人生已近晚年。

「自從我重新獻身宗教以來，這段時期是最快樂的時光——至少從我在山中的游牧時期，或在札巴岩洞隱修的日子以來。說來似乎有點奇怪：很多人認為，年老是一種磨難。可我打從年輕時代，就一直接受我必須變老的事實——人人都有變老的一天。我現在有工夫閱讀全部的經文，這在軍隊絕不可能做得到。木已成舟，我無法撤銷自己在孟加拉的所作所為。但是，我慶幸自己有第二次機會。現在，至少我死的時候是個僧人。比起年輕時代，背誦經文或許更為困難；可是人到晚年，分心的因素更少，也比較容易專心。在我這把年紀，很難一天讀完全部的經文——我必須從凌晨三點開始讀，否則讀不完，但至少我的心思不再像犛牛一樣脫隊而逃。

「養老院是個好地方，感覺就像在僧院。當然少些自由，不過我知道如果我現在生了病，會有人照顧我。一切都有人照料，讓你可以專心禱告。像過去一樣，我三點起床，祈禱禪坐，直到六點半。八點半我到廟裡去。隨後我們喝茶，之後，我去達賴喇嘛的寢宮第一次繞拜。隨後再繞拜兩次，下午和晚上。

「三十年來，我第一次覺得自己再次鎮日修持佛法。我沒有任何物質享受，沒有任何誘惑。我思索自己行將就木的時刻，以及擁抱死亡的最佳方式。此時我就在達蘭薩拉，接近尊者。達賴喇嘛每回講道，我都能參加，聽他說話，學習他的智慧。

「我尤其慶幸，最近以來，我覺得自己克服了從前對中國人的仇恨。尊者始終諄諄勸戒，我們最大的敵人不是中共，而是仇恨本身。從中共拷打我母親以來，我就強烈仇恨中國人，一直渴望武力報復。我在印度每回看見中國餐館，就想扔石頭。甚至看見紅色，都能讓我對中共做的事勃然大怒。然而，聽見尊者勸戒我們必須戰勝仇恨，我於是決定上中國餐館吃一餐中國菜，戒除心中怒火。我想清除自己的憤怒，正如尊者所說，清除血腥。

「因此有天，我在菩提迦耶朝聖，看見路邊有間中國小餐館。餐館主人是兩名中國婦女——一個是七十歲老婦，還有她年約四十歲的女兒。一天晚上，我走了進去，要了麵條。我必須承認非常好吃。吃完麵，我謝過老婦，請她坐下來跟我聊聊。我問道：『您打哪裡來？』她回答：『共產黨以前的中國。』原來她父親在文革時期被毛軍折磨至死，她的家人逃到香港，又從香港去到加爾各答。這時，她已失聲痛哭：她哭個不停，訴說她家人遭受的苦難。我告訴她：『我是從共產黨以前的西藏來的，我的母親也遭過拷打，死在共軍手下。』然後，我們倆抱頭痛哭。從此以後，我不再仇恨中國的一切。

「還有一個原因，讓我覺得很慶幸。三年前，我在繞拜時看見一個同村人。我已經五十多年沒見到他了，卻馬上認出他來。他剛從西藏來到印度，於是告知我家人的下落，他說我有個哥哥還活著，他還知道他的電話號碼。

「第二天，我打電話回家。過了三十年，我終於和我哥哥講上話，儘管我不太聽得懂，因為他哭得很厲害。他說我們其餘的兄弟都死了，只剩下我們兩個人。他說，中共搶走了我們的家宅、我們的土地和所有的犛牛，說我們是地主，因此是階級敵人。他們把犛牛送去集體農場，讓我們家人住牛棚。不過，我只能聽懂這些。我哥哥不斷啜泣，要求我回去。『回來吧，只要回來就好。』我不知是否該回去。但隨即我心想：我這把年紀，能幫什麼忙？只怕拖累了大家。」

我們在暮色中一同走回養老院，太陽在山巒後方落下，烏鴉群集，在四周的雪松坡上轉圈嘶叫。帕桑默默無言，我於是問道：「你難道不想回西藏去？就算只是看最後一眼。你的晚年難道不該在那兒度過？」

他並未立刻回答我。「我一直認為我這輩子能夠再回到西藏，」我們最後一次朝養老院走下步道時，帕桑才開口說道：「因此才參軍打仗。印度對我而言仍是異地，儘管我已經待了四十年，這裡的人也十分友善。」

我看見念珠在帕桑的手上飛轉——這常常是他正在認真思考的跡象。

「當然，」他繼續說：「和故鄉的家人分離，甚至人到老年仍未能回到故鄉，讓我感到傷心。我也為自己這輩子經歷的苦難和暴力感到難過。如今我七十四歲，仍在流亡，西藏也尚未獲得自由。

「我希望，西藏有天能夠自由，誰知道呢？甚至中國人都不再相信共產主義了，或許哪天，佛法能從西藏傳入中國？或許生命結束前，我能再回一趟老家。我最後的希望，是回到西藏，死在那裡。」

帕桑順著雪松坡，往下注視遠低於養老院的岡格拉山谷。「可是，你應當明白……我總覺得，我們大家既然一起逃出來，我應該等大家能一起回去的時候再說。」

「我不能獨自一個人回去，」他說：「經過這一切，我當然不能。」

# 第七章　神像鑄造師

我父親在神輦隊伍經過時悄悄告訴我，
我們的祖先鑄造了姆魯甘神像，奉贈給寺廟。
我感到無比驕傲，了解到這些祖傳手藝是神所賜予。
從此，我只有一個抱負，就是成為技藝高超的雕塑師，和我父親和叔伯相匹敵。

「神創造了人，」斯里坎達・慈帕希（Srikanda Stpathy）說：「而像我們這樣的普通人，卻如此幸運，能幫忙創造神。」

大雨滂沱，我們坐在奎師那穆爾蒂先生（Mr Krishnamurthy）家的前廊，望著外頭的傾盆大雨。腰纏白色掄吉的男人們，踩著腳踏車經過，右手握把手，左手撐傘。人力車從積水的街道穿行而過，車輪在深及腳踝的水中劃出波紋，好似河上的汽艇。

此前，奎師那穆爾蒂見我遇上了大雨，便招呼我過去。我們等待雨停之際（稍後即將展開一年一度的土地神巡行儀式），他把我介紹給他的朋友斯里坎達。奎師那穆爾蒂說，斯里坎達是婆羅門，也是神像鑄造師，即「慈帕希」；他身為第二十三代世襲銅像藝術家，其家史淵源可溯及朱羅王朝的偉大銅鑄師——朱羅王朝統治南印度直至十三世紀末。斯里坎達的工作室離此地不遠，就位於偉大的寺廟之城索米瑪賴（Swamimalai）。他和他的兩個哥哥在那兒操練手藝，鑄造男女神像，所用的方法，同他們的祖先一模一樣。

斯里坎達是個體態圓胖的中年男人，頭髮旁分，左眼反應些微遲緩。他身穿新漿洗過的白色掄吉和寬鬆的白長衫，稍微藏住他那凸出的鮪魚肚。他的左胸前佩戴了一個搪瓷小星星，他驕傲地解釋說，那是身為索米瑪賴獅子會長的徽章；招待我們的奎師那穆爾蒂，是姆魯甘神飯店（Sri Murugan Hotel）的老闆，還是當地寺廟管理委員會的代表，也是獅子會副會長。奎師那穆爾蒂委託斯里坎達鑄造了一對新神像，將首度繞行村中，再送往索米瑪賴的姆魯甘大寺。

幾天前，我才來到坦米爾納督邦。這星期是坦米爾的新年，我來參觀每年舉辦的廟車巡行活動。雨季尚未開始，卻已非常潮濕，每天傍晚都下起接連不斷的大雨。閃電在遠方的積雨雲後震動。每天接連一個小時，卡維利三角洲（Kaveri Delta）上方堆滿的烏雲，猛然瀉下白瀑，淹沒稻田，將棕櫚樹的葉子沖刷得乾乾淨淨，順著寺廟門樓的屋簷翻騰而下，淋透村中小屋的棕櫚屋頂。

我最後找到村子的時候，氣氛不像一年一度的盛會即將舉行。一輛由農車改裝而成、蓋有紅色頂棚的神輦（rath），確實停在廟外由竹子棕櫚葉搭起的臨時雨棚底下，而神輦內，也的確擺著穿上衣服、塗了油、戴花環的兩尊村中神像。然而，巡行儀式儘管預計下午五點開始，而我只不過半個鐘頭前才到，卻不見人群聚集在濕漉漉的村街，也不見婆羅門在旁監督。相反地，廟外空無一人，只見一隻小牛趴坐在地，兩隻濕淋淋的黑羊喝著水窪的水，幾隻公雞仰首闊步，對附近一群嘰哩呱啦的母雞虎視眈眈。前面稍遠的路口，一群打赤腳的孩子在雨中玩板球，用小破凳充當柱門。

儘管大雨滂沱，奎師那穆爾蒂倒是十分肯定，節慶活動仍會照常進行，巡行儀式也會照常舉行。「沒問題，」他說：「祭司會來。時間已說定。」

我們一邊等雨停，一邊談論斯里坎達的工作，他自己向我談起他的家史。慈帕希家族，他說，原本在韋洛爾（Vellore）從事石像雕刻，在偉大的朱羅國王羅荼羅乍（Rajaraja I，西元九八五～一〇一四在位）統治期間，受召前往坦焦爾學習銅鑄藝術。協助建造坦焦爾和甘加貢達喬拉布蘭（Gangakondacholapuram）兩座朱羅大廟後，十三世紀在索米瑪賴定居下來；因為有位祖先意外發現，由郊區卡維利河灣處的細沙製成的黏土，特別適合製造鑄像用的模子。他們已經營了近七百年的銅像事業。「蒙老天保佑，」他自豪地說：「我們有幸今世吃這行飯，借用人的形象創造神。」

事實上，斯里坎達又說，目前生意非常興隆，工作室累積了大量訂單，至少一年才能供應全部訂貨。提供觀光客和收藏家的所謂「展品」市場日益擴大，不過，他們家族的主要專長，是完全按照古印度教文獻《工藝論籍》（*Shilpa Shastras*）條列的方式，鑄造出專供寺廟祭祀的神像。近年來，他說，大部分訂單不再來自他們傳統的市場，即卡維利三角洲，甚至不是坦米爾納督，反而是來自海外的印度僑民——特別是坦米爾人，僑居地迅速湧現新寺廟，從尼斯登（Neasden）到紐澤西各地。他們最大的一筆訂單，來自加州黑天覺悟會（Iskcon）總部。

我們喝著奎師那穆爾蒂端來的南印度甜咖啡時，我問斯里坎達，鑄造人們祭拜的神像，是什麼感覺。

「當我看見自己鑄造的神像，用在廟裡或巡行儀式時，」斯里坎達回答：「我盡量不去想，鑄造神像的人是我，一個凡人；甚至神像鑄得好或不好，我都沒去想。我想的是：這是神。」

「當然，我確實感到非常自豪，」他慢慢晃了晃腦袋，笑著說：「此乃人之常情。」

「神在我們內心，」他說：「神從我們的心、頭腦和手形成，藉由銅像展現出來。我鑄造的神像就像我的孩子。我們的俗話說：雕工為母，聖籍為父。我經常想留住這些雕像，不過我幹的是這一行，他們遲早都得離我而去，就像女兒嫁了人就得離開父親。一旦用金錐子雕出眼珠，開了他們的眼，一旦神明藉由神像活了起來，神像便不再屬於我。它充滿神力，我甚至不能再摸它。那時，它不再是人的創造物，而是神。」

「它蘊含神的靈魂？或是它本身就是神？」

「它本身就是神，」他堅定地回答：「至少在信徒眼中。」

「你的意思是……」

「如果沒有信仰，它不過就是雕像。信徒的信仰把它變成神。」

在我看來，斯里坎達提及三種不同的方式，能使無生命的雕像轉化為神：經由雕塑師的心和手，傳輸神性；鑿開眼睛時的乞靈儀式；以及透過信徒的信仰。我向斯里坎達指出這一點，不過，他看不出這三者有何矛盾之處；他所關心的是，奇蹟在某一刻發生，他鑄造的神像獲取了神性。

「我們的思考不該回到它的過去，或它如何誕生，」他說：「就像對待嬰兒或小孩一樣。嬰兒還小時，你逗他玩，一旦長大，你就有不同的對待方式——長大成人之後，你必須給他更多尊重、更多崇敬。」

外面街上，雨幾乎停了。我們說著話時，一個壯實魁梧、袒露胸膛、頭髮剪成頂髻的婆羅門爬上神輦。他開始取下兩尊神像的舊花環，從一個鼓起的大塑膠購物袋裡掏出一套新的花環：紅色芙蓉給女神，白色茉莉給男神。他恭敬地把花環套在神明身上，隨後分別在他們的額頭，用新的檀香膏點上蒂卡。他幹活兒時，一隻廟象在街上緩緩而行，背上坐著馴象師，尾巴擺來擺去；脖子上的鈴兒叮噹響。幾分鐘後，街上逐漸擠滿好奇的路人，甚至玩板球的孩子也歇手張望。

節慶的舉行，是為了紀念姆魯甘[1]的第二任妻子娃里（Valli），據說她是這村子的人。她是由一隻因聖人斯瓦姆蒂（Sivamurti）望一眼而懷胎的母鹿所生，獵者之王南比拉賈（Nambiraja）收養了她。娃里是坦米爾納督境內最美的姑娘。有一天，她手持彈弓，到父親的田裡看守粟米時，濕婆的兒子姆魯甘神碰巧經過，對她一見鍾情。

為了試驗她，他化身為虛弱的老人。他先跟她要水喝，她高高興興給他水。隨後，他向她要東西吃；她也給了他食物。最後，老人要她嫁給他，娃里自然猶豫不決，說她年紀輕輕，怎能嫁給這麼個老人，更何況她只能嫁給父親為她挑選的男人。

姆魯甘覺得自己需要幫助，便暗中向他的兄長象頭神迦內什（Ganesh）祈求，後者立即化身為發狂的野象，現身於粟米田。娃里嚇壞了，於是抱住老人，向他保證，若能救她逃離這頭即將朝她衝來、將她踩在腳下的大象，就一定嫁給他。姆魯甘隻手一揮，便趕走了大象，可大象一離開，娃里又猶豫了，說她只能嫁給父親挑選的男人。姆魯甘於是又向迦內什祈求第二次、第三次，但是每回娃里答應之後，還是對嫁不嫁給這位龍鍾老人猶豫不決。

第四次，姆魯甘才終於公開自己的身分，展現其神聖之美。不消說，娃里立即墜入情網。這一切，奎師那穆爾蒂說，都發生在這村子的田間。而今天的慶典活動，正是為了慶祝這場聖婚；姆魯甘和娃里已經在索米瑪賴的廟裡，等候婚禮的舉行。護送娃里的家人從家中前往鎮上的大寺廟，是此村的傳統特權。過去，村民必須將一對十分簡樸的石像，一路遊行送到婚禮上去。如今，拜斯里坎達之賜，村民擁有了閃閃發亮的新銅

1 姆魯甘（Murugan），印度瑜伽神，濕婆次子。

像，和索米瑪賴的任何神像不相上下。

「通常，我們得去廟裡拜神，」奎師那穆爾蒂說：「但今天，這些神來到村民的家。這是我們一年當中的吉祥日。」

「今天在這兒祈禱，」斯里坎達加上一句：「你求的事肯定實現。」

「比其他時候？」

「當然嘍，」斯里坎達說：「神雖然無所不在，但就像我們覺得神像能夠集中神的力量一樣，你的禱告在某些日子也能更蒙垂聽，更靈驗。」

我心想，這想法很是不錯：世界上存在著神聖的偶像和神聖的地方，同樣地，也存在著神聖的時間點。對虔誠的印度教徒而言，就像天堂的窗子突然開啟，使信徒得以接近神明。

我們談話時，響起了鼓聲和嘹亮的簧管聲，其粗啞的音調發出好似孔雀尖叫的聲音，迴盪空中。原本在附近棚屋避雨的兩名樂手，此時出現在神輦和大象之間，他們奏起音樂時，街上迅速擠滿人群，包括好幾個水果攤和氣球販，像是變魔術似地突然出現，展售推車上的商品。

此時，雨已完全停止，斜陽慢慢從雲縫裡鑽出來。在街道那邊，村裡的姑娘正忙著打掃自家屋前，用碎米粒在門階上排出吉祥圖案。短短二十分鐘內，氣氛完全變了樣

——這些通稱為「驅愁法會」（utsava）的節慶，並非虛得其名。

我看著斯里坎達走近神輦，向婆羅門獻上盛在銀盤中的一碟供品：椰子、菠蘿蜜塊、兩根香蕉、一些香火和一小疊牛奶糖果。婆羅門在神輦邊撬開椰子，然後點上香，拿著盛供品的盤子，在兩尊神像面前繞圈。

信徒從每間屋子走出來，大多是女性，人人端著供奉神明的供品銀盤、茉莉花環和其他供禮。撬椰子，獻供品，持續二十分鐘。隨後，婆羅門大聲發號施令，所有的板球手和他們同樣衣衫襤褸的姐妹，一起由後方推動神輦，父親、叔伯等則拉動繫在前頭的繩子。神輦開始沿街緩緩前進，大象走在最前頭，羊和雞四散奔逃，一些村民在神明面前跪下。儘管地面潮濕、處處水窪，還是有幾個信徒在街上俯伏叩拜。

我問斯里坎達，他難道不該同他鑄造的光鮮神像一塊兒搭乘神輦，因為我聽說，某些慶典有此習俗。「這種場合可不行，」他說：「我和神明的地位不同，不能僭越。不過，如果我們向寺廟貢獻新神輦，婆羅門就會給我們新的金戒指和頭巾，讓我們坐在自己建造的神輦內，繞行寺廟。那時候，我們才和神像同屬一個等級，受人崇敬。」

「至於現在，」他又說：「我只能走在神像旁邊。」

最後，我們一塊兒走。神輦頂端一度把偷拉對街輸電網的非法盜電電線扯了下來，為躲避嘶嘶作響的電線，引發了一場小小的騷動；除此之外，巡行隊伍緩慢莊嚴地向前移動，經過村裡的牛棚和草垛，途中在另一位保護神馬里安曼[2]的小廟短暫停留，表達敬意。神輦每走二、三十碼便停下來，讓每戶人家向神明獻上祭品。

「瞧瞧這些人，如此敬愛神明，」斯里坎達愉快地說：「偶爾離開工作室，看看這些節慶活動，對我是件好事。我們埋頭於日常工作，有時都忘了這些神像是印度教敬拜儀式的基礎；其餘一切，都是建築在此一基礎上。沒有穆諦（神像），就不可能有取悅（供養）儀式，也就沒有寺廟，無法讓眾人前來祈禱，訴說自己的問題。事實上，信徒告訴神像的祕密，甚至不能告訴老婆或孩子。」

斯里坎達指了指此刻包圍神輦的信眾。「這些人都有許多煩惱——財務、家庭、工作。可是當他們來廟裡或節慶請求神明時，他們的煩惱都暫時消失，感到心滿意足。」

他笑了笑。「當我看見信眾求助於我幫忙鑄造的神，我就覺得快活極了。我知道人生雖然只有短短八、九十年，神像卻能活上一千年，而我們就在這些神像中活下來。我們或許會死，我們的作品卻不朽。」

＊

世界上沒有多少地方像南印度，景觀和神祇緊緊相連在一起。

在南方的宗教地誌中，人們相信，每個村子都住著數不清的鬼怪、神靈、樹精、蛇神，據說祂們負責保護引導日常生活的每一個起落。人們崇拜祂們，供奉祂們，因為祂們了解當地每一分田、水井的甘泉，甚至牛羊的需求和飢渴。

如果說，村子是精靈和土地小神的活動範圍，那麼，分布在南部平原的各大寺廟城鎮，許多景觀特徵之所以生動，皆因泛印度主神的神話與傳說，即濕婆、毗濕奴和至高女神。在這道海岸線上的這座廟邊，女神苦修贖罪，待宇宙大洪水結束後，終能舉行她的婚禮；那塊岩石是一頭邪惡的象，企圖踩死鎮裡的婆羅門，結果濕婆大神把牠變成了石頭；這座寺廟，是尾巴有美麗眼睛的雌孔雀現身為帕瓦蒂女神的地方；那邊的河流，是姆魯甘神所開鑿，為了給吃太多鹹飯而急於喝水的婚禮賓客解渴。

坦米爾納督邦的偉大寺廟群，坐落在這些城鎮的中心，信徒視之為諸神宮殿。然而，印度諸神是不容違背的土地神，信徒相信，這些神祇不想只坐在寢宮裡，還想視察自己的領地。正因為如此，祂們在盛大節日由信徒請出寺廟，穿上衣服，戴上珠寶花環，坐上轎子或神輦，再奉上檳榔葉和檳榔，就像勘查轄區的大公出外巡行，以建立其主權，繞行王國邊界。

祂們巡行街道與田地，接受獻禮和供品，祂們的信徒與臣民，包括傳統上不准進寺

2　馬里安曼（Mariamman），字義為「母親」，流行於南印度的司雨女神，亦掌管婚姻生育。

廟的低種姓人民，皆能夠見到祂們，領受「達顯」（能量加持）；此舉不僅為神帶來快樂，同時能替信眾造福。巡行結束時，有時讓神明在聖河的三角洲河口沐浴，或裝在廟櫃內，乘船巡行。待神像返回，以牛奶、凝乳、奶油、蜂蜜和糖沐浴，再塗上檀香膏，穿上華麗的絲綢。

這些寺廟始建之初，偌大的廟宇石像往往體積過大，難於移動。正因如此，西元十世紀時，南印度開始鑄造方便移動的小尊銅像。這門藝術似乎始於甘吉布勒姆[3]的帕拉瓦（Pallava）王室，卻是在其宿敵坦焦爾朱羅諸王的贊助下，由此地雕塑師使之達到登峰造極的境界。坦焦爾大廟於西元一〇一〇年落成時，朱羅王室將六十多尊銅鑄神像敬獻給新寺廟，其中三分之二為羅荼羅乍所贈，其餘則為姐妹、王后、臣僕和貴族所貢獻。斯里坎達說，負責這一切鑄像工程的慈帕希，是他的直系祖先坤賈拉瑪拉．羅荼羅乍．佩倫薩臣（Kunjaramalla Rajaraja Perunthatchan）。

這些姿態優雅、身段柔軟的朱羅銅像，是印度有史以來最偉大的藝術作品。祂們雖靜靜站在基座上，卻藉由無聲的世界語言，以南印度的舞蹈手勢溫和地對信徒說話。對信徒而言，祂們的手勢代表祝福和鼓勵，恩賜和保護，特別是婚姻、生育與繁殖，以回應信徒的崇敬，而這顯然是祂們的神聖權利。

濕婆的舞王化身那塔羅闍（Nataraja），無疑是整個朱羅王朝最偉大的藝術創作。一方面，濕婆因戰勝無知和邪惡，並為博得其妻的歡心，跳起勝利之舞。另一方面，祂飛揚著一頭長髮辮，四周烈火環繞，藉由跳舞完成宇宙的毀滅，使之重生，再次延續宇宙之生命。祂一手持火，象徵毀滅，另一手敲打達瑪茹鼓，鼓聲代表創造。重生淨化的那塔羅闍，跳著舞將宇宙從毀滅推向循環再生，象徵時間本身的循環。

西方藝術史上，或許除了唐納太羅和羅丹之外，少有雕塑家達到朱羅王朝雕塑師成功鑄造的感官精髓，或者具備這樣一種能力，歌頌人體的神性之美。身體近乎赤裸的神明與聖人，展現出驚人的純淨，卻又以最為簡單的雕塑手法，突顯其精神力量、歡樂喜悅以及對彼此的欣賞。

坦焦爾博物館的一尊濕婆神像，伸手輕撫其妻帕瓦蒂的胸脯，她裸露身體，身上僅穿戴手鐲、腳鐲和繫在腰帶的透明絲巾。另一尊濕婆神像，則依偎著她裸露的肩膀，撫摸她的耳垂。朱羅藝術慣以這一含蓄手法，指出濕婆神無與倫比的愛欲力量，而濕婆最具代表性的形象，正是陽物象徵；經文中亦歌頌濕婆在雪山一次次做愛，歷時千年。在坦米爾的某些寺廟，祭司關上內殿大門前所做的最後一件事，就是取下濕婆妻子銅像的

3 甘吉布勒姆（Kanchipuram），印度教七大聖地之一，位於坦米爾納督邦的東北方，始建於西元前二世紀，曾為帕拉瓦王朝的古都。

鼻環，以免在做愛時摩痛祂的丈夫——據祭司說，祂們做愛，能確保宇宙生生不息。

在其他地方，印度教神像往往大膽露骨地描繪情色。印度各地的中世紀印度廟外牆，可見口交和集體性交的寫實場面，尤以卡朱拉侯（Khajuraho）和科奈克（Konarak）兩地最負盛名且最具創造性。該時期的坦米爾詩歌獨具魅力，亦表現情色主題：

她倩麗的胳膊
好似竹枝輕拂。
她的雙眸溫良柔順。
她遠在它方，
難以觸及。
我心因焦急
而狂亂
莊稼漢帶著壯牛一頭
來到濕答答的田裡
準備播種。

還有：

我親愛的她
臂上的鐲子
亮閃閃、叮噹響，
追著蟹奔跑，
突然羞怯停步，
低下頭來，
秀髮遮面；
直到悲傷的暮色消逝，
她才讓我
歡心享受
她的胸脯。

就某種程度而言，這一切並不意外。性愛在印度向來被視為正當先進的探討範圍，傳統上則被看作美學研究的重要環節：「愛味」（sringara rasa），是組成古典印度美學系統的九大「味」之一。猶太—基督教傳統強調肉體之罪、性愛的危險性、戒性守貞的理想，其源起神話始於光明的創造。與此相反，印度最古老的傳統文獻《梨俱吠陀》（*Rig Veda*），以「愛欲」（kama）的創造為其神話之始：起先愛欲出現，愛欲與神同在，愛欲即神。在印度思維中，「欲」仍是人生的三大宗旨之一，同「法」（所知法或佛法）和「利」（artha，財富）並列。

或許更令人驚訝的是，古印度世俗詩歌的情色主題，亦同樣出現於當時的宗教詩歌中。例如迦梨陀娑[4]的長詩《鳩摩羅出世》（*The Birth of Kumara*），整整九十一個詩行的〈帕瓦蒂歡愉記敘〉篇章，繪聲繪色地講述濕婆神與其愛妻的歡愛過程。西元頭幾個世紀，在各寺廟吟唱並勸服當地耆那教徒和佛教徒改變信仰的坦米爾聖人，他們的詩作同樣詳盡地講述神明的感官之美。例如少年聖人桑邦達（Sambandar）特別傾心於帕瓦蒂的美麗，據說他還是嬰兒時，父親去河裡沐浴，留他在廟階上啼哭，帕瓦蒂於是化身為人，哄他吃奶：

她的腹部平滑
曲線玲瓏
好似舞動的

蛇冠，
她完美無瑕的步態
勝過孔雀的優雅。
雙足柔軟
猶如棉絨
纖腰楚楚
猶如柳條。

古印度詩歌不僅止於想像女性神祇為美好的性對象。放棄者那教信仰的聖人阿帕爾（Appar），將化身為迷人乞丐的濕婆神描繪得同樣誘人，這一化身深受朱羅王朝青睞，雕鑿於許多朱羅大廟的外牆。在這首詩中，阿帕爾設想自己是個女孩，愛上化身為美麗乞丐的濕婆，祂的迷人相貌，能勾引祂托鉢乞討的任何女人。

4 迦梨陀娑（Kalidasa），西元五世紀笈多王朝的印度詩人、劇作家，梵語劇作《沙恭達羅》（*Sakuntala*）為其最著名的作品。

朋友請聽我說，
昨日，
在光天化日下
我肯定看見了
聖者。

祂凝望著我
我的衣裳滑了下去
我恍恍惚惚站在那兒，
我拿來施捨品
卻不見
誘惑者的身影——

若能再見到祂
我要用身體
緊緊挨著祂

絕不放開祂，
那一位寄身奧提尤[5]
的托缽僧。

假使說朱羅時代的詩歌時而露骨，那麼朱羅時期的神像雕塑，則是強烈暗示、而非直接闡明性的本質，其表現於這些永恆雕像的，在於不同凡響的搖擺節奏、曲線玲瓏的身軀，以及纖柔的臂膀。這些神像並非完全赤裸；這些神祇或許體現了人的欲望，卻不同於卡朱拉侯的雕塑。朱羅王朝的神明，雖顯然準備享受情欲之樂，卻不曾真正讓人看見「現場犯案」；祂們的欲望，在最後得到滿足前的某一刻永遠凝結。

這些銅像清楚蘊藏的情欲，不純然是現代人的詮釋；朱羅時期的信徒，目睹神像為愛妻的美麗而神魂顛倒，便題詞乞求神明，將祂們體驗的感官享受，傳送給其他不那麼幸運的信徒。我們有理由相信，有些女性神像，是以朱羅王后為原型——坦焦爾博物館的一尊帕瓦蒂神像，便是一例；至於身體的魅力和性能力，在朱羅時代的人看來，並非個人隱私，而是神明和統治者受人讚賞的必要特質。西元八六二年，朱羅王朝始建於坦

5 奧提尤（Ottiyur），今稱 Tiruvottiyur，位於坦米爾納督邦的清奈郊區，有一濕婆神廟。

焦爾時，官方公告將征服該城比喻作朱羅君王的情愛活動：「他是太陽族之光，占領此城……正如他攫住他那美目盼兮、鬈髮飄逸、布巾遮身的愛妻之手，只為同她歡愉。」對於君王固然如此，對神亦然。許多「奉愛」[6]頌詩的靈感來源，顯然是詩人信徒面對寺院神像之美，而沉湎於感官的心靈震撼：

我的心思觸摸朗迦神[7]的蓮花足，
欣賞祂優美的小腿，緊偎著
祂的雙腿，慢慢地，
向上伸展，撫摸
臍部。

在祂的胸膛稍停片刻，
然後，爬上祂
寬闊的肩膊，
啜飲祂甘甜的俊俏臉龐。

印度教向來認為，通往神的途徑所在多有。然而許多世紀以來，禁欲和欲念之間始終存在著一個主要矛盾。西元四世紀的烏賈因王侯詩人婆利睹梨訶利，在嚴格的僧戒和宮廷的感官逸樂之間搖擺不定，來來回回不下七次。「有兩條路可走，」他寫道，一是「做個虔誠的聖人，不失為好事，蓋因真知的甘泉蘊含其中，」一是「欲望勃勃地，用指掌觸摸窈窕女人堅實腿間的隱密處，以及她們飽滿的大腿與胸脯。」

「請明確告訴我們，該服事何者？」他在詩集《戀愛百頌》（*Shringarashataka*）當中問道：「曠野中的山坡？或充溢激情的女臀？」

朱羅時期的雕塑，以及使這些雕塑在卡維利三角洲生生不息的斯里坎達等鑄造師，至少使這一矛盾得以部分解決。印度的藝術傳統中，從不曾像此地的神，兼具強烈的肉欲和美麗的肉體。神的欲念，被視作其無形完美和神聖內在美的一面。對神的嫵媚予以讚美享受，便成為信徒對神示愛的中心主題。

在這一神學觀之中，按耆那教徒、佛教徒或印度沙陀的出世方式達到證悟，並非必

---

6 奉愛（bhakti），意為守貞專奉，強調信徒對神的專心戀慕與忠誠，活動包括背誦神的名字、唱頌詩、佩帶神的標誌、以及朝聖。

7 朗迦（Ranga），亦稱朗迦難德（Ranganatha），為毗濕奴休息狀態的一個化身。

要條件；也不必要舉行《吠陀經》所規定的血腥祭牲或火祭。實際上，虔誠熱愛，並時時取悅神像，亦可獲得救贖。神若是無所不在，遍及時間與空間，祂們必也積極存在於某些聖地，尤其在偉大寺廟的神像裡。在這些情況下，祭祀的最高潮仍是領受「達顯」，目睹神像之美，與神四目相對。銅像的目光迎向信徒的眼光，看者與被看者的目光交流，表達了信徒的「奉愛」熱情。

銅鑄神像在宗教狂喜中被當作戀人朝拜，這一概念自古以來即為巴比倫、希臘、羅馬人所熟知；然而在神學上，對於偶像崇拜和性愛歡愉深感疑慮的亞伯拉罕三大教[8]，至多僅此而已。

正如斯里坎達後來告訴我的：「神像美麗動人，有啥奇怪？色欲本是人生的一部分，私密的部分；神像是神下凡為人的形象，是化身為人的神。假如神像醜陋，不討人喜歡，誰要拜祂？雕塑指南《工藝論籍》，對每尊神的正確比例都有確切的規定。我們相信，除非比例完美無瑕，否則神無法活在神像中。我們雕塑師，努力使自己成為技藝精湛的手藝人，只為了表達神明之美。」

「唯有如此，」他說：「神明才能夠吸引信徒。那時候，我們雕刻師才不愧對先祖留給我們的傳統。」

*

朱羅王朝的神像鑄造傳統，仍存在於索米瑪賴的斯里坎達・慈帕希家族工作室。索米瑪賴距離特里支諾波利（Trichinopoly，簡稱崔奇〔Trichi〕）的小機場約兩小時車程，而從馬德拉斯搭舊式雙螺旋槳前往特里支諾波利，大約四十五分鐘的顛簸飛行。

初訪過後兩個月，我回到此地，飛機轉個彎，從雨雲底下鑽了出來，第一眼就看到富饒的卡維利三角洲展現在底下：綠油油的平原，劃分成一塊塊鏡像般的水稻田，在夕陽映照下，每一方格閃現出不同角度的折射光。銀緞般的卡維利河緩緩從中流過，蜿蜒於棕櫚樹夾岸的肥沃三角洲，繞過斯里蘭干（Srirangam）的島寺和崔奇的巨大山巖。

印度其他地區，或許正積極邁入千禧年，然而在遊客眼中，坦米爾納督邦的農村似乎純樸依舊，時光停留。離開崔奇機場的車程途中，可見村民將收割後的穀子鋪在馬路上，讓過往車輛的輪子去殼脫粒。村莊一如納拉揚[9]故事中所述：路邊的商店堆滿一袋

8 亞伯拉罕三大教（three Abrahmic religions），指猶太教、基督教和伊斯蘭教，因這三大教都與《聖經》中稱之為「大先祖」、伊斯蘭教尊稱為「眾先知之父」的亞伯拉罕有歷史淵源，故稱之。

9 納拉揚（R. K. Narayan），一九〇六～二〇〇一，印度英語小說家，生於馬德拉斯。其小說多以南印度一個虛構的小鎮馬古迪（Malgudi）為故事背景。

袋乾紅椒和剛砍下的綠香蕉；水牛在卡維利河的沙洲上打滾；牛車在紅土路上蹣跚而行，經過村中的鴨塘，以及被雨水打濕的高大香蕉樹。穿藍色紗麗的老婦人各自坐在自家前廊上，她們的孫女頭上插著茉莉花，結伴走在路上。肥碩的白牛，長角漆成藍色。

坦焦爾大寺的尖塔俯瞰方圓數哩的當地景致。高出平原二一六呎的高塔，主宰著平頂村屋和四周農田，就像歐洲的中世紀大教堂也曾完全獨占風光，以法國夏特或德國科隆的大教堂為例，建成之時，曾是全國最高的建築。此寺為羅荼羅乍所創建，他在位期間，許多方面都是坦米爾文化的鼎盛時期，是為坦米爾文學、學術、哲學和詩歌的復興時期。他曾派遣大使常駐中國，並派遣艦隊遠及峇里島；曾經征服斯里蘭卡、馬爾地夫、喀拉拉和德干高原，控制爪哇，並且使坦焦爾成為南印度首都。

羅荼羅乍在統治的最末階段，為紀念其功績才修建這座華麗的寺廟。這座陳述帝王氣概的浩大建築，規模比之前任何朱羅寺廟大上五倍，卻完全不用灰泥建造。高塔頂端的尖頂飾是一整塊堅實的石頭，重達八十噸，由數千隻牛，走上專門建造的四哩長坡道，拉到最頂端的基座，安裝上去。

如今踏入大寺內，踩著溫暖的石板，通過各自的門坊來到兩個宏偉的中庭，便可看見四周環繞著塗黑漆的神、鬼、聖人、隱士的石像，特別是濕婆大神與幾位妻子的石像。一些石像面前，信徒拜倒在地；還有些神像前，供奉小花簇，或點著樟油燈。

朱羅王族在十三世紀喪失權勢，然而，他們在南方坦米爾納督孕育的古典文明，仍有部分完整保存下來。如今你在坦焦爾寺廟看到的儀式，有些記載於《梨俱吠陀》，此文獻寫成的時候，金字塔和巨石陣仍在使用；而《吠陀經》使用的梵語，卻依然流傳至今。當宙斯、朱比特和伊西絲等希羅埃及諸神都已成歷史、為人所遺忘時，濕婆神卻比過去更受人敬畏，位於千丹巴讓（Chidambaram）和坦焦爾的朱羅大寺，依然不減其興旺繁盛。

不但如此，建立朱羅銅像的虔誠信仰，仍保存至今。從機場前往索米瑪賴參觀斯里坎達的工作室路上，我約好在寺廟中庭和香卡拉・納拉亞納（Shankara Narayana）見面，他是最後僅存的職業宗教歌手之一。阿帕爾、桑邦達等坦米爾偉大聖人所著作的七冊「神冠」（Thevaram）宗教讚歌，一千多年前在這一寺廟首度演出。我問香卡拉，在廟裏的銅神像前唱歌是什麼感覺。「身為歌手，我們盡我們所能，陶醉在濕婆神的美麗之中，」他答道：「銅像能使我們觸及祂的美，反過來，我們的歌也能賦予神像生命。」

這些「神冠」讚歌——如今才開始瀕危的口傳藝術——創造了熱情、神祕、往往耽於感官的「奉愛」世界，以朱羅銅像為其奉獻對象。朱羅時期的銅像鑄造師和斯里坎達的索米瑪賴家族工作室之間，彼此的直系關係，只是坦米爾廣大連貫的宗教精神當中的一個面向而已。

*

一到索米瑪賴，我看見斯里坎達正在位於廟鎮主街的家族小工廠埋頭工作。

他不再像我上回見到他時，身穿洗燙過的漂亮掄吉。此時，他穿了一件又舊又髒的背心坐在那裡，裹腰布，鬍子未刮，前額中央留有一點殘餘的灰和檀香膏。他正專注於一小尊馬里安曼神像，用鐵鎚和鑿刀雕琢這位地母神，祂也是當地許多村莊的主神。我趁他做最後的潤飾工作時，打量了工作室四周。

最漂亮的房間最靠近街道。兩間空調辦公室內，堆放著訂單簿，還有一台巨大的老式打字機，吐出幾札複寫紙。打字員是一位婦女，身穿硬挺的白色紗麗，節奏規律地敲擊鍵盤。幾份剪報框在牆上，還有一張斯里坎達同父親和兩個兄弟合照的大照片，他們榮獲卡魯納尼迪（Karunanidhi）先生授獎，這位戴太陽眼鏡的卡魯納尼迪曾是一位編劇，現為坦米爾納督首席部長。

隔壁房間則是工作室本身。書桌上，女神像的一隻手臂扔在一旁，剛用蜂蠟和樹膠模製而成；旁邊還有喝茶休息去的工匠所丟下的一小盆蠟，放在火盆上熱著，還有小刀、雕刀和一些零星碎屑。另一個盆子裡裝滿水，內有一堆已完成的局部殘肢，好似維多利亞時代野戰醫院的傷殘單位。

旁邊有另一張書桌，斯里坎達的哥哥正在桌前忙著將一條蠟揉切按壓，使其成為神像的手臂。塑製速度快得驚人，像小孩子玩黏土一樣隨意，似乎完全憑著記憶，沒有樣品簿或模型攤在面前好依樣畫葫蘆。快完成時，將指頭捏成相稱的手勢後，斯里坎達的哥哥用左手拿著，開始用燒熱的雕刀完成曲線的塑製。每隔幾分鐘，他便從工作檯邊的炭盆挑把鑿子取而代之。他輕輕撫弄，動作俐落，蠟碰到熱刀面，先是融化，而後消失，蠟的嘶嘶聲和樹膠的香味伴隨而來。

房間另一邊，八個工匠盤腿席地而坐，都打著赤膊，正為鑄銅像進行鑿銼及最後的裝飾工作。一個男孩忙著用銅油和抹布上光；另一個男孩為一尊將近完工的女神像安上手鐲和臂環，她的頭擺在一旁的木墊塊上。工匠四周全是閃閃發亮的銅像，完工程度各不相同，有些剛出爐，看起來像鉛一樣黯淡，有些閃著嶄新的銅光，還有一些跟博物館裡的一樣，呈暗淡的砲銅灰色。

房間外面通往後院和牛棚，這部分的工作室是窯爐所在地，四周盡是爐渣和模子的碎片。兩個人在這兒安靜地將蠟模裹上黏土，另一個人則將一個已完成的模子固定在鐵架中，準備置入爐火。

在他們對面不遠處，有兩個黑皮膚的赤腳工人正在給泥地上的爐子添煤，另一個工人拿著一對大風箱助火。兩名司爐工將廢棄的舊銅，即壓碎的銅壺、幾根銅線和銅盤，一一塞入熱爐裡燒。溫度非常高，橘色、綠色、灰黃色的火焰從熊熊爐火中噴出。

我看著其中一名司爐工從爐裡取出一堝熔化的金屬，倒入等在一旁的模具中，熾熱的綠色熔銅，像水從水壺裡很快倒出。這一火爐的旁邊，放著金盞菊串成的花環，是鑄造開始前的「取悅」儀式所留下的供品；再不遠處，兩隻牛正在反芻。

斯里坎達來到我身邊，解釋說，牛的作用是為了提供「取悅」儀式所需的牛乳，創造吉祥得體的印度教氛圍。隨後，他示範了鑄造銅像的脫蠟過程。他向我說明，正如他的祖先過去所做的，如何先用柔韌的蠟與樹膠混合物，做出完美的神像模型；如何將模型封入卡維利沖積土製成的細粒黏土，抹上焦黑的椰殼和鹽，在陽光下晾一週。晾乾後，他解釋說，把黏土模具埋起來，如此熱化後，蠟自然流出來，留下模具，再倒入熔銅——他將該過程比作受孕，模子取代子宮，未來的神將誕生於此，爐渣被比作血和胎衣，鑄造師則是產婆兼奶媽。十分鐘後，撬開模具，等著進行神像的最後完成程序。

他說著話時，將熔銅倒入模具的兩名工人，把模具放入一桶水裡使之冷卻。隨後，他們開始撬開模具。「這是最神奇的一刻，」我們觀看時，斯里坎達說：「也是最難預料的時刻。直到此刻，你才曉得鑄造得成不成功。」

兩名工人拿槌子輕輕撬開黏土，迦梨[10]女神像的頭、腿和三叉戟，在散亂的破黏土中顯露出來。感覺有點像在觀看一場考古挖掘，一件熟悉的器物，在專家的細心敦促下出土。「接下來的最後修飾工作，是鑄造過程中最艱難的部分，」斯里坎達說：「就大尊神像而言，光這部分就得花上六週的時間。」

他又說，就技術而言，他認為他們和朱羅時期的鑄造大師只有一點大相逕庭：朱羅先祖鑄造的作品，工藝精湛，技巧卓越，斯里坎達說道，因此從模具取出後，幾乎不需要做最後修飾。可是今天，他說，不知怎的，鑄出的作品總是有一些缺陷，從鑄模取出神像後，需要費工夫拋光打磨，才能準備進行開眼儀式。在世世代代心口相傳的過程中，無瑕的鑄模密技不知何時已不復存在。

整個過程本身，斯里坎達說，封裝在美好的古代儀式當中：唯在新月或滿月之日，始能開始製模；月虧之時，除了最後的修飾工作，不允許幹活。神像的開眼儀式，必須在凌晨四至六點夜深人靜的時候舉行，以免擾動神明；鑄造銅像時，不許喝酒吃肉；鑄造過程啟動時，必須唸古梵文咒語〈阿瑪莎經〉（Admartha Slokas），工作進行時，必須唸另一套〈禪經〉（Dhyana Slokas）咒語。一切的祈禱和心思，都應集中在即將附身於塑像的神祇身上。一切的比例、手勢和神聖幾何，都由傳統訂出明確規定，唯有深諳梵語和聖籍的上層慈帕希婆羅門家族，方可鑄造供人奉拜的神像。

---

10 迦梨（Kali），印度的黑女神，濕婆之妻帕瓦蒂的化身，面目猙獰，代表黑暗和暴力。

「我們的工作室就像寺廟，」斯里坎達說：「分分秒秒都很神聖。有些人認為我們從事的是藝術工作，我們卻認為這是一種虔誠行為。對我們來說，藝術和宗教是同一回事：唯有祈禱時，藝術家才能創作出完美的塑像。甚至連我們製作的蠟模，也存在著一點神的生命（jivan），因此也受我們所敬重。我們工作時，一心只想到神，雕刻鑄模時，誦唸適當的咒語。

「這些神像反映了我們的心靈，因此當我們埋頭鑄像時，我們必須像置身在聖廟裡一樣，我們只能說真話，對大家親切有禮。我們必須遵守聖籍訂下的一切規章，直到銅像鑄造完成。」

他說，誠然，索米瑪賴的其他工作室並未遵循傳統。他們不識梵語，看不懂《工藝論籍》，因此違反許多神聖的法則與慣例。他們雇用低層賤民和非信徒，原則上將神像鑄造當作一門生意，旨在賣給遊客。「他們的作品有些技術精湛，」他說：「能滿足藝術收藏家，不過，我不認為他們製作出來的神像具有神性。用那種方式製造出來的神像，沒有哪座有聲望的寺廟願意碰觸。那類作品永遠打動不了我。外行人或許看不出差別，我們卻看得出來。在這個時代，這或許看起來不公平，但我們也尊重人才，無論出身什麼階級。只是《工藝論籍》規定得相當清楚，而我們相信，只有完全按照規則製作出來的神像才具有神性。」

我問他，神是否永遠待在神像當中。斯里坎達說，印度教徒相信，神像和人類一樣，有固定的生命週期——生命不會永遠待在雕像裡，不過，如果虔誠祭奉，其生命可達八百五十年之久。信徒的信仰使神像歷久不衰。然而，即使最得寵、最受到悉心照顧的神像，在邁向千年之時，其生命也會開始衰退，終而消失。

神像若未受到妥善照顧，其生命可能更早衰退，倘若遭竊或遭人濫用，神明便立即離雕像而去。博物館內的神像便是一例，無一擁有生命。每尊神像都有誕生星，《工藝論籍》依據其大小和比例，提供詳密的星相公式，用以決定雕像的生命；正如人們相信，一個人的生命，能藉由細心估算的八字來決定。如果神像是在私人家庭「取悅」儀式之用，則需取夫妻的八字，稍微更改神的比例，以合乎該家庭的星相。

我們一邊談話，斯里坎達一邊用鑿子在女神渾圓的乳房上不停鑿著。我問他，雕刻師必須慎重處理這種訴諸感官的形式，是否有其困難或令人分心之處。斯里坎達承認的確存在這一問題。「我們得把銅像當作神，」他說：「永遠不能當作人。」

他笑了笑。「有回我到倫敦的姆魯甘寺廟安裝我鑄造的神像，並順道參觀了泰莎夫人蠟像館。我在那兒看見寶萊塢女星艾許維亞瑞伊（Aishwarya Rai）的蠟像，當然，你立刻想起她演過的每一部愛情片。在鑄造一尊女神像時，始終必須抗拒這類想法，把注意力集中在祈禱上。」

他停頓了一下。「這份工作最重要的是自我約束力。和技巧一樣重要。很多人之所以喪失技巧，都是由於缺乏自制力。如果神在心中，心卻敗壞了，神明便無法透過雕刻師流入神像。優秀的慈帕希就這樣失去了技能——他們有些還是最傑出獨特的藝術家。你不僅需要保持自己的技能，也必須嚴加自律。」

*

我在第二天早上九點回來時，斯里坎達已工作了五個小時：他一天的開始，就在工作室清晨四點開門時。

他正用鑿子進行銅像最後的修飾，這是一尊大型的喀拉拉山神阿亞帕（Ayappa）。我問起他的童年。「我記不得什麼時候第一次去我父親的工作室，」斯里坎達說：「可能在我還是嬰兒時。我小時候大部分時間都待在那裡。早在我們上學前，我父親就鼓勵我們去那兒玩，用蠟和樹膠製作玩具動物。這一切都像魚知道如何游水一樣，不需要專門教導，生來就會。」

斯里坎達說，有回觀看眾神巡行索米瑪賴時，他頭一次心想，一定要像他祖父、父親和叔伯一樣，成為雕塑師。

「當時正是卡提凱（Kartikay）節，」他說：「大批群眾湧入村中，觀看姆魯甘神繞鎮巡行。許多人頭上頂著牛奶桶，準備給神像沐浴。據說當天去廟裡祭拜，無論祈求什麼都能如願以償。

「大家都在裝飾自己的房屋正面，我父親也將幾百尊銅像從店裡搬到店門口，因為神輦會經過我們的店——當時店面小得多。我父親在神輦隊伍經過時悄悄告訴我說，我們的祖先鑄造了姆魯甘神像，奉贈給寺廟。我感到無比驕傲，了解到這些祖傳手藝是神所賜予。從此，我只有一個抱負，就是成為技藝高超的雕塑師，和我父親和叔伯相匹敵。」

「我觀察父親，訓練自己。同時，我的祖父每天教我們三小時梵語，讓我們能夠閱讀理解複雜的《工藝論籍》神聖幾何學，領會每個神明的特性。從十八歲起，考上大學後，我們開始在放假時接受正式訓練。一開始，我們從蠟學起，製作蠟模，由父親監督。那時候，我們才能晉升到雕刻，修飾神明身上的珠寶首飾。臉和手的製作和修飾，以及整個鑄造過程，這些才是最困難的技巧。雕鑿的部分最為痛苦；如果辛苦幹活，一天下來，就能讓你肩背疼痛。

「在家裡，我父親總是無拘無束。他跟我們一塊兒玩，如果我們吵鬧，或是我們三兄弟打架，他只是笑笑。可在工廠，他就完全不同了。如果我們不安靜或工作不專心，他會變得非常嚴厲，非常生氣——一切都得按規章行事。他要我們把工作當作瑜伽，專心一意，完全陶醉。

「大約每個月一次，他會帶我們到坦焦爾博物館，那裡收集了全世界最偉大的朱羅銅像藝術品。甚至德里的博物館都比不上。我父親常說那兒是我們的大學。他讓我們仔細端詳每一件作品，回家後，他要我們試著用蠟複製雕像。這是我受過最好的訓練。我們祖先的作品，不曾有人敵得過，他們仍是最好的導師。

「有一回，紐約舉辦印度節，政府請我父親複製館內最傑出的作品——濕婆的牧牛人化身（Vrishabhavahana），是一九五〇年代在蒂盧凡迦督（Tiruvengadu）發現的銅器寶藏。許多人視之為世界最精巧的銅像。我父親搬進博物館，把我們帶去當助手。我們在那兒住了六個星期，複製品完成時，沒有人看得出兩者的差異。印度考古調查部對複製品的完美非常擔憂，要我父親在底座的每一面寫下『複製品』幾個大字，放在他們馬德拉斯總部的保管庫中，以免有人企圖掉包。直到今天，我們出口神像時，還是經常被海關扣押，還以為我們走私朱羅時期的原作。

「一九八四年，我二十二歲，我們在博物館完成作品後不久，我父親斷定我已學會足夠的技能，可開始自己鑄造第一尊神像。他決定讓我鑄造我們村子的女神，維卡莉安曼（Vikkali Amman），展開我的職業生涯。我夜以繼日地工作，直到蠟模準確無誤後，做出一個好模子。幹了三星期的活之後，我們燒模子，隨後，我又花了三星期完成模型。完成後，我非常正式地呈交給我父親，就像學徒對待導師一樣。我非常緊張，因為他很不容易討好。

「他默默端詳了很長一段時間。隨後對某些不太對的首飾提出小小的修改建議。他沒再多說什麼。我照他的建議做了修改，過了一個星期，我們舉行開眼儀式。

「我們鑿開眼珠子，這是最後一道雕刻程序，並舉行『取悅』儀式，神這才完全附身於新的雕像。這是最重要、最緊張的時刻。我也是人；儘管我盡了力，可當我雕刻時，很多時候不免還是想到營業稅、家庭問題、車子該送修等等。可當開眼時，誦唸過恰當的咒語，我便忘掉一切。我把世界拋之腦後。我進入一種接近禪定的狀態。有時候，贊助神像的信徒被女神附身，舞來舞去，用奇特的聲音說話，或渾身搖晃顫抖，完全著了魔。祭司必須在他們的額頭塗抹聖灰，點上樟油燈，才能喚醒他們。上星期這事兒才發生：來參加儀式的六、七個人被神附了身，其中一人說：『我是女神，來為你們排憂解難。』

「這一刻更是緊張。我父親充當祭司，召喚神明進入雕像，慢慢鑿開眼睛，我坐在那裡，既緊張、興奮，又虔敬。直到儀式結束、神明被喚醒後，我父親才說我手藝精湛，他非常以我為傲。

「從此，我便一直工作，二十五年來持續不輟，仍然從我的每一件作品當中得到滿足。我從不感到厭倦。有時處理大型作品，必須長時間艱苦工作。我父親常說，鑿子是他的老師。它移動的方式，連我們也無法控制——心驅動鑿子，而神存在心中。每創作一件作品，我都嘗試提高自己的手藝，設計更優美的神像，謹守《工藝論籍》的種種約束。我要學的地方還很多，覺得自己還不能與我父親並駕齊驅，尤其更無法和我的祖先相提並論。即使現在，我仍在調整鑄造方法，試圖達到他們從前達成的成就。

「當然，每個人的生活都存在自己的問題，有時壓力很大。但總的來說，我的生活過得算是平靜。而且我們的生意做得不錯，儘管我從沒讓自己這麼想。誰都比不上我們的手藝，因此我們幾乎獨占市場，儘管有些業者的要價是我們的一半。我們現在由三兄弟經營，大概有四十八名助手。我們每週交出四、五尊神像，目前還積有一年的訂單。即使只是處理急件，我們也得忙上三個月。」

我問起前景的問題：傳統能否延續下去？

「唉，」他沉下臉來，說：「這是唯一讓我真正擔心的事。我這一代走了之後，誰知道以後會怎麼樣？我兒子說他要到班加羅爾當電腦工程師，還說他打算放棄家族生意，就此拋棄我們的世襲血統。他的堂哥，我哥哥的兒子，也是這樣。我兒子懂這些手藝，也能鑄造挺不錯的雕像，卻還不能出師。我想，他大概走到一半。他念電腦，目前正在修商管課程。我們希望他能回這裡來，可他感興趣的卻是網路，還有他所謂的網路銷售。他想擴展我們的業務，卻沒興趣自己鑄造神像。

「小時候，我父親告訴我，我會是慈帕希。我自己想成為慈帕希，可說是一種偶然。他沒讓我有機會選擇。我不會這麼對我兒子。如今這一套是行不通的。我兒子很迷電腦，老是坐在電腦前，老在玩電腦遊戲。當然，我要確保他擁有這門技藝——他已經能做出很好的蠟模。但如果他成績優異，有機會上大學念電腦工程，我卻剝奪他想要的機會，對他並不公平。這兒的工作非常辛苦。電腦工作比較不那麼難，而且賺更多錢。」

我說：「經過這許多世代，你肯定非常擔心。」

「如果我說自己一點都不苦惱，那是說謊，」他回答：「我們繼承了一個歷史悠久的傳統，一代一代傳下來，持續七百多年。這也是我們的雕像與眾不同的地方。我確實覺得血統有它特殊的意義。在一定程度上，這不是一門光靠學習就能取得的技藝。血統本身傳授給我們這門手藝，就像魚知道如何游水，孔雀知道如何開屏，都是血統使然。你們西方人說，藝術來自靈感，而非來自血統；神確實可能觸及任何人，任何出身的人。我在我們的幾個助手身上看到了；可你仍然不能忽視血統，歷經無數世代承傳下來的手藝。某種程度上，神引導著我們。我的兒子還小的時候，還不到六歲吧，畫了一幅濕婆像，其優美的程度讓我們都為之震動。我對他抱有很大很大的期望。

「每一天，我還是祈求我們的家神卡瑪克什安曼（Kamakshi Amman），讓我兒子改變主意，讓我們的家族血統保存下來。我甚至允諾，如果我的祈禱得到應驗，我就修繕她的寺廟。不過我也知道，如果我的孩子拿高分，他肯定會去班加羅爾——看來，他會考出好成績。不知什麼緣故，每一個婆羅門男孩在數學和電腦方面都考得很好。或許那也是祖傳的血統——畢竟我們從事天文計算已有五千年歷史。」

「我也不清楚，」斯里坎達聳了聳肩，說：「這些全是因為世界開放的緣故。畢竟，就像我兒子說的，這是個電腦時代。儘管我並不希望這樣，卻也很難告訴他說，這是個鑄銅時代。」

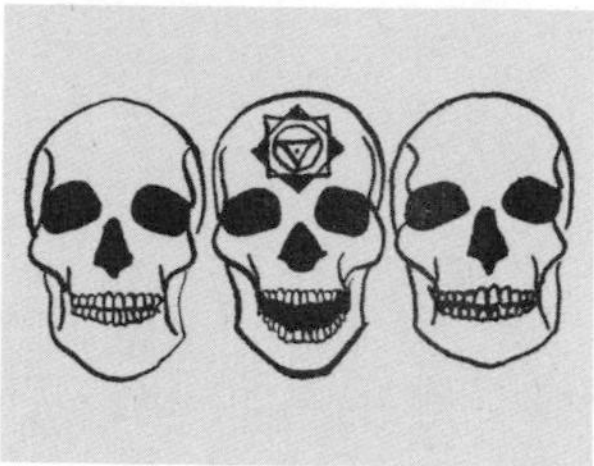

# 第八章　黃昏夫人

我們之所以住到火葬場，
正是因為多羅嬤嬤的緣故；
多羅嬤嬤把我們拉來這裡，
我們因為她而待在這裡。
我們在自己內心找到她慈愛的靈量。
這裡是實現靈量、照亮靈量的地方。

「拿頭骨當杯子喝之前，」瑪尼莎．嬤．拜拉維（Manisha Ma Bhairavi）說：「你必須先要找到合適的屍體。」

我們坐在茅草屋裡，旁邊是黑暗的樹林和冒煙的火葬柴堆。這裡是孟加拉邦的多羅培塔（Tarapith），印度最神聖的地方之一，據說也是至高女神的第三隻眼所在地。並且是女神多羅[1]的居所。

多羅培塔是個詭異之地，而且臭名昭彰。我在加爾各答的時候聽人說，多羅培塔因其敗壞的密教儀式和廟裡舉行的牲口獻祭而聲名狼藉。謠傳，入夜之後，村外河邊的火葬場有更奇怪的事發生，逾越了村中生活以及孟加拉社會習俗的界線。

多羅女神據說住在這裡，孟加拉人相信，夜半時分可在黑暗中窺見她，汲飲人們為息其怒火而日復一日宰殺的山羊鮮血。在這個以素食為主的國度，血祭儀式越來越少，多羅培塔的女神祭祀於是愈形怪異，此地能夠看到在印度其他地區已屬罕見的情景：村民每天至少送來二十隻羊，好滿足女神的飢渴。

多羅女神據說鍾愛屍骨和骷髏，因此，住在河上游和大榕樹底下的火葬場那些紮髮辮、身上塗灰的沙陀，用一排排人頭骷髏裝飾他們的屋子，當中很多顯然是兒童的頭骨。這些漆成鮮紅色的骷髏頭，鑲嵌在每間屋子的泥土門檻上。此外還有一些圖像：女神各種不同化身的鑲框串花掛曆，多羅培塔各大聖人的畫片，以及串著金盞花環的三叉戟；不過最引人注目的還是頭蓋骨和骨頭，不只人骨，還有豺狼、禿鷹，甚至蛇等夜行動物的骨頭。

「你怎麼尋找合適的頭骨？」我問瑪尼莎。

「管理火葬場的度姆人[2]幫我們找頭骨，」她不動聲色地說：「他們給我們留著，我們需要的時候再拿給我們。最好的頭骨是自殺而死的人，」她又說：「喝毒藥或懸樑自盡的人，他們的頭骨格外有力量。還有純真童女的頭骨。」

「接下來呢？」

「你若拿到一副好頭骨，下一件事就是保存它。你先要把頭骨埋在土裡一段時間，然後上油。如果只想拿來飲水，這就行了；但你如果想用來裝飾，就要等它完全乾燥，塗上紅漆，雨季期間就不會發霉。」

我們談論的話題，在別處可能被視為巫術，至少在光天化日下；然而，瑪尼莎小屋周圍的火葬場，卻是一幅奇特的大家庭情景。居住此地的密教沙陀坐在一旁，身上塗灰，或全裸或半裸，自顧自地喝茶打牌，彷彿住在一個滿是頭骨的火葬場乃是世上最正

1　多羅（Tara），Tara為梵語，藏語為Drolma，意指「救度」，故又稱「度母」。
2　度姆人（Doms），印度的低種姓族群，執行火葬，處理屍體。

常的事情。當我們談論頭骨保存時，瑪尼莎的紮辮伴侶，塔潘．沙陀（Tapan Sadhu）坐在小屋後方，收音機夾在耳邊，時而穿插來自南非的最新分數。「英格蘭得分二七〇——四。」他興奮喊道。

瑪尼莎同樣不是個恐怖或邪惡的人物。儘管她有一頭紮辮的花白亂髮，身穿破爛的橙黃色長袍，卻是個胖墩墩的和藹女人，六十多歲，說話輕柔，眼神溫和脆弱。她的深褐色皮膚有大片大片蔓延的白斑，是皮膚病導致的結果。她盡職盡責地接待前來請她祈福的信徒，照顧路過的沙陀，提供茶水給他們，對塔潘充滿柔情。

「無論人們怎麼想，」她說：「這裡不是邪惡恐怖的地方。人們對我們有各種各樣的想像——但是我們比住在城裡的人更懂得彼此照應。在加爾各答，你如果病倒，也許沒有鄰居會發現你已經死了。在這兒，我們如果哪個人生了病，其他人都會看他是否安然無恙。雨季時期洪水來襲，河水暴漲，淹沒我們的房子，我們會彼此幫忙。如果有人病了，我們會幫忙付醫療費。如果我們哪個人死了，我們會出錢幫他火化。」

瑪尼莎聳了聳肩。「不了解我們做什麼的人，才會怕密教[3]，」她說：「他們聽傳聞說我們拐騙女童，殺害她們。黑幫有時還來墳場侮辱我們，或在集市看見沙陀的時候虐待他們。很多時候，人們還罵我是巫婆。」

關於這些，我從報上略知一二。據我所讀的一則報導，孟加拉邦的密教，正處在執政共黨的威脅下，他們有時派所謂「反迷信委員會」的委員，勸民眾拒絕信仰療法，接受現代化，回歸其他比較主流、較不迷信的印度教。因此當地密教徒往往受到言詞等各種方式的攻擊，被斥為邪門歪道、毒蟲、酒鬼，甚至食人族。西孟加拉的報紙還報導過，孤苦無依、遊走於社會邊緣的寡婦遭受迫害，被指控施行巫術，「食用村民的肝臟」，尤其在村中發生災難時；事實上，她們有時仍被處以死刑，就像宗教改革時期的歐洲以及北美的巫婆一樣。

「我有幾個住在西邊比爾普姆（Birbhum）地區的朋友，被打得死去活來，」瑪尼莎說：「不過我不擔心。我們本地的共黨議員大可告訴民眾，我們的行為為迷信，可他還不是照樣帶山羊來獻祭，想從我們身上預知選舉結果。他兩星期前還到這兒來呢。他只是擔心大家從女神那裡，而不從他那裡獲取力量。他的內心其實相信。」

「不過，起初為什麼選擇住火葬場？」我問：「這難道不是自找麻煩？要過神聖的生活，肯定還有更好的地方吧？到喜馬拉雅山，或恆河的源頭……」

「我們之所以住到這個地方，正是因為她的緣故，」瑪尼莎打斷我的話，說：「多羅嬤嬤把我們拉來這裡，我們因為她而待在這裡。我們在自己內心找到她慈愛的靈量

3　密教（Tantra），由其經典咒語「坦陀羅」而得名。

（shakti）。這裡是實現靈量、照亮靈量的地方。」

我們說話時，一名信徒來到跟前低下頭來，瑪尼莎於是停下話來，賜福給他，詢問他的情況。男人離開時，將幾枚硬幣悄悄放在最大骷髏頭前方攤開的布上。

「我們相信，她在每天晚上天快亮時顯現自己，」瑪尼莎繼續說下去：「那時候，你能強烈感受到她。要不是有她保佑，我們也不會在這裡。她接納我們，保護我們，給我們幫助。任何人來找她，都能度過難關。在多羅培塔，她無所不在：樹葉、稻芽、棕櫚樹液、帶來降雨的雲。我們只要生火致敬，唸幾句咒語，舉行一些儀式，剩下的事就交給她辦。」

「在這樣的地方生活，你難道不害怕？」我問道。

「多羅愛我們大家，」瑪尼莎回答：「因此我不害怕。」她稍停了一下，又補充說：「再說，死者不待在火葬場。只有屍體在這裡。死者投胎去了。」

瑪尼莎笑了笑。「度母給我們帶路，」她說：「她帶我們遠離單調的日常生活。她為我們安排一切：我們收到的禮物，我們賴以維生的施捨品。在這裡，我感覺到她的存在。這裡是她的家。」

「你見到過女神嗎？」我問道。

「度母有各種化身，」她回答：「多得數不清。最近我看到一隻豺狼，那是她的坐騎。有時候，我在夢裡瞥見她，不過，她從來沒有向我顯現過。我希望有一天能看到她。如果打從內心呼喚她，有一天你就能看到她浮現在你眼前。」

瑪尼莎撥弄著手上的菩提念珠。「或許我事奉她的方式不對。除非你誠心以正確的方式呼喚她，否則她永遠聽不見你的聲音。這需要長期的努力，而且很不容易。但是只要你待在這裡，凌晨兩點起床祈禱，只要你持之以恆，不輕易罷休，就一定能看見她。」

我問起散置在墳場的頭骨，它們的作用究竟是什麼？

「我們不能什麼都說，」她回答：「不過，頭骨給我們力量，為我們的祈禱注入靈量。神靈幫我們帶來靈量，靈量於是和頭骨相伴。我們照顧頭骨，餵它們吃豆飯。於是它們保護我們，遠離罪孽死亡。它們幫我們喚醒女神。」

聽瑪尼莎的口氣，女神對她來說顯然不是什麼可怕的東西。她親密地稱呼女神為多羅嬤嬤，彷彿她是一位慈愛的女家長，這和我來這兒路上，在集市的大眾印刷品上看到的形象大不相同。誠然，多羅女神在當地的形象，有時表現為哺乳的母親，有時則是吉羅娑天堂[4]或寶石島[5]的女王。但她通常被描繪成幾乎全裸，亂髮蓬鬆，吐著血紅的舌

4 吉羅娑天堂（Paradise of Kailasa），吉羅娑位於喜馬拉雅山區，傳說為印度主神濕婆的住所。
5 寶石島（Isle of Gems），指以寶石聞名的斯里蘭卡。

頭，坐在老虎皮上，有四條胳臂，戴著剛砍下的頭顱串成的花環。她揮著一把沾滿血污的屠刀，渾身鮮血淋漓，勝利地站在一具陰莖勃起的死屍跟前。在我看來，她根本是恐怖、詭怪和凶殘的化身。我向瑪尼莎如此直言。

「啊，」她說：「沒錯，那是她狂暴的一面。不過，這表示她能替你和魔鬼作戰。」

「但是她自己看起來與其說是女神，幾乎更像惡魔。」

「多羅是我的母親，」瑪尼莎坦率地答道：「你自己的母親，怎會讓你恐懼？我剛來這兒的時候處境狼狽，是嬤嬤保護了我。我遭丈夫毒打，不為婆婆所接受，失去了我的家和三個女兒。女神給我帶來塔潘．沙陀，保護我，賜愛給我。在這個死亡之地，我找到新的生活。現在，我哪兒都不想去。對我來說，多羅嬤嬤就是一切。她是我的生命依靠。」

*

多羅培塔位於一大片平坦、綠意盎然的鄉間。這處肥沃的沖積平原、富饒的水稻田和廣闊的天空，伸向遠處的桑德邦斯（Sunderbans）沼澤地、恆河三角洲和孟加拉灣，構成一片蔥鬱濕潤的綠色伊甸園。

通往和平鄉（Shantiniketan）的路，建在遮蔭堤壩上，穿過一塊塊濕地組成的拼盤：先是收穫一半的水稻田，而後出現栽種秧苗的晶亮長矩水田。在這些景致之間，貫穿著河川網路，以及蛙鳴不絕、魚兒成群、點綴荷花的鴨塘。周圍處處可見拿捕魚竹籠的漁民和持瓦罐的村姑。翠鳥默不作聲地站在電線上觀望。在這一片波光盪漾的水鄉當中，聳立著一座座土丘，四周棕櫚樹林、竹林和高大蘆葦環抱。這些土丘上，坐落著以蘆葦和黏土築建的小村莊，還有牛車、稻草堆、茅草公車站，以及偶爾出現的大榕樹。有時在村子一側，矗立著地方要人的大磚房。

多羅培塔從遠處望去，和孟加拉邦其他村落沒什麼不同，有棕櫚葉頂的小屋，還有寧靜涼爽的魚池。但這裡有一座建築主宰著所有建築物：女神大廟。寺廟是由厚牆築就的紅磚殿，正面一排連拱廊，向上隆起，形成白色大尖塔，猶如喜馬拉雅山的雪峰。殿內，在下彎的屋簷底下，立著黑色長髮的銀色女神像，在金盞花環和瓦拉納西絲綢紗麗[6]的遮掩下半隱半現，頂上遮著一把銀傘。她額上有一撮朱砂粉。廟裡的祭司把朱砂沾在手指上，再把紅色粉末點在信徒的額頭上。信徒親吻她的銀足表達感謝，並供上祭品：椰子、白色絲綢紗麗、香火、香蕉，更意外地是，居然還有一瓶瓶的威士忌。

然而，多羅培塔的居民非常清楚：與其住在廟裡，多羅更喜歡住在村邊河階上方的

6　由瓦拉納西（Benarasi）絲綢手工製成的紗麗，以精巧的編織和設計而聞名。

火葬場。畢竟多羅在印度教諸女神當中最為狂野任性，不可能乖乖待在廟裡供人瞻仰。她不僅是智慧女神，賜予信徒理解並實現絕對真理的能力，她也是「黃昏夫人」、「死亡騙子」，一個恐怖的人物，追隨葬火，毫不猶豫地誅戮邪魔，為了打敗他們，化身為同樣叫人害怕的形象：西元十世紀的《頭骨密續》（*Mundamala Tantra*）有一首讚美一百個名字的聖詩，其中稱多羅為「嗜血之女」、「染血之女」以及「愛好血祭之女」。儘管多羅對牲畜血有健康的胃口，《頭骨密續》卻也明確指出，她更喜歡人血，特別是從信徒的額頭、手和乳房取得的血。

在梵語中，「多羅」意為「星辰」。一些學者認為，多羅教派的源頭是美索不達米亞的星辰女神：伊絲塔（Ishtar）和亞斯塔蒂（Astarte）。事實上，現代英語的 Star 一字與梵語 Tara（多羅），其根源幾乎肯定來自同一個印歐語系，通過波斯文的 Sitara、希臘語的 Aster 和拉丁文的 Stella，指的都是同一個意思。甚至很可能，現代天主教派聖母海星（Our Lady Stella Maris）亦屬同一傳統。紀元後最初幾個世紀，多羅教派向東遷移，迅速成為大乘佛教宇宙學的焦點，以觀世音菩薩[7]的配偶成為信徒奉拜對象，同時也代表女性原始能量。因此人們相信，多羅女神能使信徒克服種種危難。

這位女神從喜馬拉雅山，經由佛教西藏，重返孟加拉，因此有時亦稱「中國度母」。而印度教的多羅（度母）女神，始終比佛教信徒所認識的她，更被視為喜怒無常的人物。根據偉大的中世紀梵語密教經典瑪迪哈拉（Mahidhara）的《大洋咒》（*Mantra Mahodadhi*）所載，多羅女神「坐在白蓮花上，位於涵蓋整個宇宙的水中央」：

> 她左手持刀和頭骨，右手執劍和青蓮花。她有藍色的皮膚，佩戴飾品……她有三隻眼睛，三條美麗的蛇纏繞身上。她的舌頭動個不停，張牙舞爪，煞是可怕。她腰裹虎皮，前額佩戴白骨飾物。她坐在一具屍體的胸口上，乳房尖挺……她是三界的女主人。

她的樣子雖然嚇人，卻不孤單，擁有一批令人毛骨悚然的女神同胞：這一群黑皮膚、桀驁不馴的密教神祇，在孟加拉當地受人敬奉的程度，超過三位著名的男性主神：梵天、毗濕奴和濕婆神。這些被稱為十大明女（Ten Mahavidyas）的女神，有豺狼和鬼魂隨侍在側。她們砍下自己的頭顱，接受信徒的血祭。在描繪密教經文的細密畫中，她們喜歡和屍體交媾甚於活人或神，跨騎在火葬柴堆的屍體上，通過靈量使死者復活。這

7 相傳度母女神為觀世音菩薩（Bodhisattva Avalokitesvara）配偶，北宋（九六〇～一一二六）前的觀世音像都是男性形象，後來的觀世音像則雌雄難辨。

些女神充分體現出往往被認為是罪大惡極、甚至古怪可憎的一切，游移在神聖與邪魔之間，違背既定的社會風俗和價值觀——「逆流而上」，一名孟加拉密教徒曾這麼跟我說。

這些留存下來的密教古老儀式，起源於中世紀早期，在印度曾盛行一時。Tantra（坦陀羅）一詞，是指講述瑜伽修行、神祕修練、形上學和哲學的古老文獻，跨越印度教毗濕奴派和濕婆派的世界，橫跨耆那教和大乘佛教，甚至中國道教和某些形式的蘇菲伊斯蘭教派。

儘管密教的定義在西元一千年末期才逐漸確立，然而某些構成要素，例如女神祭禮、巫醫和性力瑜伽，或可溯及前雅利安和前吠陀時期的宗教潮流，並且在許多方面，都與強調社會宗教階層的《吠陀經》，有著觀點和結構上的根本差異。與之相比，密教違抗社會習俗，鼓勵任何出身背景的人，與心中的神祇培養一種神祕關係，將塵世各種感官之欲（kama），交付自由解脫。密教文獻雖能代表某種嚴肅的哲學傳統，民間的密教修行卻往往是口傳自發的行為。其目的在於，以宗教儀式獲取創造及控制宇宙的神性能量，而後將這股力量集中內化在信徒體內，使世界和身體成為救贖管道，藉此與絕對真神融合為一，同時授與信徒今世當下的真實魔力。

濕婆派密教徒將宇宙視為薩克蒂[8]與濕婆的神聖娛樂所衍生出來的產物，是為殊途同歸的共同體，就像火與熱的關係。為獲取這份能量，早期印度密教儀式似乎提倡在火葬場舉行血祭，提供恐怖嗜血的密教諸神食用，以贏得其青睞。到了西元十世紀，則側重於某種情欲神祕修行法，包括同瑜伽母（Yoginis）交媾，這些強大貪婪的女性神祇，要求信徒祭拜她們，獻上人類和動物牲醴以及性分泌物。

據說瑜伽母一旦滿足，便成為迷人的年輕女子，化身為女性信徒，與男性修行者進行性的互動。尤為重要的是，吞服性分泌物，被認為能使信徒擁有女神的特異功能。密教的性，便是以此種方式喚醒身體底部的潛能，利用肉身以及血液和精液、欲望和能量，作為通往靈性和神性的方法。卡朱拉侯的性廟牆上滿是集體性交和口交場面，很可能正是描繪這些儀式。儘管密教傳到西方，幾乎完全與「密教性愛」相連在一起，然而，當時流傳下來的密教經典，始終更為關注死亡和超越，而不只是占經典一小部分的性儀式。

此外，中世紀印度密教的性，在目標和修行上，都與當代西方發行的圖解手冊推行的「密教性愛」大不相同。早期密教經典並未提及愉悅、滿足或狂喜：儀式當中的性行為本身並非目的，而是產生精液的工具，而吞服精液，是為密教生育儀式的關鍵所在

8 薩克蒂（Shakti），濕婆的第一任妻子，亦指神的創造力量、靈量，印度教的「性力派」亦稱 Shakti。

——一種吠陀火祭儀式的密教版本。這種以祭神為始的密教性愛，與西方搖滾明星爭相崇奉的密教，兩者之間存在著不可思議的距離，後者崇尚芳香療法以及「合而不洩」（coitus reservatus），法國作家米榭・韋勒貝克[9]描述其為「結合碰撞與摩擦、糊塗靈性以及極端自我主義」的運動。

這些原始的中古密教傳統幾乎在印度絕跡，十三世紀左右逐漸消失，或許部分起因於伊斯蘭大舉入侵而導致的破壞，造成導師學徒之間傳承關係的斷裂，阻礙密教的祕訣傳授。密教徒後來成為歐洲傳教士的攻擊目標，即以「印度教徒的淫穢儀式」為其論證重點。十九世紀，印度教許多改革運動的興起，都是響應歐洲傳教士而發起於孟加拉，致使密教幾乎走向終結。這些改革運動倡導某些學者所謂的「羅摩化」印度教崇拜儀式，盛行於恆河平原：毗濕奴派對黑天神、尤其羅摩的「奉愛」祭禮甚囂塵上，使得許多更為傳統普遍的當地女神祭禮和血祭相形失色，後兩者備受城市裡受西方教育的改革者斥之為未開化、迷信和反現代。

這一切因素，使得密教幾乎在各地趨向邊緣化現象；除了孟加拉、喀拉拉和阿薩姆的某些地區以及尼泊爾和不丹等地以外，在這些地方密教依然以主流宗教的形式盛行不衰，而後兩地是在佛教的背景下，而非印度教。

現代通俗密教修行的根源，存在著一個極其顛覆的異端思考：藉由違抗傳統、忽視社會習俗和破除禁忌，來與神接近。種姓階級的印度教徒認為，不食酒肉、遠離火葬場等不潔之地、避開體液等污穢之物，即能保障純潔幸福的生活。而密教徒則認為，救贖之道在於衝破種種界限，顛覆種種約束，將污穢的事物轉化為有力的工具。

換句話說，多羅培塔是一個顛覆平常世界的地方。如今在火葬場舉行的儀式，離不開禁忌的物質和修行，諸如酒精、煙燻大麻和性儀式（有時同月經來潮的女人），只因多羅女神的信徒相信，女神將這些禁忌的行為和事物，轉化為通往力量的道路。在這一越界的神聖基礎中，衍生出一整套奧祕修行，包含祕傳知識、儀式、咒語和曼荼羅[10]。

多羅培塔暗林環繞的火葬場，是修行這些信仰的最佳場所，吸引大批最最死忠的密教沙陀——雲遊僧人、巫師巫婆和頭骨侍奉者。他們當中許多人或因自身經歷、或因極端苦修而致精神錯亂，如今被視為「聖瘋」，居住在人神靈交、無政府狀態的露天瘋人院裡。這些沙陀身穿紅袍，和頭骨與符咒、焚燒一半的屍體、狗與豺狼、禿鷹與烏鴉一起居住，偶爾朝過往的遊客扔石子，叫他們走開。

9 米榭・韋勒貝克（Michel Houellebecq），一九五八～，法國當今文壇名作家，其作品善於捕捉當代社會現象。

10 曼荼羅（mandalas），密教所用的象徵性圖形，供舉行宗教儀式和修行禪定時使用。

他們生活在理智邊緣，祈禱禪坐，每天面對死亡的恐懼。這些瘋狂隱士被女神突然纏身，狂喜地在地上打滾，放聲尖叫「多羅勝利！」在沒有月亮的夜晚——根據傳統印度教徒的說法，這是整月中最不吉利的時辰——他們在此地的火葬場邊緣舉行密教儀式。

然而，正如瑪尼莎所說，此地的特色，倒不在其不祥的特性，反倒在其出奇舒適的鄉村感覺。這些來此居住的非種姓者[11]和瘋子等邊緣弱勢人，其間存在著明顯的群體感，他們在別處或許會被鎖起來、綁起來、藏起來、遭取笑、被疏離，在這裡，他們卻受尊為充滿古怪智慧的開悟狂人。同時，他們互相照顧，顯然能夠接受彼此的怪癖。在這裡，甚至最受傷害、處在社會最邊緣的人，都能找到親密的社群，建立自己的重心。

＊

當天晚上，瑪尼莎帶我去廟裡，使我得以一窺密教如何對現代印度政治仍具影響力。聖廟內，一隊朝聖者正在排隊等候「達顯」女神像；儘管已近暮祭（arti）時刻，但對於這樣有名的聖殿而言，廟裡卻是出人意外地空曠。不過，遠離主要人群的東側圍欄處，站了一群身穿手工棉布的壯漢，其中一人抓著一隻山羊。

「我是寶萊塢的武術指導，」手裡抱著山羊的男人說：「我幹了多年的特技武行。現在我是選舉候選人。所以，我大老遠從比哈邦開車帶這隻山羊過來，要把牠獻給女神。」

米藍．戈沙爾（Milan Ghoshal）側過身來，悄聲對我說：「我的七個同僚也來祭拜多羅嬤嬤，」他一邊說，一邊朝他的同僚招手，那幾個外表凶狠、留八字鬍、穿短袖衣服的男人，正在遠處閒晃。「你明白吧，」他解釋說：「在我們比哈邦，政治只適合強人。很多強橫的厲害人物，正在搶奪入主比哈議會的執政權。」

我知道確實如此。比哈素來以印度最無法無天的邦而著稱：在最近的大選中，不少候選人實際上都是從牢裡打選戰，許多比哈議員還有犯罪紀錄。米藍看上去確實是在這種地方競選的適當人選：他的鬍子稀疏，剃光頭，下巴剛毅，鼻樑斷裂，左眉梢有道深疤痕，給他平添一種嚴酷粗野的表情。然而，儘管有一副鄉下摔角手的壯碩體格，他卻穿著印度政客穿的簡單白色手工長衫「庫爾塔」（kurta），脖子上戴著一串金剛菩提子念珠。

「在孟買，」他說：「大家叫我米藍老大。我在不丹習武，現在可是身手不凡。沒有人打得過我；不管在孟買還是比哈。」

「在比哈邦競選，這些都很重要？」

11 非種姓者（Outcastes），遭剝奪種姓或自願放棄種姓的人，在四個種姓之外。

「當然啦，」他放下山羊，說：「比哈是個很亂的地方。我需要多羅嬤嬤援助我。如果她接受我的祭品，或許她的保佑能讓我勝選。多羅嬤嬤能幫忙我們弄到權力。如果她不接受，那我就沒希望了。我不是有錢人，沒辦法像其他候選人那樣撒錢。」

我向米藍介紹了瑪尼莎，她在「達顯」過女神後，剛從廟裡過來。米藍得知瑪尼莎住在火葬場，便彎下身來，碰觸她的雙腳。「密教強過傳統宗教，」他說：「如果沒有女神和信徒的靈量，什麼事也幹不了。」

「你認為這地方能讓你獲得那種力量？」我問米藍。

「祭拜靈量的地方並不多，」他回答：「因此天沒亮我就起床，開了八小時的車來到這兒。在我居住的比哈，如果有人想尋求靈量，大家都知道要來多羅培塔。我們之所以挑今天，是因為明天晚上是新月（amavashya）——沒有月亮的朔日。我們相信女神在明晚和後天晚上任意遊蕩，更能接受我們的祈禱。」

米藍指著講台，祭司正在一個由鮮花、椰子、竹子、朱砂和彩色沙子排成的密教符號衍多羅（yantra）當中誦唱禱詞，是為獻祭儀式的一部分。衍多羅中央生著火，四個角落燭光搖曳。火焰高起時，祭司從一個大淺盤中取出幾把米，扔入火中，同時誦唸梵文咒語，米藍的兩名同僚安靜地盤腿坐在另一邊。米藍同瑪尼莎和我坐了一會兒，看祭司誦唱，待儀式結束後，他站了起來。「供奉祭品的時候到了。」他說道。

拴在不遠處的山羊被牽了過來，米藍抱起牠，將牠的頭放在形狀像巨型音叉的雙叉金屬支架上。隨後，祭司在山羊頭上繪出橙黃條紋，往後退了幾步。另一個打赤腳、纏腰布的男人走上前來，手拿一把又長又利的屠刀，就和圖片上多羅女神拿的那把一模一樣。他大刀一揮，砍下羊頭，祭司把羊身拉開，任其在地上扭動。一股混合熱血、濕土、殘花和薰香的濃重氣味撲鼻而來。米藍把一炷香放進祭壇凹坑，手指伸進染血的沙中，將血沙塗在額頭上。

「一切吉事都以嬤嬤的名義出發，」米藍說：「明天，在沒有月亮的晚上，我將宣布參選。有了嬤嬤的幫助，我和同僚即可準備應戰。她能提供最強有力的保護。我告訴你：有她的力量，誰都抵抗不了我們。」

*

第二天，我回火葬場和瑪尼莎談話。我最感興趣的是，她對多羅女神的看法，和米藍之間有多大的區別。在米藍看來，女神顯然是幫助他取得權力的超自然管道；而瑪尼莎卻認為，多羅女神是慈母般的人物，在她最為脆弱的時候拯救她、照顧她，尤其把愛帶給她。我想知道瑪尼莎確切的意思，以及她在遷居火葬場之前過的生活。

塔潘・沙陀繼續在小屋後方掌握決賽戰況（「印度九十四—四，未負一場！」）一名司茶為越來越多圍過來收聽戰況的男女沙陀倒茶，瑪尼莎在靠枕上安坐下來，被頭骨重重包圍，講起了她的故事。

「我出生在孟加拉西南部的阿里亞達哈（Ariadaha）鎮，」她說：「我父親在公共工程處上班。他的工作是宣布如何分配用水。他用鼓聲和擴音器告訴大家，何時切斷供水，何時恢復供水。

「我有七個姐妹和一個弟弟。我出生時，我父親還沒在公共工程處上班，那時候我們很窮，經常一天只吃一餐。有時候我母親只買得起樹薯，加點鹽煮熟後，給我們吃。我和姐妹很親近，和我父親也是，他很疼我。可我母親只疼我弟弟。他被寵壞了：只要他稍微出了問題，她就絕食不吃東西，如果食物只夠一個人吃，就給我弟弟。我有個姐姐在我三歲時過世：我和她都發高燒，我父親只買得起一小塊魚，就給了我。第二天我好了，我姐姐卻發燒加劇，就死了。我母親仍然在說，你姐姐都是因為你爹才死的。如果他把魚給了她，她就能活下來。

「我父親得到公共工程處的差事後，我去上學，但只上到五年級，當時我十一歲。即使在那之前，我的成績就不好：學校讓我有窒息的感覺，我老是逃學。我父母責罵我，可學校從來不適合我的個性。到現在，我在讀書寫字方面還是不行。念完五年級，我父親覺得我們需要更多的錢，因為他當公務員收入很少，沒辦法養我們。因此我十三歲時，我們搬到加爾各答，我父母到郊區巴古哈提（Baguhati）的麻紡廠工作。我們常常迫不及待地等他們回家。我母親帶麵粉回到家後，我們大家一起做薄餅。有時候我也掙點小錢，替鄰居洗碗洗衣服。我不在意。住在加爾各答，讓我非常開心，因為到處是車子、巴士、電影院、各式各樣阿里亞達哈難得看到的東西。我們住公寓三樓，我的姐妹和我常眺望遠方的豪拉大橋（Howrah Bridge）、所有著名的景點。

「兩年後，我十五歲時，我也到麻紡廠工作，分配到完成部門。從機器裡取出黃麻後，我們的部門負責切開黃麻，綑成一包包之後，運往美國。這份工作很辛苦，而且灰塵很多，在那部門工作的每個人都患了呼吸道疾病。有些女工被機器絞住，嚴重受傷。但我經常向女神祈禱，她始終照顧著我。

「我從小就很虔誠。我的父母也都信教，在家裡，我們每天都有個奉拜女神的小型儀式。我一直被女神吸引，她有各種不同化身——迦梨母、難近母[12]、度母等等；我一直相信，是她拯救了我。我從小就愛參加各種節慶活動，特別是難近母祭（Durga Puja），那是一年當中我最愛的一週。為期十天的節日結束時，我喜歡看信徒把女神沉

12　難近母（Durga），亦稱杜迦女神，濕婆之妻薩克蒂的多種化身之一，每年九、十月間舉行的難近母祭，是印度東部孟加拉等地最隆重的節日，信徒將難近母像供奉九天後沉入水中。

入水中。我在那兒和沙陀交往，問他們問題。我有個最早的記憶，就是我父親把我抱在懷裡，第一次參加難近母祭。光是看集市出售的手鐲腳鏈，就是一種享受。那一天，我父親總是攢起錢來，買熱呼呼的油炸糖條給我們大家吃。

「我十六歲出嫁。婚禮前，我和我丈夫沒見過面，我對婚姻也沒多少了解。我丈夫家開小店，專賣檳榔、香菸和日用品。我父親那時已開始酗酒，也從來沒什麼錢，於是我舅舅出了三千盧比辦婚禮。我必須搬去夫家的時候哭得很厲害。我得離開父親，到陌生的地方去。結婚一年多後，我才肯和我丈夫睡在一起，這使他很生氣。我的婆婆也不喜歡我，一再說：『你幹麼哭？』

「我搬到我丈夫房間不久，就被女神附身，首次發作。幾個月後，我第一次懷孕，回娘家生產時，陷入完全的出神狀態。我母親的一個朋友看見我當時的狀態，就說：『這不是生病，是著魔。』往後幾年變得越來越頻繁：我開始發抖或是暈過去，然後不醒人事。醫生也束手無策。我的孩子倒是很習慣：他們以為每個母親都這樣。可我丈夫和婆婆既難堪又憤怒。他揍我，還說：『這是中什麼邪？這是怎麼回事？客人不喜歡這樣的事，你會嚇跑他們。這樣不行。』

「可這些都攔不住我。我的心思越來越被女神占據，越來越常待在廟裡，聽『可兒坦』祈禱頌詩。結果造成更多衝突。我婆婆不斷地問：『你為什麼老是上廟裡去？你有孩子要照顧。』可我還是繼續找機會溜出家門。我喜歡聽人唱誦女神的名字，總是讓我能平靜下來，為神像套花環，讓我很開心。

「有天我在廟裡被附身，醒來時，發現住持在我身上戴了花環。不僅如此，他還洗了我的腳，用檀香膏在我的前額點了吉祥記（tilak）。我問他為什麼這樣做，他只是回答：『嬤嬤——請勿拒絕。』從此以後，廟裡的百姓都來拜我，因為他們認為女神附身於我，還給我供品，想理解我發作時所說的話。起先這使我十分驚恐，不過我慢慢越來越有自信。我的三個女兒不再是小娃娃，我覺得更能想像走自己的路。可家裡的衝突越來越頻繁，尤其在信徒跟隨我回家，敲門求我賜福的時候。不知道為什麼，我丈夫越是凶暴，我就越常陷入出神狀態。或許這也是女神的旨意。

「不久，來自此邦的大批信徒來看我——每天都有五到十個人上我家，或是去我工作的小店，一切自然亂了套。我丈夫越來越憤怒，說我把我們的店變成了廟。有天下午，他痛揍我一頓之後，我聽見多羅嬤嬤的呼喚。多羅嬤嬤的聲音從微風中傳來，非常清楚地說：『到我這來吧。你失去的東西都能重新找回。我會照顧你女兒。你現在是我的人了。』

「這不是我自己的意願。嬤嬤呼喚我，我必須離開。我立刻走出家門，什麼東西也沒拿，除了身上穿的衣服。我甚至沒時間跟孩子道別。我跟我丈夫之間已經結束；我們不再有任何關係。頭一個晚上，我待在迦梨女神廟。那是人生的最低潮。我一夜沒睡，心情沮喪，好像生命整個破裂，一事無成。頭幾個星期確實非常難熬。但是我不斷告訴自己，當嬤嬤呼喚的時候，你別無選擇。我在廟裡待了兩年，靠供品維生，睡在中庭。

「漂泊多時之後，我終於來到多羅培塔。我在這裡已待了二十個年頭。在這兒，多羅嬤嬤履行了她對我的承諾。我走訪過許多聖地，但打從我來到這裡的那天，塔潘・沙陀成為我的保護人之後，多羅培塔就成了我家。我當然想念我的孩子——最小的才四歲，她們年紀都還小，沒辦法了解。我經常因為女兒不在身旁而掉眼淚。但是信徒填補了我內心的空虛。現在整個世界都有我的孩子：我想念女兒時，我看見我其他的孩子，我的心轉向他們。因此現在很多人叫我嬤嬤。

「打從我離開丈夫那天起，我被女神附身的次數越來越少，不過現在，我比過去更能感知她的存在。我和塔潘坐在小屋，突然間就能感覺到她在這兒，非常強大的感覺，儘管我的眼睛看不見她。這是一個很古老的地區，許多偉大的聖人都在這裡通過苦行和禪修臻及化境。在此地喚醒度母的能量，即可獲得她的力量，通往她的想像。此地舉行的一切儀式，都有她的存在。

「我收集頭骨的其中一個原因，是為了幫助自己看到她；因為很多聖人都看過她使用頭骨。首先發現此地神力的偉大聖人吧瑪・凱帕（Bama Khepa），看見她化身為小姑娘，被火包圍。頭骨提醒我們，人不免一死，包圍我們的日常世界不過是一種幻象。不過我們同時認為，如果你通過『成就法』[13]喚醒頭骨，馴服他們的靈魂，他們就能給你更多的力量，指出通往女神的道路，取得她的力量。頭骨幫助你召喚她，把她喚來你身邊。

「死者的靈魂往往待在頭骨中。沒有規則形狀，無法被任何人囚禁、焚毀或溺斃。你得祭拜安撫頭骨，定期侍奉頭骨。你必須供奉薰香、花和油。當然，並非每一個頭骨都行得通——你要給他們時間。從頭骨怎麼對待食物，你就看得出來。你餵頭骨吃米飯、豆子、奉獻牲禮的生肉，甚至喝威士忌。如果頭骨別開臉去，或凹陷下去，就是拒絕食物，這個頭骨的靈魂就對你沒有用處。

「你要找的是苦惱迷惘的靈魂。如果一個人死得安詳，喪葬儀式處理得當，他就能投胎去。但心願未了的靈魂，年紀輕輕就不幸夭折的那些人，他們的靈魂徘徊不去，四處遊蕩。他們要花很長的時間才能投胎，我們午夜時分呼喚的靈魂正是他們。運氣好的話，我們就能和這些靈魂合作。

「你不能掌控靈魂。他們獨立不馴。他們想來自然會來，只要你用特殊的咒語取悅

13 成就法（sadhana），密教用語，指人召請本尊，與其融為一體，並將其併入自身之密教修持法。

他們。塔潘教給我一些咒語，效果非常大，他說能劈開墳墓，讓屍體現身而出。你必須在自己周圍畫個圈，保護自己。當你召喚的亡靈到來時，你必須知道什麼咒語能幫你和他們說話，使用他們的靈量。這些技巧很稀罕，而且非常奧祕。比起塔潘還有這裡的其他大師，我只能算是新手。

「不過，我現在開始覺得，唯有結合高度虔誠和『奉愛』熱情，密教才能真正產生作用。我年輕時剛來這裡，對於頭骨和密教的奧祕非常沉迷。我不顧一切地收集頭骨，照料他們——給他們上朱砂，盡我所能侍奉他們，用酥油、酸奶和蜂蜜給他們沐浴。我有一個房間全塞滿頭骨。你侍奉頭骨，頭骨若接受你的供物和安撫，就會幫你忙，保護你遠離邪魔。頭骨給我的靈量讓我欣喜若狂。我發現自己有時能預卜未來。塔潘甚至教我祕密咒語，能召喚亡靈降雨解旱。

「不過現在，我更關注的是多羅嬷嬷，也越來越覺得，通過虔誠的愛接近她，才是最重要的事。頭骨仍有用途，效果也很強大，但是現在，我只專心奉愛度母——儘管仍不放棄頭骨。你可以說，我在旅程中帶著它們。愛，才是最重要的事。

「密教本身很危險。頭骨或許能幫忙我們喚醒女神，可你一旦在儀式中犯下一個錯誤，就足以使你發瘋。有些人嘗試和女神較量，企圖用法術馴服她。你看看他們的遭遇！這裡很多人觸犯了成就法，結果發了瘋。因此，你必須在『奉愛』和密教之間找到平衡點。兩者合一，結合愛與牲祭，你走的路子就對了，當她覺得你受之無愧，她就會現身。在那之前，她托夢給我，讓我知道自己天天蒙受她的慈悲。

「塔潘・沙陀教給我一切有關密教和愛的知識。我和他在加爾各答初次相遇，當時我還住在迦梨廟裡。他和徒弟去那兒時，我剛好路過，他說：『要不要吃個檳榔？』後來幾年他來廟裡，我都會注意到他。我對他印象深刻，是因為大家說他有強大的力量，可他同時也是個非常和善溫柔的人。我隱約知道，如果我想走密教這條路，就需要某人和我一起修持成就法。我還知道需要找個男人保護我，因為我獨自上路並不安全，怕受到攻擊。

「後來，多羅嬤嬤托夢給我，我在夢中看見塔潘・沙陀的臉，接著我聽到一個聲音說：『他正在等你呢。』我馬上認出是他，於是來到他定居的多羅培塔。很長一段時間，我不敢跟他說半句話，雖然我就在靠他小屋很近的地方住了下來，在一棵樹下。即使在加爾各答，我們也很少說話。沒過多久，這裡的人開始講閒話，說我們有染。所以最後我去找他，跟他說：『既然大家講這些閒話，我們何不就住在一塊兒，就此解決問題？我們不渴望財產：我們只需要彼此。』他於是邀請我到他的小屋，從此我們就待在一起。

「在多羅培塔，多虧多羅嬤嬤的幫忙，我展開了不同的人生階段。我收了很多徒弟，發現這裡的生活很適合我。第一年結束後，塔潘說我們該去朝聖，我決定和他一起去。我們搭火車橫跨印度，去了貝那拉斯（即瓦拉納西）、哈里瓦[14]和里希克什[15]。我們沒錢買車票，不過查票員都有點害怕沙陀，沒向我們要過錢。

「我們從里希克什走上雪山，到了伯德里納特和克達訥斯[16]。我們抵達時，冬雪暴剛來，非常嚴寒，不過還是很美——感覺就像置身天堂。他吃什麼，我就吃什麼。我們修習瑜伽，練體位法（asana），在寂靜的喜馬拉雅高山上過禪修生活。我找到了最大的快樂。回顧我從前的家庭生活，似乎毫無意義，沒有任何精神內涵。我生平頭一次覺得自由。一種完全的解脫。

「我們在山上待了一整個冬天，還有夏天。天氣熱的時候，恆河嬤嬤的水格外涼爽。但是我們太依戀多羅嬤嬤了，不能待在那兒太久。恆河嬤嬤雖然有力，但多羅嬤嬤更強大、更慈悲。和她住在這裡，是我們最大的快樂。在這個死亡之地，在這些頭骨和冒煙的火葬柴堆中，我們找到了愛。」

*

當天晚上沒有月亮，是為「新月」。

午後三、四點，人群開始出現在火葬場。日落時分，才真正開始為午夜即將舉行的祭祀儀式做準備工作。密教徒頭上頂著引火柴，一個個沙陀牽著山羊走進來，也有村民帶來羊群，打算出售。每一間小屋都點上了燈。

漫遊到火葬場的人，多是沙陀和行吟缽歌手[17]，但是隨著白晝漸漸消逝，聚集的人群當中，卻有大批來自波浦爾（Bolpur）、和平鄉，甚至加爾各答的孟加拉普通中產階級家庭。他們各自因為不同的理由，決定在女神最強有力的夜晚，獲取她的靈量。我問瑪尼莎，這麼多山羊被帶到火葬場宰殺，是否非比尋常？

「嬷嬷餓壞了，」她答道：「需要人們不斷侍奉她，當然她不可能親自動身。你想請她來，就必須同時侍奉她身邊的空行母和藥叉女。他們也需要享受，喝山羊血。

隨著夜幕降臨，影子越來越長，塔潘．沙陀開始在小屋正前方建了個「護摩」[18]用的坑。我這才第一次看清楚他的樣子。塔潘年逾古稀，長相英俊，留著長長的灰白鬍

14 哈里瓦（Haridwar），最接近尼泊爾邊境的印度聖城，位於北印度烏達朗恰邦（Utaranchal）。
15 里希克什（Rishikesh），地處喜馬拉雅山腳，為著名的瑜伽靈修聖地，有「瑜伽之都」之稱。
16 伯德里納特（Badrinath）和克達訥斯（Kedarnath），兩者皆為朝聖地，位於喜馬拉雅山區的恆河源頭。
17 缽歌手（Bauls），孟加拉語是「癲狂」或「鬼上身」的意思，指已有五百年歷史的孟加拉密教吟遊詩人。
18 護摩（homa），亦稱「火祭」、「火供」，於火中投入供物以作為供養的祭法，藉由供物燃燒供品時所產生的煙，夾帶供品的香氣奉獻給天上諸神，後為密教所採用，並逐漸成為密教之重要修法。

子，身軀出乎意外地精瘦結實，是多年修練瑜伽的成果。他從小屋後方取來引火柴和木頭，以及其中一把三叉戟、最大的頭骨和一束香。他把三叉戟擺在火灶邊緣，頭骨擺在底部。隨後他用金盞花和紅色芙蓉花環裝飾頭骨，把他的金剛菩提子念珠戴在頭骨上，將一盤供品和一根點燃的蠟燭小心翼翼地放在旁邊。正當他忙著幹活時，一名衣著講究的孟加拉商人走上前來，問塔潘能否為他和他家人獻祭。經過一番討價還價，協議達成。

不久，其他人的火開始在林間閃動。火葬場上，你能看見火焰襯托出眾沙陀蹲坐的身影。有些體格健壯，一絲不掛，在裊裊香火中盤腿打坐。有的則在榕樹底下用彩色沙子排成衍多羅，在多羅脈輪（Tara Chakra）的八個角點上蠟燭。有些則在火旁的圍觀人群間輪流傳遞大麻煙。披罩袍、綁髮辮、紮頂髻的人影，從暮色中現身而出，走進火光，隨後又隱沒在黑夜裡。黑暗中傳來一個缽歌手的歌聲，隨著都塔爾二弦琴（dotara）的彈撥聲和卡馬克雙面鼓（khomok）的粗嘎腔，唱出關於女神的歌：

我活膩了，嬤嬤，膩了。
生命耗盡，金錢用盡，
可我仍在呼求，多羅！多羅！
仍在期待。您是萬眾之母，

我們的乳母。您的腹中
孕育三界。

我不再喚您孃孃，
您只帶給我煩惱。
喔，我心已狂！
我曾有過家庭，
如今卻成了乞丐。下一步您有什麼打算，
我的亂髮女神？

孃孃，您要把我捆在輪上多少回，
像隻推磨榨油的蒙眼牛？
解開我的眼罩吧，喔我的黑女神，
讓我看看
慈悲的雙足。

一名沙陀在旁邊的火堆吹起螺號。從其他的火灶，傳來激烈的鼓聲，以及「多羅勝利！大師勝利！多羅嬤嬤勝利！」的狂喜叫聲。

你若想找尋多羅，
請你來多羅培塔火葬場。
嬤嬤在此嬉遊，白晝與黑夜，
狐狸與蛇共舞。
另有酒肉相伴。
多羅的祕密
在此公諸於眾。

塔潘現已燃起「護摩」祭火，火焰瞬間衝向夜空。有意思的是，儘管密教經常逆轉印度教儀式，卻始終是吠陀火祭的忠實信徒，而在現代印度教的其他地方，火祭已幾乎被人遺忘；就像婆羅門一樣，密教徒強調他們舉行的儀式必須準確無誤。

自稱巴蘇先生（Mr Basu）的商人，把家人聚在一起，圍在塔潘的祭火旁，樣子輕鬆而熱切、就像英國人慶祝福克斯之夜煙火節（Guy Fawkes Night）那樣從容自在。

「我們祈求家庭生活能有改善，」他說：「事業也能蒸蒸日上。」

「我們祈求家庭和睦，」他的妻子加上一句：「小孩把書念好。」

塔潘開始誦唸咒語，偶爾搖響握在左手的鈴鐺，右手不時將一勺酥油拋進火裡，烈焰於是越竄越高。我坐在瑪尼莎身邊，距離巴蘇家往後一點的地方，向她打聽塔潘的身世。

「塔潘・沙陀出身婆羅門，姓查特吉（Chatterjee），」她說：「和我的情況一樣，他在加爾各答當家時，蒙受女神召喚。他和我一樣，離開了家人。」

「他的妻子還活著嗎？」我問道。

「她最近過世，」瑪尼莎說：「他在蒙受嬤嬤召喚前，已經和她結婚了十五年，」她頓了頓說：「他碰巧在加爾各答，就去參加她的葬禮。可他的兒子不想跟他說話。」

這時候，一邊忙著火事、一邊聽我們說話的塔潘，離開了唱起「可兒坦」的巴蘇一家人。他上前來蹲在我們身邊，就在三叉戟跟前，頭骨的一旁。我問他怎麼一回事。

「這讓我痛苦萬分，」他搖頭說道：「我兒子非常生我的氣。他說我從不關心他，從沒聯絡。」

「是真的嗎？」

「部分是真的，」塔潘說：「我回應嬤嬤的召喚後，找不到辦法再和他們聯絡，」他嘆了口氣，將引火柴扔進火裡。「現在我兒子覺得虧欠養他的人，對我沒有責任。他說，他們才是撫養他的人。他不想了解我的觀點。」

「你是怎麼聽說你妻子過世的消息？」我問道。

「我和幾個徒弟在加爾各答時，我哥哥來了電話說：『你妻子過世了。』我直接去了火葬場，我一走進去，就看見我兒子。將近二十年過去了，我卻馬上認出他來。我怎麼可能認不得自己的兒子？但是我朝他走去時，聽見我的姪女婿說：『你們看他！這麼多年來他都不在這裡，現在她死了，他又露面了。』我兒子甚至看也不看我一眼，他的岳家組成人牆，隔開我和他。他們什麼也沒說，卻已經讓我覺得我不該接近他。」

在火光映照下，塔潘．沙陀頓時顯得蒼老脆弱。

「他是我的骨肉，」他說：「他們卻不許我和兒子講話。」

塔潘再次沉默下來，凝視著火焰。

「他們談不上虔誠，恐怕連神都不信，」他終於開口：「他們屬於一個完全不同的世界。我的姪女是教授，她的先生搞心電圖。我兒子目前在塔塔（Tata）集團當會計。他穿西裝外套，衣著考究。一個俊美的孩子。他們每個人都排拒我生活的世界。我想，我永遠沒辦法向他解釋。」

「他現在成了家，」瑪尼莎說：「或許他的妻子能改變他的想法？」

「我不這麼想，」塔潘．沙陀捋著鬍子說：「我看不出任何跡象。我兒子受他身邊的人支配。他不夠自主，沒辦法獨立思考。」

巴蘇一家人仍在火邊誦唱。塔潘留意了一下他們是否需要他，但他們似乎全神貫注於誦唱。

「後來怎麼樣？」我問道。

「我只好待在後頭。葬禮結束後，我就走了。我不會再回去。」

「只要你還活著，」瑪尼莎說：「你就應該對未來充滿希望。」

「這種棄絕塵世的苦行生活，讓我活得很快樂，」塔潘說：「可是，每一個沙陀的生命中總是存在一些痛苦。沙陀生活過得越久，就越能享受人生，越能忘掉自己的過去。然後突然發生某件事提醒了你，使你哭泣。」

「我比較幸運，」瑪尼莎說：「我丈夫臨終前告訴我女兒，我人在多羅培塔。我們村裡有人在這兒看到我，回去通報大家。他死後，女兒們來火葬場找我。她們問大家：『你們見過一個皮膚有白斑的女人嗎？』有個沙陀指出我的小屋，我的女兒就走了過來，觸摸我的腳。已經過了二十多年。她們還小的時候我就離開她們。現在她們都已經是中年婦女，其中兩個也有自己的兒女。

「那時候氣氛很緊張。我們相互看了一會兒，隨後抱在一起痛哭。她們說我的丈夫已經離開人世，於是我當場立刻打碎自己的手鐲[19]。最小的女兒還未嫁人，決定和我母親一起搬來多羅培塔。現在她們兩個都住在鎮上，我們每天見面。今天早上她才在這裡。」

瑪尼莎看了看塔潘。「塔潘．沙陀也疼我的女兒，就像她們的父親一樣，」她頓了下說：「我知道這情況和每個家庭不盡相同，但是在火葬場這兒，在這個悲傷的地方，我們找到了新的希望。」

從我們身後，再度傳來「多羅勝利！」的呼喊聲，祭火照亮了火葬場。從沙陀們的營帳傳來印度竹笛聲，旋律在林間飄蕩。這兩位年老的密教徒，害羞地看了彼此一眼。

「只要看著她的腳，」塔潘．沙陀說：「我就覺得快樂。我從多羅嬤嬤身上看到什麼，我也在她身上找到。」

「他在多羅培塔找到一個活在人間的多羅，」瑪尼莎說：「現在，塔潘．沙陀照護著我們。他就像多羅嬤嬤那樣強大。」

「只要有我保護，你不會受到任何傷害。」

「感謝嬤嬤的慈悲，讓我找回我的女兒。我以為已經永遠失去她們。」

「對我們來說，一切都很順利。」

「沒想到我能再見到她們，」瑪尼莎說：「大家以為我們精神錯亂，才住到火葬場來。然而，你在這裡找到的，卻在其他地方找不到：純粹的人類。」

「她第一次來找我時，」塔潘．沙陀說：「我心想：看看這位姑娘，獨自一個人，多麼柔弱。到後來，我才開始看出，她真是天賜給我。」

「上天賜給你的女人，了解你的召喚。」

「當初我們在一起的時候，這裡有些人強烈抗議，」塔潘說：「但是我們沒聽他們。」

「這是多羅的旨意，」瑪尼莎說：「人人必須接受。」

「她滿足我們的需要。」

「現在我唯一的願望，」瑪尼莎說：「就是在多羅懷中離開人世，希望她能善待我，並舉行所有適當的儀式。」

巴蘇先生此時將稍早拴在樹下的山羊帶過來，滿懷期待地看著塔潘。

「來吧，」塔潘說：「說夠了。這個多羅的夜晚，我們應該祈禱，不該閒聊。」

「說得也是，」瑪尼莎說：「時候不早——嬤嬤的時刻到了。該準備獻祭了。」

---

19 印度婦女配戴手鐲表示已婚，褪去或打碎手鐲，即表示已守寡。

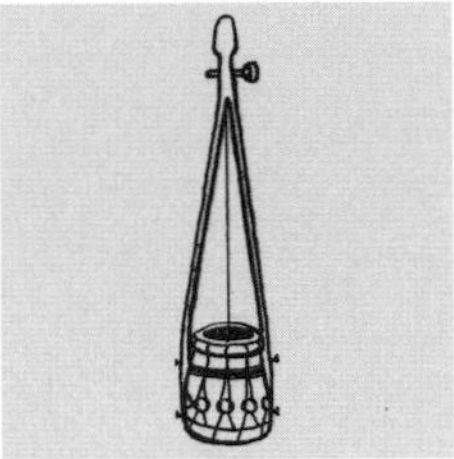

# 第九章　盲人走唱歌手

我們的歌是愛和知識的源泉。
我們嘲弄傲慢的有錢人，挖苦偽善的婆羅門。
我們告訴人們，神不在廟裡、不在喜馬拉雅山上，也不在天上、地上或空中。
一切都存在內心——真理自在人心。

瑪克桑格拉提節（Makar Sakranti）這天，太陽通過冬至點，從北回歸線移向南回歸線的新月之夜，在西孟加拉阿杰河（Ajoy River）河岸有一場盛大的集會。一月中旬，數千名身著橙黃袍的吟遊詩人，或稱缽歌手（Baul，孟加拉語是「癲狂」或「鬼上身」的意思），陸續來到根杜利（Kenduli），位於泰戈爾和平鄉老家附近的氾濫平原。近五百年來，缽歌手在此地的廣大營地四處走動，問候老友，抽印度大麻，說東道西。夜幕降臨時，他們聚集在篝火旁，歌唱跳舞，直到天亮。

穿過綠油油的水田，途經沃腴稻田拉犂的牛群，來到慶典所在地。蘆葦或鐵皮屋頂的孟加拉村舍，四周是細小的青竹和大片的榕樹林，向晚時成群鸚哥在林間啼叫。越靠近節慶焦點所在的塔瑪拉塔拉（Tamalatala）缽歌手寺院，路邊的朝聖人潮也逐漸多了起來。在高堤上驅趕鴨羊的孟加拉村民，改由一列列瘦長黝黑、鬚髮蓬亂的男人所取代。有些三兩成群；有些獨自行走，攜帶手鼓，或缽歌手簡單的獨弦琴（ektara）。

孟加拉缽歌手在他們的五百年歷史中，拒不遵從孟加拉社會階級觀念分明的傳統。反叛、誘人、狂野不羈的他們，保存了關於呼吸技巧、性愛、苦行、哲學和神祕信仰的宗教密法。他們還積攢了憂鬱神祕的優美教誨歌，這些歌曲協助規劃他們的內視願景。

缽歌手認為，神不存在於石像或銅像、天上，甚至來世當中，而是存在於這一刻，在尋求真理的男男女女體內；你僅需放棄一切財產，踏上流浪之途，找到精神導師，謹守愛的道路。他們認為，人人都是孤獨的個體，必須找到自己的出路。他們融合蘇菲主義、密教、性力派（Shakta）、自然宗（Sahajiya）、毗濕奴派和佛教，敬拜黑天神或迦梨女神，參訪寺廟、清真寺和路邊神龕，而這些只作為幫助悟道的象徵和標誌，從不是目的本身。

他們的目標，是為發現神聖的內在知識。他們認為，「不知名的鳥」、「金人」、「心之人」（Moner Manush）的理想，存在於每個人體內，需要畢生時間才能發現。因此，他們拒絕婆羅門的支配，否認宗教儀式的效用。儘管並非所有的缽歌手，但仍有些缽歌手接近無神論，否定任何超然神明的存在，而在現實世界中的每一個人體和人心當中追求終極真理。對缽歌手而言，人是最終的估量尺度。

這些歌手哲學家的近無神論和人本主義，並非新的印度思維，至少可追溯到西元前六世紀主張懷疑主義和實物主義的夏維卡教派（Charvaka），此教派對神的概念予以否定，聲稱沒有任何生靈能夠永垂不朽。事實上，古印度比起任何其他古文明，擁有為數更多的無神論和不可知論的文獻，而對永恆抱持歧異的印度傳統可遠溯到《梨俱吠陀》，其中心思想即是懷疑神的存在。「誰真正知道？」經文如此問道：「這裡有誰宣告過？這世界從哪裡生出來？這創造物是從哪裡來的？或者是造出來的？或者不是？它的看管者在最高的天上，他才能知道？或者他也不知道？」缽歌手的哲學奇妙地結合靈性和懷疑，根源於印度教古老的不可知論思想。

在追尋途中，缽歌手無視於階級與宗教之分。缽歌手很可能出身任何背景，他們橫跨印度教和伊斯蘭教的領域，是「神的吟遊詩人」，其音樂反映了他們旺盛的精力以及對自由的崇尚：

天空的鏡子，
反映我的靈魂。
喔，路上的缽歌手，
喔，缽歌手，我的心，
什麼把你拴住，
在屋子的一角？

風暴闖入
你那搖搖欲墜的小屋，
洪水漲到你的床頭。
你的破棉被

浮在水上，
你的屋子垮去。

喔，路上的缽歌手，
喔，缽歌手，我的心，
什麼把你拴住，
在屋子的一角？

他們遊走於村子之間，除了身上的彩色補丁袍（alkhalla）之外，別無其他。他們坐在茶館裡、路邊榕樹下、火車車廂中、村子的公車站，向聚過來的孟加拉平凡村民唱出愛和神靈、神聖瘋狂和宇宙一家，以及「大樂」（mahasukha）的理想。

他們打破農村生活的節奏，以詩歌邀約情誼，撫慰他們的觀眾，而不用佈道或演講威嚇觀眾。缽歌手謳歌欲望和信仰、狂喜與瘋狂；吟詠生命如江，身軀如舟。他們歌頌茹阿達[1]對莫測高深的黑天神瘋狂熱戀，讚頌個人是瘋狂的施愛者，神則是可望不可即

1 茹阿達（Radha），相傳黑天神與牧女茹阿達相戀，毗濕奴教派認為茹阿達象徵人的靈魂，黑天象徵神的靈魂。

的受愛者。他們提醒聽者不忘今世短暫，鼓勵大家屏除世間的歧異與仇恨，教大家面對自己。他們教導大家，內在知識的取得，不是通過凌駕他人，而是通過駕馭自己。

然而，缽歌手每年都有一次暫停流浪生活，聚集在根杜利，度過他們的年度盛會，是為南亞地區規模最大的歌手和密教徒盛會。為了趕到那裡，我飛往加爾各答，搭火車前往北邊的和平鄉，決定親眼看看這一盛會。

但首先，我得去見瑪尼莎嬤嬤的朋友，咖奈．達思．缽（Kanai Das Baul）。

*

我和瑪尼莎在多羅培塔火葬場時，她曾告訴過我有關咖奈的經歷。

咖奈六個月大時染上天花，因此失明。他的父母是勞力工作者，頹喪萬分，心想他們的兒子將來如何謀生。咖奈十歲時有一天，一位缽歌導師碰巧路過，聽見男孩在村塘的鳳眼蓮間沐浴唱歌。在孟加拉，村塘之於鄉村生活，好比綠地之於中世紀英國，不僅是農村生活的中心所在，還兼作泳池、鴨塘和公共洗衣房。咖奈的嗓音高亢、悲傷、哀婉，缽歌導師於是問咖奈的父母，能不能考慮讓他收咖奈做學生。「你的父母一旦走了，」他說：「只要讓我們教你唱歌，你就能養活自己。」

過了許多年，在遭受一場可怕的家庭悲劇後，咖奈想起導師說過的話，便出發去找他。他同導師一同浪跡天涯，學唱歌，終而成為知名的缽歌手。

導師過世後，咖奈住進多羅培塔的火葬場，瑪尼莎、塔潘·沙陀和他們的幾個朋友幫他安排婚事，娶了一個幫遊客看管鞋子的年輕寡婦。

瑪尼莎告訴我，咖奈早我幾天來到根杜利節慶，已加入一群流浪缽歌手的隊伍。他們一同待在主要集市旁邊的一間小屋；為了到那裡，你得先要離開在阿杰河岸盥洗的沐浴者，穿過印度宗教節日常見的混亂人群：販賣氣球和金盞花環的街童；柔術表演者和化緣聖人；一群拌嘴的納迦（Naga）裸體沙陀；一個嘶嘶直叫的女蛇神和她的隨從；一列列滿載難近母泥塑神像的牛車；乞丐和托缽僧；一個販賣粉紅棉花糖的男人，他掛在棉花糖機的粉紅大喇叭傳出寶萊塢弦樂聲。營地所在的大街上，搭起各個不同的缽歌手社區，營帳寺廟穿插其間，廟內擺滿湛湛發光的神像，星群般的黏土燈和樟油燈焰，在檀香的煙霧中閃爍，照亮溫暖、塵土瀰漫的孟加拉夜色。

我找到簡樸、沒有家具的孟加拉小屋時，天色已黑，咖奈和一群缽歌手正在高歌。他們把稻草撒在地上，圍著火盤坐成一圈，只有在互相傳遞大麻煙時，才中斷歌唱。

他們有六個人：瘦弱、沉著的咖奈，五十來歲，鬍鬚散亂花白，手裡拿著一對小鈸。他旁邊坐了一個俊美的老缽歌手，是咖奈的好友旅伴德阜達思（Debdas），他一手拿都基手鼓（dugi）、一手拿獨弦琴，正在唱歌。他的長髮披肩，灰色大鬍子垂下，右腳的大拇趾上綁著一串銅鈴，在他唱歌時叮噹作響。

在他們對面，是另一位最著名的孟加拉缽歌手，帕班・達思・缽（Paban Das Baul），身邊坐著他的缽歌搭檔敏露・森（Mimlu Sen）和他的兩個妹妹。帕班是個靈活好動的帥哥，年近五十，嘴唇豐滿，一頭灰白頭髮蓬亂堅硬，蓄著短短的山羊鬍，鬢角濃密。他正在彈奏小小的都塔爾二弦琴，他以狂熱的活力和歌聲帶領著其他人。「切勿躍入欲望之河，」他圓潤柔軟的嗓音唱道：「否則你回不到岸上。」

無岸之河
飈風肆虐，
江流洶湧。

唯有主宰五味、
專精愛的汁液者，
始能了解潮水的變幻。

他們不會沉船。

他們划著愛之槳，
堅決逆流而上。

咖奈、德皐達思和帕班三人是老朋友，隨著音樂越來越有勁，他們交替傳送詩句歌曲，一方提出哲學問題，另一方回答問題：一種採用歌曲形式的座談會。帕班唱了一首孟加拉傳統民謠，表示想走訪黑天神的家鄉：

孔雀啼叫——
喔，誰能告訴我如何前往溫達文[2]？
他翹起尾巴叫道：
黑天！黑天！

咖奈隨即詠詩回答，提醒帕班，缽歌手的朝聖地應當在內心：

2　溫達文（Vrindavan），黑天神的故鄉。

喔，我耳聾眼瞎！
我怎樣才能克制自己的衝動，
不去找你，而是在自己的心靈找尋？
你若想去溫達文，
請先觀照內心……

「誰知神究竟存不存在？」德皐達思附和咖奈，隨即唱道：

你能不能在天上找到神？
或在喜馬拉雅山？
在地上，或空中？
任何地方都找不到神，
除了在真理追求者的心中。

三人的歌聲相輔相成：帕班音色宏亮迷濛，不時急切而美妙；德皐達思是個出色的男高音；咖奈的嗓音柔和嬌弱，時而渾圓高亢，如蘆笛般清晰悅耳，時而又如假聲。帕班吟唱時，伴以卡馬克雙面鼓或杜布基手鼓（dubki）。相比之下，咖奈歌唱時，始終抬著失明的藍眼睛，心醉神迷仰望天空。帕班有時搔他的下巴，開他玩笑說：「別朝我不懷好意地笑，咖奈……」

這些歌曲採用世界和孟加拉村莊的意象，包含人人能夠理解的各種比喻。身體，帕班唱道，好比陶罐；人的靈魂則是愛之水。在導師指引下找到內在知識，好比將陶罐放入火中燒焙，蓋因未經燒製的陶罐不能裝水。還有些歌曲夾雜著淺顯易懂的意象：船和魚網、稻田、魚池和村中店鋪：

割了稻穗吧，
喔，種稻的老兄。
大把割了吧，
免得開始發臭
就像你的身軀
少了活躍的心。

賣了商品吧，開店的老兄，

趁市場火旺的時候，
待夕陽西下
顧客離去，
你的店鋪便成為寂寞之地……

*

晚飯後，帕班和其他鉢歌手去聽一場鉢歌手在根杜利集市上的表演賽，留下咖奈一人，盤坐在地毯上，輕輕哼歌。我在他身旁坐下，問他在做什麼。

「這是我記歌的方式，」他說：「我是盲人，沒辦法讀寫詩句。因此只剩我一個人的時候，我就哼幾個小節，把這些歌重複唱幾遍，幫助自己記下來。反覆練習，就能記下來。」

咖奈笑了笑。「眼睛失明有一些優勢，」他說：「我學歌速度比其他人快得多，曲調很快就順手。德阜達思說，我用我的耳朵看。他忘歌的時候，我還得提醒他，即使本來是他教我的歌，有時甚至還是他作的曲子。」

在咖奈要求下，我為他點上一支菸，我們隨即聊起他的童年，為瑪尼莎給我簡短描述的咖奈人生，填上完整的畫面。

「我出生在代杜利亞（Tetulia）村，」他說，身子往後靠，盡情地吞雲吐霧：「離這兒不遠，就在比爾普姆附近。我出生時眼睛看得見，但不到週歲染上天花，就成了瞎子。誰知道？或許我上輩子做錯事，才遭到報應。

「我父親沒有田地，因此收成和播種期間給當地地主（zamindar）幹活。地主給了他一間小房子，最後歸他所有。我有兩個妹妹和一個哥哥，還有十四個堂兄弟姐妹，有一段時間，睡在屋裡的人多達二十三個，因此我們必須輪番休息。我所有的叔伯也都是臨時工，只有一個是絲織工；他每天去地主的莊園，織布機就放在那裡。地主照看村子，待我們大家就像自家人一樣。他雇用村裡的每一個人，在他的農田或絲織廠幹活。他是個好人，但我們沒多少錢——我們一直過得很拮据。

「我十歲時，哥哥被載重的牛車給壓死，十一歲時，我父親也因氣喘發作過世。養育我姐妹的責任，從此由我承擔。她們正在成長期，需要食物。一開始不怎麼難。一旦習慣上自己朋友家乞討，我發現要填飽肚子並非難事。我們受到大家的關愛和照料；我只要開口說『我很餓』，就能有東西吃。窮人家的門總是開著——只有有錢人家的門，你一靠近就關上。村裡的人如果聽說哪一家人過得很辛苦，就會給他們米飯吃，給他們牛糞塊作燃料。

「我早上帶著枴杖和碗缽，以黑天神的名義出門行乞，午飯前回到家。我們一同享用我討來的食物。大家知道我們這家人的遭遇。他們很同情我們，雖然自己也很窮，卻總是給我們點兒什麼：一個盧比，或飯菜。直到我的一個妹妹到了適婚年齡，問題才出現。

「當時我十五歲，開始同新郎人選交談，可一開始就很清楚，這事並不容易。村裡有些人認為我們受到詛咒，因為我們倒楣的遭遇——先是我眼睛看不見，又接連死了兩個人。有些人願意考慮婚事，但要求的嫁妝我卻永遠付不起。我一天比一天沮喪，無意之中讓我妹妹知道了我的心情。有天我在朋友家喝茶時，有人通知我盡速返家。我回到家，發現我妹妹已自殺身亡。我甚至不曉得她會做這樣的事；她肯定覺得她對我是個負擔，認為我們籌不出婚禮的費用。無論原因是什麼，她在房間裡懸樑自盡。

「繼我父親和哥哥相繼過世後，她的死使我悲痛欲絕，我一蹶不振，責備自己。我在家待了幾個禮拜，最後決定不能再留在村裡，我必須給自己開拓新的生活。就在那一刻，我想起了迦納南・沙陀（Gyananand Sadhu），也就是我小時候在村塘沐浴時聽見我唱歌的缽歌導師。我喜歡他唱歌的樣子，就像他喜歡我的歌聲一樣。我知道他的隱修所（ashram）在藍浦哈（Rampurhat）附近，決定去找他收我為門徒（chela）。

「我的決定讓我母親和另一個妹妹非常生氣。她們說：『你為什麼要走？你不關心我們的死活嗎？』這樣離開她們，我也很難過，可是我覺得要讓家人活下去，我就必須這麼做。我一直是個虔誠的人，但原因不只那樣；因為下這個決定似乎很切實際。一個盲人不能成為莊稼人，卻能成為歌手。

「我從小就學聖歌和拜讚歌。童年時期，我唱誦缽歌手的歌，和密教沙陀的迦梨讚歌，打鼓似地用棍子敲打我父親的牛車輪輻。因為我有一副好嗓子，沙陀和缽歌手都很喜歡我，我唱歌時，村民都圍在旁邊聽；不過卻是歌的本身，帶領我踏上歌手的生活。我告訴自己，我要把唱歌當作自己的信仰方式，自己的『成就法』，全心投入。這樣，我才能過新的生活──還能存錢寄給我母親和妹妹。那一刻，在我生命中的最低點，能歌善唱拯救了我。

「當時正值雨季。我搭公車去多羅培塔，在那裡轉車，傍晚抵達馬拉浦（Mallarpur），就在迦納南．沙陀隱修的藍浦哈附近。雨下得很大，而且天色已晚，附近找不到人問路。我下公車時，水已深及腳踝。我朝公車車掌指引的方向沿路往前走去，此時水已深及大腿。舉目無人幫忙，只能繼續走下去，當時水已漲到我的腰部，頭頂雷聲隆隆。

「我還是堅持下去，雖然心裡害怕，結果我走的路並沒有錯。我爬上一座小丘，來到乾地。隨後，我來到隱修所門前。我渾身濕透，而且深更半夜，我預料要被拒之門外。沒想到，門衛直接把我請到迦納南跟前。他一看到我，就說：『我在等你呢。我始終知道，村塘裡的那個男孩遲早要來找我。』他熱情地招待我，給我東西吃，換上乾衣服，收我做門徒。我在那兒待了七年，寒冷的季節雲遊四方，雨季的時候和迦納南待在他的道場。他提供我的母親和妹妹生活費，給我錢帶回家給她們。

「我加入缽歌手的行列，部分是因為我似乎只能藉此維生。不過，我的導師不久便教導我說，還有比賺錢餬口或物質享受更重要的事。我還是很窮，但多虧導師教導，我的靈魂很富有。他教我不僅要追求內在知識，也要鼓勵人們如此追求。他要我專注於唱歌，但不鼓勵我走上密教瑜伽的道路，儘管多年來，我從其他沙陀和缽歌手身上學到許多這類知識。」

「這是一種美好的生活嗎？」我問道。

「最好的生活也不過如此，」迦奈毫不猶豫地說：「世界就是我家。我們缽歌手走到哪裡都受人歡迎。你四處漂泊，無須為日常生活而擔憂，無須為久住一地而牽絆。我沒有任何抱怨。恰恰相反——我經常感到無比幸福。」

「你難道不想家？你不厭倦四處流浪？」

「開始成為缽歌手時，你必須離開家人。你必須在無親無故的異鄉流浪十二年。有這麼一句話：『任何缽歌手，都不該在同一棵樹下連續住三天以上。』一開始當然感到孤獨，無所適從。但是見到缽歌手，人們總是很高興；村民看到我們的彩色袍子，就會高喊：『看哪，那些狂人來了！現在我們可以歇一天工，開心一下！』

「我們去到哪裡，大家總是停下手邊的活兒，來聽我們唱歌。他們從魚池帶魚過來，煮豆飯給我們吃，他們做這些事時，我們唱歌教導他們。我們嘗試回饋我們獲得的愛，調停爭執，賜給他們平安和撫慰。我們嘗試幫他們度過難關，指點他們踏上『心之人』的道路。」

我問：「怎麼做呢？」

「用我們的歌，」他說：「對我們缽歌手來說，我們的歌是愛和知識的源泉。我們嘲弄傲慢的有錢人，挖苦偽善的婆羅門。我們唱歌反對階級制度，抨擊不公正。我們告訴人們，神不在廟裡、不在喜馬拉雅山上，也不在天上、地上或空中。我們告訴大家，黑天也是人。他所蘊含的特殊性，如今也存在我身上。存在宇宙間的東西，也存在我們身體內；身體內不存在的東西，宇宙間也不存在。一切都存在內心——真理自在人心。假如這樣的話，又何必上寺廟禱告？對缽歌手來說，寺廟神龕沒有多大用處，只是祭司斂財、誤導眾人的工具。身體才是真正的寺廟，真正的清真寺，真正的教堂。」

「怎麼說？」

「我們相信，通往神的方式，不在於儀式，而在於過淡泊的生活；徒步雲遊四方，按導師說的去做。在異鄉徒步而行的喜悅，使你更靠近神。你認識到，神無所不在——甚至在岩石中。你還認識到，音樂和舞蹈能幫助你發現『不知名的鳥』。你慢慢明白，神是最純粹的喜悅——完全的喜悅。」

咖奈搖晃著灰白的長髻髮。「這樣的生活沒有妒忌，」他說：「不分婆羅門或賤民，不分印度教徒或穆斯林。我去哪兒，那兒就是我家。

「多年來，我在孟加拉流浪四方，雨季待在我的導師那裡，他過世後，我待在多羅培塔的火葬場。有時走累了，我就搭火車，來往於加爾各答與和平鄉之間。我就這樣結識了德阜達思。」

「在火車上？」

「他當時才十六歲，」咖奈說：「剛離家出走。他是婆羅門祭司家庭出身，童年時代從來衣食無缺。他因為同穆斯林和缽歌手打交道，被趕出家門，對外面的世界一無所知。他有一把獨弦琴，可當時懂的歌沒幾首。我雖是盲人，而他看得見，卻是我教他如何求生，教他缽歌手唱的歌。我們雖是完全不同世界的人，卻在路上相遇，成為形影不離的朋友。」

咖奈笑了笑。「我不該跟你說他的經歷，」他說：「你得自己去問他。」

咖奈說著，沒挪動身子，又回去哼他的歌，反覆背誦歌詞：

我們倆緊密相繫，
在心間的六瓣蓮。
花之蜜，月之甘露，
甜美似愛之箭。

急流洶湧，
橫穿感情樂園。
我們在岸邊緊密相繫，
在心間的六瓣蓮。

*

德阜達思和我們重新會合時，已近午夜。

他和帕班從音樂會回來時情緒高昂，蘭姆酒和大麻煙在屋子裡傳來傳去，音樂再次開始。過了好些時候，我才有機會單獨問德阜達思，當初如何與咖奈結伴同行。當帕班出門參加另一場在朋友道場舉辦的深夜音樂會時，德阜達思才坐下來告訴我，他和咖奈當初怎麼碰到一起。他說話時，咖奈不時打岔，或更正德阜達思的敘述。

「多年來，我一直是咖奈的眼睛，他則是我的聲音，」德阜達思說著，吐出一大口濃郁的大麻煙：「他教我學會很多東西：如何拒絕宗教的外相，潛入心的海洋。他是朋友、師長、兄弟、精神導師。他是我的記憶。他是我的一切。」

「德阜達思則是我的眼睛，我的幫手，我的學生，我的旅伴，和我的朋友。」咖奈拍著心口說道。

「多年來，我們一道去過許多地方。」德阜達思說道。

「浦希卡、瓦拉納西、旁迪切里（Pondicherry）……」

「安拉阿巴德（Allahabad）、哈里瓦、根戈德里（Gangotri）……」

「總是手握著手。幾年間，我們成為知己。」他伸出兩個手指來，「就像這樣。來吧，咖奈！」

「我們臍帶相連，」咖奈指著肚臍眼說：「聖主柴坦亞．瑪哈帕布（Sir Chaitanya Mahaprabhu），也是狂人中的狂人，他去找賜他『桑雅士』身分的喀沙瓦．巴拉提（Keshava Bharati）。他對他的朋友說：『把世界給我。』喀沙瓦．巴拉提於是問他：『我能把什麼世界給你？』柴坦亞於是回答：『就像我給你的那個世界。』德阜達思和我就是這樣……」

「有時候，我是咖奈的導師，」德阜達思說：「有時候，咖奈是我的導師。他甚至幫忙我記起我自己創作的歌曲。」

我請德阜達思講講他童年的事情，以及當初如何結識他的朋友咖奈，他又吸了一口菸，開始講起自己的故事。

＊

「我出生的村子，距離咖奈的村子大約十五哩，離多羅培塔不太遠，」他說，又噴了一大口煙，隨後把菸遞到咖奈等待的手中，幫他的朋友送到嘴邊。「可我們的背景大不相同。我的父親是婆羅門，在村中的迦梨女神廟擔任祭司。我和我父親的價值觀始終很不一樣。他執迷於供養那些神像和祭拜儀式。我也很虔誠，但從來不信那一套儀式化宗教。我不知道我父親廟裡的石塊存不存在任何東西；我怎麼知道？怎麼有人知道？從我年輕的時候，對我而言，我交往的朋友，始終比神像、儀式、地位或物質享受來得重要。

「我最好的朋友安瓦（Anwar）是個穆斯林男孩。他的父親在村子另一頭做手捲菸。我父親抽手捲菸，但點菸之前，他總要把菸在牛糞上抹過，淨化它。他對我施壓，不許我到處和人打交道，我如果在穆斯林人家喝了水，他便要我洗過澡後才准我進屋。村裡有間屋子住了幾個拜拉吉（Bairagi）沙陀，他們能唱非常動聽的缽歌和黑天拜讚歌，但我父親也不喜歡我到那裡去。我甚至和村子火葬場的度姆人分著菸抽。即使年幼時，我就對我父親看重的這一切約束和界線心存懷疑。

「缽歌手的歌曲，牽引我選擇了他們的道路。偉大的歌手蘇迪・達思・缽（Sudhir Das Baul）就住在我們那一帶。有一天，校長邀請他過來，在妙音佛母節慶日（Saraswati Puja）給我們唱歌。我當時十三、四歲，當場立即愛上他的音樂！他的嗓音不凡，精神十足，他能夠帶出『美感』（rasa）的精髓。」

「喔，他真令人讚嘆！」咖奈接口道，身子向前探，看不見的眼睛仰頭而視，雙手相扣。「聲音真美！」

「聽過他唱歌，」德阜達思說：「我便打定主意成為缽歌手，唱誦黑天讚歌。過了一些時候，我去蘇迪家找他，說我想學音樂。蘇迪於是說：『如果你想成為缽歌手，一定要去參加根杜利的盛大節日。』他稱之為『悟道者的盛大節日』。他告知我日期——總是在一月中旬或月底——答應帶我一塊兒去。

「我知道我的家人絕不允許我去，因此那一天我翻牆溜出去，沒告訴任何人去哪裡。我和蘇迪相約在車站見面，趕上清晨四點的火車去和平鄉。然後從車站走路去參加節慶。

「節慶讓我喜出望外，自己可以親眼目睹、親身體驗。氣氛棒極了——音樂創作、舞蹈、如癡如醉的狂喜、師母為僧眾塗髮油、醉酒的狂人、快樂與自由……我沉醉於缽歌手的純淨生活，頭一次體會到人生的真正樂趣，使我渴望周遊世界，脫離我的鄉村生活。」

「你從來沒告訴父母你上哪兒去？」

咖奈格格笑著。

「且慢，」德阜達思笑著說：「我們等會兒就會講到。」

「整整四天，我走在節慶的巷弄間，比從前任何時候都快樂，我結識許多缽歌手，學他們的歌曲。第四天，大家開始收拾行李時，我問蘇迪：『現在我該怎麼辦？』我沒給父母留下隻字片語。他勸我悄悄回家去，然後帶我回到火車上，握著我的手給我鼓勵。我們在車站道別，我便回家去。但我怕父親會怎麼訓斥，便調頭去我的穆斯林朋友安瓦家裡，在那裡吃飯。

「這時天剛黑，等天黑後我終於踏上回家的路。我走進去時，沒有人說半句話。我一聲不響地在水泵邊梳洗，可就在我進門時，我父親叫住我，要我在院子裡坐下。我母親明白即將發生什麼事，便叫我跟她一起去廚房，就在這時，我那在村裡當警察局長的哥哥攔住我的路。他向我咆哮，說我使家人蒙羞，說我沒出息，只跟穆斯林和流浪漢鬼混。他說他要教訓我一番，教我終身難忘。

「他身上帶了警棍，便掄起來開始揍我。我父親也跟著拿木拖鞋揍我。他們兩人揍了我將近一個小時——可我覺得更久，在那樣的年紀感覺更痛——最後，鄰居不得不過來把我們拉開。隨後，他們把我從院子踢到街上。我坐在街上發抖哭泣，身心受創。我的背被打得皮開肉綻，短褲扯破了，襯衫也沾滿血。」

「你父親真給你顏色看。」咖奈搖頭道。

「好一陣子，我躺在地上一動不動，最後才站起身來，走去火車站。我在月台上的水泵清洗。我知道會遇上麻煩，卻沒想到這麼嚴重。現在我得考慮該怎麼做。我身無分文，衣服也破了，當時是十一月，寒氣襲人。我於是努力深思起來。我想著的時候，開往豪拉（Howrah）的火車駛進車站，我跳上火車，沒有任何具體的計畫，最後在布德萬站（Burdwan Junction）下了車。我在黑暗的月台上坐了好久。我知道自己想成為缽歌手，但是該怎麼走？我要怎麼養活自己？

「我坐在那裡的時候，另一列火車開進站，是土方快車（Toofan Express），從黑天神的故鄉溫達文開出。當時是晚上十一點半，我坐在幽暗的月台上。幾個缽歌手和沙陀走下火車，手裡拿著樂器。他們在我附近坐了下來。其中一個是位很老的老人——至少有九十歲。他看見我坐在那裡，衣服上有血跡，還被打得鼻青眼腫，於是走了過來，說：『你離家出走，是嗎？』他要我給他拿點水來，我就去拿。他接著說：『你一定餓了。』

於是從飯盒裡取出麵餅給我，還把豆菜和我分享，我們一邊吃東西，我一邊告訴他事情的原委。

「他認真聽完後，告訴我說，我應該搭土方快車返回溫達文，說我如果去那兒，黑天神會幫我忙。凌晨兩點，土方快車鳴笛出發。他協助我上車，給了我一條毯子，還把他最寶貴的財產獨弦琴交給我。『別擔心，』他說：『只要彈彈獨弦琴，唱誦黑天的名字，你就能得到關照。』

「於是，我手上拿著獨弦琴，身上仍穿著扯破的背心和短褲，搭上火車，離開孟加拉。我又連續四天沒吃東西——我不知道怎麼乞討，不會說印地語，不會彈獨弦琴。我只記得我在根杜利學會的兩首歌，而這兩首我也只記得兩三句歌詞。我到達溫達文時，聽說在牧神廟（Govind Mandir）有食物分發給朝聖的窮人；他們正在施捨米糕。我一碗接一碗地吃，直到不再覺得飢餓。隨後，我走到亞穆納河（Yamuna River）畔，求神賜給我力量，讓我成為缽歌手，堅持到底，永遠不再回家聽任我父親擺布。我唸著禱詞，將聖線扔進河裡。

「對我而言，我的婆羅門身分從此結束。從那天起，我改了名字。從前我叫德皐・庫瑪・白泰卡耶（Dev Kumar Bhattacharya）——孟加拉人都知道這是婆羅門名字，享有一切特權。但缽歌手必須稱自己為「達思」——神的奴僕，我於是簡稱自己為德皐達思・缽。婆羅門拒絕了我，因此我也拒絕他們，就像我拒絕他們整套可怕的階級觀念，以及階級造成的分裂。我要擺脫那整個制度。

「隨後，我把老缽歌手給我的毯子裁成長袍。穿上袍子，帶著獨弦琴，我發現我只要唱首黑天拜讚歌，人們總會給我一點零錢。當時我才十四歲，對世界一無所知。一開始，我確定自己做錯了。但是我的自尊心太強，不願意回家，慢慢也就學會自力更生。

「我待在廟裡，走訪神龕和道場，同沙陀交朋友，努力學他們唱誦的歌詞。我用朝聖者施捨給我的錢，買了一本筆記簿，把我在溫達文河階聽見缽歌手和沙陀唱的歌詞記在筆記本上。我一心一意想成為缽歌手；當時對我來說，神就是我唱的歌。我只想了解那些歌，解讀這些歌的涵義。

「兩年後，我回家去，想和家人和解。我一進去，我母親就坐在我眼前，在院子中間。她坐在那兒不動，看到我就像見了鬼似的。我跟她打招呼，屋裡傳來我父親的聲音問：『誰在那兒？』我母親說：『是德阜。』我父親於是走了出來，驚異地看著我，什麼話也沒說。他的臉色隨即沉了下來。「你當了缽歌手，」他毅然說道，但並無惡意：「現在你必須和那些人一起生活。我的屋裡沒有缽歌手容身的地方。」隨後我哥哥回家來，警告我如果不滾開，後果將不堪設想。我的母親和妹妹都哭了，我的內心也在哭泣，可我非常害怕，不敢賴著他們，甚至不敢說再見。整個情況持續不到一個小時，可能更短。我再也沒見過他們。

「我就像兩年前一樣，往火車站走去，再次搭上進站的第一班車。我心裡難受極了——這是我的人生最低潮。火車駛出車站，我坐在那兒望著窗外，覺得還不如跳出火車，投河自盡。但隨即，不尋常的事發生了。幾分鐘後，我聽見火車上有人唱歌，是帕班，還有他的兄弟和父親，他們的同行者還有在另一個車廂的蘇迪．達思，就是帶我去根杜利的鉢歌手，咖奈也跟他在一起。

「我從小就認識住在隔壁村子的帕班一家人，看到我過鉢歌手的生活，身上穿著補丁袍，使他們非常吃驚。他們擁抱我，照顧我，咖奈開始教我學歌。我們開始在火車上一起唱歌，在車站月台上睡覺。我們不斷地移動——從這列火車移到另一列火車，從這個節慶前往另一個節慶。我非常快樂，一半是因為我又回到孟加拉——孟加拉人了解我們，喜愛我們的歌——一半則是因為我真的喜歡這種自由的生活。不過我之所以快樂，主要是因為得到咖奈和其他鉢歌手的認同，成為他們的朋友和夥伴，使我忘記遭家人拋棄的痛苦，使我融入鉢歌手的族群和共同的歌曲。咖奈和我從此形影不離。

「只有一回，我離開他很長一段時間。當時我一心想嘗試不靠食物過活，就像古老傳說中的聖人和瑜伽士。這些聖人克制自己的一切欲望，從不進食；他們只靠空氣而活。我想知道如今是否還可能這麼做。於是我獨自離去，在一口池塘附近的樹林找到一棵避羅樹（bel）：我們相信這種樹非常吉祥。我在那兒纏著腰布禪坐兩年，吃得越來越少，直到完全不再吃東西，發誓滴食不進，直到達成目標，取得證悟。我不知道自己是怎麼過的。我的髮辮蓬亂，長到膝蓋，坐在那兒不吃東西，不抽菸，只喝水。我專心內省，保存自己的能量。我就那樣坐著，度過兩個雨季和兩個寒冬。」

「我去看他，」咖奈說：「村民知道他在哪兒，帶我穿過樹林去找他。他們管他叫『禪坐避羅樹下的沙陀』。他骨瘦如柴，非常虛弱。他幾乎動也不動，也不說話——只說非常簡短的句子。我很擔心他活不下去；他不吃東西，也使我痛心。我給他食物，他不肯吃。他十分堅定。」

「我不知道這種贖罪方式讓我達成什麼，」德阜達思說：「但我知道我的內心前所未有地平靜。我的頭髮纏結在一起，我內心的結卻解了開來。一過某種程度，我不再覺得餓。我來到欲望的終點，超越了感官。就在那時，我開始出現幻覺。我不再存在於自己體內——我存在於自身之外，處在歡喜欲狂的狀態。我這輩子從沒有過這種感覺。

「後來，在一個寒冷的繁星之夜，瑪克桑格拉提節的前後，我突然感到迷失，彷彿我的心終於脫離了身體——就像鳥兒高飛而去。是咖奈把我給救了回來。」

「你的意思是……」

「我不曉得可怕的暴風雨來襲。咖奈預感我碰上麻煩，從多羅培塔來查看我是否沒事。他和一群村民一大早過來，發現我陷在泥塘中，淹沒到脖子，睡得很熟。他們都以為我死了——我想的確也是奄奄一息。咖奈把我帶回他在多羅培塔的屋裡，照料我，使我恢復健康。」

「盲人救了不盲的人，」咖奈輕聲笑道：「有時候，瘋子和瞎子比神志清醒和眼睛看得見的人，對事情懂得更透澈更清楚。」

「盲人從來不受外表蒙蔽。」德阜達思說道。

「或許吧，」咖奈說：「只有我們這些失明的人，才能識破『摩耶』（maya，幻象），窺見真實。」

*

一連五天，我跟隨咖奈和德阜達思，在根杜利節慶到處走動，德阜達思牽著咖奈的手引導他。

在廣大的營地各處，不分白天黑夜，你能看到一群群樂手唱著歌。有時是正式音樂會的一部分：孟加拉邦政府搭起一個小舞台，紀念十二世紀的根杜利宮廷名詩人賈亞德瓦（Joydeb），他著有讚頌黑天戀情的梵語詩歌《牧神讚歌》（*Gita Govinda*）；每天晚上，不同的缽歌手競相唱誦這首詩歌。音樂通常都是即興而起。缽歌手圍著營火唱起歌來，過不久，從上回節慶過後就沒再見過面的老朋友，也一一來加入。

鉢歌手總是很願意談論他們的生活、歌曲和信仰，卻不願公開談論每個導師教給學生的神祕性力修行。鉢歌手的這些密教風俗，或稱「成就法」，被視為高度機密，在繁複講究的性儀式中，信奉呼吸和性高潮的控制。有時包括同月經來潮的女子做愛，在他們歌裡稱為「新月時節的滿月」。偶爾還包含飲用精液、血，以及體液攙合而成的混合物，作為明確的密教聲明，以表對既定習俗和禁忌的蔑視。

咖奈簡短地跟我談起鉢歌手的性力瑜伽：「汲飲月之甘露」，從身體底層喚醒並控制潛在的情欲能量，使之噴發而出。他說的話，由另一個剛來到節慶的人解釋給我聽，這人是居住在德里的宗教作家巴斯喀・巴塔查力亞（Bhaskar Bhattacharya），他曾在多羅培塔和咖奈住過一段時間，對鉢歌手的風俗文化有相當深入的研究。

巴斯喀解釋說，鉢歌手試圖通過性奧祕和性衝動——人體最為強大的感情能量——達到並揭露內我的神性。「他們當作一種助推器，」他說道：「就像火箭利用巨大能量衝出重力場，鉢歌手也利用密教的性力瑜伽作為動力，讓心靈衝出日常生活的引力，與其說是為了追求性的愉悅，不如說是探討神聖體驗。然而，在沒有愛的情況下，性也是徒勞無功；即使有愛，性也只是漫長旅程的開始。你得學會如何使用，如何控制，始能成為一種真正的藝術。」

對於缽歌手而言，此種異類的性，屬於範圍更廣的瑜伽修行，目的是為了使人體柔軟協調，掌握呼吸、打坐、姿勢和運動的技巧，藉以克制能量和精力，用以改善並改造身體。「對缽歌手來說，身體是戰車，能帶你直衝雲天，朝太陽飛去。」巴斯喀如此說道。

因此，婚姻對缽歌手十分重要，要想完全成為缽歌手的一員，就必須有個伴侶和你一同施行密教成就法。德阜達思其實結過兩次婚。他的前妻是拉妲．拉尼（Radha Rani），也是當初帶他到根杜利的缽歌手導師蘇迪．達思的女兒。十八歲那年他染上熱病，住在蘇迪．達思的道場。

「我幾乎不省人事，拉妲．拉尼看護我，」德阜達思對我說：「她是個美人，歌也唱得很好。圈套已經設好，就像足球賽只有一個球門。結局早已決定。我病得厲害，幾乎不清楚發生什麼事。」

「哈！」咖奈從屋子另一頭說道。

「我中了圈套，」德阜達思說：「完完全全墜入愛河。」

「就像一頭喝醉酒的大象。」咖奈說道。

「啊——她好極了，」德阜達思繼續說：「我想和她一起唱歌遊遍孟加拉。但最後，我們只在一起兩年。我們的愛情褪去。問題慢慢累積，直到有天爆發出來。我離家而去。那時我們有個六個月大的寶寶。在生活中，快樂和痛苦同時並存。痛苦是生活的一部分。我們必須找尋一旁的快樂。」

我問他怎麼認識現在的老婆。

「多年後，我加入瑪哈曼陀・達思・哥斯瓦米（Ramananda Das Goswami）的道場，」德皐達思說：「一段時間後，我請他給我音樂和精神上的指導，教我密教成就法。我想學習如何封住蛇的嘴，煮沸幸福之乳（做愛而不射精）。我的導師回答我說：『你要取水，可有容器？』他的意思是，我有沒有女人。我說我單身。他就說：『我們這裡有個姑娘，哈麗・達悉（Hari Dasi），你何不娶她，讓我教你們兩個？』我答應了，哈麗・達悉和我從此一直在一起。她在許多方面充實了我，幫助我通往我們的神祕修行。我不能把我們共同修練的成就法告訴你——只有接受過灌頂的缽歌手才能分享；不過，我可以告訴你的是，我的生活因此改觀。」

咖奈比德皐達思晚婚，是瑪尼莎嬤嬤湊合了他和他的妻子。德皐達思待在瑪哈曼陀・達思・哥斯瓦米的道場時，咖奈正在多羅培塔的火葬場度過雨季。

「火葬場的朋友湊在一起，決定給我找個老婆，」咖奈說：「阿拉緹（Arati）成為我的伴侶，她結過婚，但她丈夫從樹上摔下來，成了殘廢。他乘小拖車去火葬場，在門口看管鞋子。他死後，阿拉緹接管他的工作，帶著她的小兒子，孤苦伶仃，坐在門口。瑪尼莎嬷嬷對她說她年紀輕輕，需要有人保護，何不和咖奈配成對？所有的沙陀都認為這是個好主意。我母親於是來見她，也很喜歡她；她希望自己死前，能有人照顧我，安頓下來，於是對阿拉緹說：『請照顧我的兒子——他雖是盲人，卻是個好孩子。』

「根據印度教法典，你只能結一次婚，而阿拉緹已經結了婚。因此婆羅門祭司按照這種情況下的慣例，讓我和香蕉樹成親，隨後，我在阿拉緹的額頭點上朱砂。

「我結婚的時候什麼都不懂。我哪裡知道如何讓青蛙在蛇面前跳舞？我的眼睛看不見哪！因此，我的導師迦納南勸我專心唱歌，別嘗試參與密教成就法。因此在這些事情上，阿拉緹是我的導師。

「第一天晚上，什麼事也沒發生。我的學習，是一個星期後在沙陀們幫我租的新家裡進行的。她是個好老師，我們現在有四個孩子。我的幸福，都是瑪尼莎和多羅培塔的沙陀賜給我的；沒有他們，我永遠達不到這種平靜的生活。我告訴你——那地方充滿了愛。」

*

根杜利節慶的最後一天，我和咖奈出去散步，穿過缽歌手的營地。參加節慶的人，開始拆帳篷，準備踏上歸途。大家折疊起帆布篷，裝上牛車。

唯有兩個老人似乎靜靜坐在那裡。在根杜利火葬場附近，我遇上這一對缽歌手夫婦，他們是咖奈的老友。老倆口盤坐在路邊小廟凸出的岩角上。蘇波・卡帕（Subhol Kapa）和他的妻子拉麗塔（Lalita）雖然年事已高，卻仍然為駐足聆聽的人唱缽歌。他們倆跟咖奈打招呼，他於是介紹我們認識。

「我今年八十三歲，」蘇波說：「拉麗塔七十歲。我們這一大把年紀，沒辦法再像從前那樣四處流浪。但我們還能歌唱跳舞，聽其他缽歌手唱歌。拉麗塔唱得很好——比我好得多。最近我病得厲害，可當我唱歌，或聽到拉麗塔的歌聲時，就使我忘記自己的病痛。」

「不錯，」拉麗塔說：「唱歌使我忘掉其他的一切。我不常為其他人唱，只為自己唱，為自己的靈魂唱。沒有這樣的生活，我過不下去。我需要跳舞，需要唱歌。唱歌使我欣喜若狂。」

「我也一樣，」咖奈說：「我沒有其他的需要。」

「歌能幫助你超越物質生活，」蘇波說：「把你帶往不同的精神境界。」

「缽歌手唱得非常投入時，就跳起舞來，」咖奈說：「幸福快樂伴隨音樂而來，幫你找到內心的神。」

「缽歌手的歌，在我年老時陪伴我，」蘇波說：「我們一同唱歌，或者和其他缽歌手一起唱，像德阜達思、帕班和咖奈來這裡的時候。我獨自一人，就拿起我的杜布基手鼓唱歌，給自己作伴。」

「你們兩人從前就一塊兒四處流浪？」我問道。

「我們從前是一般家庭，」拉麗塔說：「我把四個兒子撫養長大後，我們才一起成為缽歌手——大約在二十五到三十年前。」

「在那之前，我們經常唱歌，」蘇波說：「不過，成為缽歌手後，我們到哪兒都受到大家的熱情歡迎和尊重。我們的生命因此變得完整。」

「有十八年的時間，我們雲遊印度各地，」拉麗塔說：「直到我們年紀大了，再也走不動。這座廟是我導師的隱修所。現在我們不能流浪，就住在這兒，遵行缽歌手的方式，保護我們的身體，保持鮮活的心靈。」

「我以為缽歌手不信奉寺廟？」

「這座廟只是為了吸引大家來。」蘇波解釋道。

「對我們缽歌手而言，只是個建築物，」咖奈說：「與神毫無關係。」

「不過大家到這兒來，跟我們訴說他們的困難，」蘇波說：「我們能提供他們解決辦法。」

「神無所不在。」拉麗塔說道，眼睛望向河流。

「你必須學習隨處看見神的存在，」咖奈說：「我們有這樣一首歌。你願意聽聽嗎？」

「非常願意。」

老倆口走進神龕一側的房間，過幾分鐘後回來，拉麗塔拿了一架簧風琴，蘇波拿著獨弦琴。拉麗塔蹲在風琴前，蘇波撥彈獨弦琴幾個音符，隨後唱將起來；咖奈演唱蘆笛似的高音部。

我的靈魂在哭訴，
在美的網羅中纏住，
不可捉摸的美。

我獨自哭泣，
夜以繼日，
美在我的眼前聚集，
超脫月亮和太陽。

我看著天空的雲朵，
看見他的美浮在空中。
我看見他走在群星上，
照耀我的內心。

一會兒，年老體衰的蘇波前搖後擺，換著腿跳，為自己所唱的音樂所帶動。咖奈和拉麗塔盤腿而坐，隨著音樂擺動身體，陶醉在美妙的樂聲中。結束後，三人在小廟的岩角上坐了下來，默默眺望河流。天已晚，斜陽照在阿杰河上——這段時間，孟加拉人稱之為「牛灰時分」（godhuli bela）。

「聽見這音樂，」幾分鐘後，拉麗塔打破沉默說：「我就不在乎是否明天就死去。生命的一切因此變得甜美。」

「不錯，」蘇波說：「幸虧有這音樂，我們才能安享晚年。」

「我們快樂極了，」咖奈說：「不再記得憂傷的滋味。」

國家圖書館出版品預行編目（CIP）資料

九樣人生：九個人物，九種生命故事，在現代印度的蛻變風暴中守護著信仰的尊嚴／威廉．達爾林普（William Dalrymple）作；何佩樺譯. -- 二版. -- 臺北市：馬可孛羅文化出版：英屬蓋曼群島商家庭傳媒股份有限公司城邦分公司發行，2021.02
面； 公分. --（當代名家旅行文學；113）
譯自：Nine lives: in search of the sacred in modern India.
ISBN 978-986-5509-60-6（平裝）
1.印度教 2.靈修
274　　109022087

當代名家
旅行文學

【當代名家旅行文學】MM113X

九樣人生：九個人物，九種生命故事，在現代印度的蛻變風暴中守護著信仰的尊嚴
*Nine Lives: In Search of the Sacred in Modern India*

作　　者❖威廉．達爾林普（William Dalrymple）
譯　　者❖何佩樺
封面設計❖兒　日
內頁排版❖張彩梅
新版校對❖魏秋綢
總 策 劃❖詹宏志
總 編 輯❖郭寶秀
特約編輯❖曾淑芳
行銷業務❖許芷瑀

發 行 人❖凃玉雲
出　　版❖馬可孛羅文化
10483台北市中山區民生東路二段141號5樓
電話：(886)2-25007696
發　　行❖英屬蓋曼群島商家庭傳媒股份有限公司城邦分公司
10483台北市中山區民生東路二段141號11樓
客服服務專線：(886)2-25007718；25007719
24小時傳真專線：(886)2-25001990；25001991
讀者服務信箱：service@readingclub.com.tw
劃撥帳號：19863813　戶名：書虫股份有限公司
香港發行所❖城邦（香港）出版集團有限公司
香港灣仔駱克道193號東超商業中心1樓
電話：(852) 25086231　傳真：(852) 25789337
馬新發行所❖城邦（馬新）出版集團 Cite (M) Sdn Bhd.
41-3, Jalan Radin Anum, Bandar Baru Sri Petaling,
57000 Kuala Lumpur, Malaysia
電話：(603) 90563833　傳真：(603) 90576622
讀者服務信箱：services@cite.my
輸出印刷❖中原造像股份有限公司
二版一刷❖2021年2月
定　　價❖480元



ISBN：978-986-5509-60-6（平裝）

城邦讀書花園
www.cite.com.tw